U0139764

先秦儒家礼治思想研究

郭胜团 著

中国社会科学出版社

图书在版编目（CIP）数据

先秦儒家礼治思想研究／郭胜团著. —北京：中国社会科学出版社，
2023.12

ISBN 978 – 7 – 5227 – 2892 – 6

Ⅰ.①先… Ⅱ.①郭… Ⅲ.①儒家—礼治—研究—中国—
先秦时代 Ⅳ.①B222.05

中国国家版本馆 CIP 数据核字（2023）第 238288 号

出 版 人	赵剑英
责任编辑	吴丽平　胡安然
责任校对	闫　萃
责任印制	李寡寡

出　　版	中国社会科学出版社
社　　址	北京鼓楼西大街甲 158 号
邮　　编	100720
网　　址	http://www.csspw.cn
发 行 部	010 – 84083685
门 市 部	010 – 84029450
经　　销	新华书店及其他书店

印　　刷	北京君升印刷有限公司
装　　订	廊坊市广阳区广增装订厂
版　　次	2023 年 12 月第 1 版
印　　次	2023 年 12 月第 1 次印刷

开　　本	710×1000　1/16
印　　张	20.5
字　　数	312 千字
定　　价	108.00 元

目　　录

序
先秦儒家礼治思想研究的启示

葛志毅

郭胜团从我读硕士研究生，毕业论文《汉初思想文化与贾谊礼学思想》，今日复读，仍有待发之意在。如他认为，黄老思想在汉初的政治发展进程中，至多只能体现在"术"的层面上，即皇权驾驭群臣之术、朝廷大臣自保之术和政府安民之术而已，在"学"的层面上没有任何直接的证据显示其风靡、盛行于汉初，因此只能处于儒、法之后。他的观点不敢说全是，至少对黄老研究仍不乏启发。传世文献对黄老的记载甚少，20世纪70年代《黄老帛书》的发现，似使人们得睹黄老真容，但所谓填补空白的发现，极大刺激了人们的兴奋，从而产生过分夸大抬高黄老学意义的研究热情，因此要适当保持审慎的考信态度。其实所谓黄老充其量也只是道家在汉初政治实用层面之需求刺激下，出现的一个临时变种，不可过分夸大它在汉初学术思想层面的影响意义，而且不久它就遭遇汉武尊儒改制、罢黄老刑名百家的打击，旋即向道教蜕变转化。故是后论及黄老时主要带有神仙或道教的概念色彩。《史记·乐毅传》列黄老传授世系，《老庄申韩传》《孟荀传》提出黄老刑名、黄老道德之名，但所记空泛，可谓语焉不详。《黄老帛书》发现后，人们循此生发开来，旁搜穷索，使所谓黄老学资料范域日增日大，但所论是否可信，还须经过一段研究的积累检验核证，目下还不宜一切径予肯定，最好留有余地供审慎考稽思索。必须注意的是，学术思想的比较研究太过复杂精细，冥想比傅者亦所难免，往往白云苍狗，似是而非，不花大的考稽思索功夫难得其是。我至今仍参予黄老研究，但始终不敢轻去存疑精神，坚持以渐进的研究积累，有取有弃，保证考信的追求功夫。

在胜团的硕士学位论文中，指出贾谊开创性地梳理了先秦以来的儒家礼学思想；其礼学思想涵摄对礼义的阐释、礼仪和礼制的构建；贾谊试图以礼学为核心为汉帝国治安天下提供思想上的范本。① 如加以比较，可见这些内容在其研究儒家礼治的博士学位论文中，都有相关的反映。因此可以认为，胜团从攻读硕士转进至攻读博士，在学习研究上知识思索的连续性，亦可见其为攻读博士在知识上早有准备预设，所以后来其博士学位论文选题之确定及研究撰写之成功，乃有平素的努力基础作为铺垫，成绩的取得不是偶然的。

其博士学位论文选定研究儒家礼治思想，已接触到儒家学说思想核心及古代社会制度文化的本质性问题，其研究着眼点颇具值得肯定之处，如其谓"礼治即以礼致治"，乃儒家礼的思想落实于修身齐家治国平天下的过程、状态，同时礼治的实现途径亦存在于此修身齐家治国平天下之道德修习的社会努力之中。以下循此剖析其儒家礼治思想研究论题的意义。

首先，研究儒家之礼，《礼记·礼运》一篇有着较为特殊的意义。郑玄曰："名曰《礼运》者，以其记五帝三王相变易，阴阳转旋之道。"② 有学者释曰："以其通论礼义大本，礼制之运行。"③ 察《礼运》一篇，记述了上古以来礼义与礼制主导下的世运历史变化之道；由于帝王变易与阴阳转旋之道相互关联推移，促使礼义、礼制产生其变化之范域轨辙，世运历史随之转运推移。其开篇首记孔子所述由大同转为小康的世运历史变化轨辙。所谓大同即大道之行，天下为公，以选贤举能为主要标志的上古理想时代；小康即大道既隐，天下为家的三代之英所托，此时代主要标志是"礼义以为纪，以正君臣，以笃父子，以睦兄弟，以和夫妇，以设制度"，即其以礼义典法为三代以下的制度树立起模式规则。这里着重强调的是对儒家君臣、父子为首的纲常伦理的施行贯彻，是为礼义、礼制的大本宏纲，为百世不变之道。

---

① 参见郭胜团《汉初思想文化与贾谊礼学思想》，硕士学位论文，大连大学，2008 年。
② （清）阮元校刻：《十三经注疏》下册，中华书局 1980 年版，第 1413 页。
③ 任铭善：《礼记目录后案》，齐鲁书社 1982 年版，第 23 页。

其次，《礼运》记孔子指出礼制为先王政道治化大本。其曰："夫礼，先王以承天之道，以治人情，故失之者死，得之者生……是故夫礼，必本于天，殽于地，列于鬼神，达丧祭射御（乡）冠昏朝聘。故圣人以礼示之，故天下国家可得而正也。"此指出礼制关乎天人生死之道，其包括以祭祀为中心的所谓冠婚丧祭射乡朝聘等礼仪八纲，先王视为导引正治天下之本，颁示天下遵行，以为致治典法。

最后，孔子为强调礼的纲纪大法地位，进而为隆重其义，乃赋予礼以宇宙本体的超越形式。《礼运》："是故夫礼，必本于大一，分而为天地，转而为阴阳，变而为四时，列而为鬼神。其降曰命，其官于天也。夫礼必本于天，动而之地，列而之事，变而从时，协于分艺。其居人曰养，其行之以货力辞让饮食，冠昏丧祭射御（乡）朝聘。"即礼作为宇宙本体，化生天地阴阳，四时鬼神，同时伴生天地四时之节令变化，人们遵循四时节令的情志感应，适时举行以祭礼礼仪为中心的各项礼制，同时结合各项社会文化活动及农工经济生计事业的发展，推动着社会生活全体实现其进化发达的路径目标。可以说，《礼运》一篇对研究礼义、礼制乃至礼治的补裨参考价值，不可轻觑，而且与胜团的论文内容，不乏可相互阐发证益之义。

以上引《礼运》之文助论，以下拟引柳诒徵关于礼与史学关系的论述，继续深入此话题。柳诒徵著《国史要义》一书，以示熊十力，熊氏复函有曰："公精于礼，言史一本之礼，是独到处。"柳氏书中曾概言曰："故礼者，吾国数千年全史之核心也。"柳氏举《周官》五史，即大史、小史、内史、外史、御史之职溯中国史学之源。他指出五史之职掌内容虽可详析为八类，但"归纳于一则曰礼"，"然礼由史掌，而史出于礼"，且谓史法、史例皆由史出。他又指出，杜预谓《左传》凡例皆乃周公所制"礼经"，故史官所记早有礼经作为载笔标准；三传解《春秋》，所重在礼与非礼的标准，后史承之，褒讥贬抑，要必本于君臣、夫子、夫妇、兄弟之礼，定其是非，"故礼者，吾国数千年全史之核心也。"又曰："礼者，史之所掌。天子、诸侯、卿大夫、士之于君臣、父子、夫妇、兄弟及国际友朋之礼，胥有典法，示人遵守。故《春秋》依其名分，辨其是非，以求治人之道……由此可知名者人治之大。古人运之于礼，礼失而赖史以助其治。而名教之用，以之为约束人群之柄者，亘数千年而未替。"① 柳氏之论表明其服膺经世致用的治学宗旨，即史学不是纯粹书本知识，而是有裨政教世治的工具，其谓"礼失而赖史以助其治"，史学致用功能无以复加。其是非姑且不论，此详摘柳氏之论，只是为要揭示其史学功能与礼治关系的看法。因其关系到对中国社会与中国文化性质的评价理解，故至少可借柳氏之论，指出对先秦儒家礼治思想的研究的意义何在。其所言与胜团所言礼治实现途径在修身齐家治国平天下之论，可相互补益参证，从而关于儒家礼治学说研究论题之价值，由此益明。

关于中国古代历史文化研究的意义，从客观上讲，必要涉及传统与现代化的关系问题。往昔多视传统与现代是矛盾对立之两面，故自"五四"以来，认为中国经历长期的封建社会，形成沉重不堪的封建主义落后包袱，使中国社会发展迟滞，导致现代化革新艰难，是拘泥不通的刻板片面之论。其实历史发展已经证明，传统非但不与现代完全对立，而且可成为现代化进程中的利好资源。因为昔日的社会文化积累，可为日后的发展提供潜在的资源准备和道路铺垫。故学会如何继承和利用传统，如何对传统进行现代化转化，是十分重要和必要的。历来对厚古薄今持批判态度，殊不知从另一角度看，若无厚古，如何能开今，因而如何化腐朽为神奇，变旧传统为现代新资源，是近代以来的当务之急。在历史上，孔子曾以因革损益之法继承总结三代文化，编订六经，从而直接、间接地开启诸子争鸣的学术文化盛宴。后经汉武帝尊儒改制，定下以孔子儒学为主导的学术思想格局，亦变相地继承了三代以来的文化传统，从而实现了秦汉的文化开新局面。此外，若对此后的魏晋玄学、宋明理学等学术文化思潮加以分析，无不取用前代资源以为凭借，再加以当下的融合，成其自身的开新局面。从19世纪下半叶的洋务运动开始，中国也加入世界的现代化行列，传统更加成为现代化须加利用的资源，康有为发起戊戌维新运动，提出今文《公羊》改制义，倡三世进化说，实假

① 柳诒徵：《国史要义》，华东师范大学出版社2000年版，第1、6、7、9、10、11、12、18、25页。

今文经学之名，会通西方进化论，在思想文化层面发出的资产阶级现代化改革的先声，故后来胡适说："在三十年前，主张'维新'的人，即是当日主张现代化的人"。[①] 此实即糅合传统与现代化追求社会思想文化革新的较早尝试。再如胡适发起整理国故运动，倡言"研究问题，输入学理，整理国故，再造文明"，无疑此亦为糅合会通传统与现代，追求思想文化革新的可贵努力。可以说，从孔子至近代以来，如何利用传统开新，已成为中国文化发展中极引人瞩意之事。历史上，在文化递嬗、思想开新的风云际会之时，传统作为可供开发利用的故有资源，颇受瞩目关注，这对今日的启发不言而喻。时下国学重兴，传统文化可资取鉴之义日明，胜团关于先秦儒家礼治思想的研究成绩，对现代中国社会道德体系的重建，社会政治管理体制的日臻完善，庶可有补于万一。此亦可用慰莘莘学子矻矻励己的勤学苦读之志，增进其时不我待的自勉求成之志。

胜团从我读硕士研究生时，表现出耽好经史的志向，奠定其日后研究兴趣的选择；平素勤力研索，长于思辨，是其治学长处。今为其即将问世的博士论文作序，意在激励其循己之长，勤恳不辍，以精进治学自期，以搏取学术上的更大成就自勉。

---

① 胡适：《建国问题引论》，转引自罗荣渠主编《从西化到现代化》，北京大学出版社1997年版，第304页。

绪　　论

第一节　选题意义

中国向称"礼仪之邦",在中国传统文化中,礼是中心内容。
李学勤先生指出:

> 中国自古称为礼义之邦,周初制礼作乐,不但在制度上,在文化上也奠定了后世发展演进的基础。《汉书·艺文志》诸子十家,以儒为首,而儒家出于司徒之官,六艺礼、乐、射、御、书、数,以礼为第一位。孔子就曾论述夏、殷、周三代礼的因革,七十子及其弟子的著作多汇入大小戴《礼记》。由此可见,礼是传统文化内涵的中心部分。①

儒家礼学思想在历代学者的不断阐释和发展的过程中,对中国古代社会的政治、经济、文化等各方面产生了深远的影响。礼学思想落实于实践即为礼治思想。
丁鼎先生指出:

> 从一定意义上说,中国古代文化就是"礼"的文化,中国古代的政治就是"礼"的政治,中国古代历史就是"礼"的历史。在中

---

① 李学勤:《〈中国礼文化〉序》,载邹昌林《中国礼文化》,社会科学文献出版社2000年版,第1页。

国古代，"礼"的发达程度，"礼"在整个民族精神和社会政治中的作用，都有着独特的、极其重大的文化意义。因此从某种意义上可以说：中国传统文化的整体特征就是儒家所倡导的"礼"。①

礼，作为儒家思想的重要内容，一向被视为儒学的核心。先秦时期儒家的代表人物孔子、孟子、荀子等都对礼的作用和价值给予了高度的肯定，进而，对礼的实际运用——礼治思想给予了充分的阐释。但是，现有可见的有关先秦儒家礼治思想的研究成果相对较少。林中坚先生的《中国传统礼治》一书是在其博士学位论文《西汉礼治思想形成研究》的基础上扩展而成，在"追源"时对先秦礼治思想有所涉及。除此之外，至今尚未见对先秦儒家礼治思想系统、全面的研究著作的出现。这种现状对于深入认识、了解儒家思想，甚至中国传统文化不能不说是一大缺憾。

本书试图以春秋战国时期政治、经济的深刻变革为历史现实背景，以先秦儒家思想体系为学术文化背景，揭示先秦儒家礼治思想的系统结构，以期有助于更加深入地了解、把握儒家思想。

第二节　研究综述

关于"礼治"的研究成果，现在可见的单篇论文有160余篇，硕博论文6篇。涉及的专业学科有史学、文学、哲学、法学、社会学、政治学、伦理学、管理学等学科，其中从法学、社会学、政治学三个角度来研究的论文占到总量的70%。

礼治研究的重点可分为以下几类：

有以人物为中心的，如周公、孔子、荀子、晏子、郑庄公、贾谊、司马迁、董仲舒、魏征、韩愈、曾国藩等。

有以专书为中心的，如《左传》《国语》《晏子春秋》《论语》《周易》《礼记》《韩诗外传》《史记》等。

---

① 丁鼎：《礼：中国传统文化的核心》，载浙江大学古籍研究所编《礼学与中国传统文化——庆祝沈文倬先生九十华诞国际学术研讨会论文集》，中华书局2006年版，第1页。

有以历史时期为中心的，如商代、西周、春秋、周代、秦国、汉初、西汉、汉代、唐代、宋代、清代等。

有以地域为中心的，如鲁国、晋国、秦国、苗寨等。

研究的方法有：对比研究的方法，如中西对比、礼治与法治对比、礼治与德治对比、礼治与人治对比、礼治与理治对比、孔子与亚里士多德对比等；传世文献和出土简帛相结合的研究方法，如楚简中的礼治思想；也有以古为鉴，牵引"礼治"思想资源以期找出利于当下和谐社会（小康社会）构建之方法的；有整合传统"礼治""法治"资源以利于当今法治、法制建设的。

其中，以先秦儒家礼治为对象的研究成果则相对较少。

由于受文章篇幅的限制，单篇论文很难做到系统、全面地对礼治思想进行分析研究，但是，不少论文的确做到了"专业"和"精深"。例如：陶红、张诗亚《蚕桑文化的符号构成及礼治内涵解析》一文，从蚕桑—服饰—服制—礼治之间的联系中梳理出一条线索，[①] 可谓慧眼独具。再如曹丽兰《从费孝通教授的"礼治秩序"看苗族寨老制度：以贵州千户苗寨"寨老"制度为例》一文，[②] 也可谓这方面的代表作。

下面具体回顾一下"礼治"的研究状况。

一 对"礼治"概念内涵的研究

马小红、柴荣、刘婷婷编著《中国法律思想史十讲》、[③] 白奚《儒家礼治思想与社会和谐》、[④] 王群瑛《中国古代的法律》、[⑤] 朱仁显《人治、王权、礼治、清官期盼——论中国传统政治文化的基本特点》、[⑥] 郭成伟

[①] 陶红、张诗亚：《蚕桑文化的符号构成及礼治内涵解析》，《西南大学学报》（社会科学版）2007 年第 6 期。

[②] 曹丽兰：《从费孝通教授的"礼治秩序"看苗族寨老制度：以贵州千户苗寨"寨老"制度为例》，《呼伦贝尔学院学报》2008 年第 1 期。

[③] 马小红、柴荣、刘婷婷编著：《中国法律思想史十讲》，中国人民大学出版社 2008 年版。

[④] 白奚：《儒家礼治思想与社会和谐》，《哲学动态》2006 年第 5 期。

[⑤] 王群瑛：《中国古代的法律》，希望出版社 1999 年版。

[⑥] 朱仁显：《人治、王权、礼治、清官期盼——论中国传统政治文化的基本特点》，《福建学刊》1996 年第 4 期。

主编《社会控制：以礼为主导的综合治理》、① 张自慧《礼文化的价值与反思》导论部分、② 陆建华《荀子礼学研究》、③ 张应凯《论礼治、人治与法治》、④ 牛晨曦、柴宝勇《中国传统法治思想反思——兼谈法治与人治、礼治、德治》、⑤ 徐惠茹《"以德治国"与传统的礼治》、⑥ 白奚《儒家礼治思想的合理因素与现代价值》、⑦ 王胜国、徐伟勇《貌离而神合：中国传统"礼治"与西方近代"法治"在法学价值上的契合》、⑧ 张利明《从楚简〈缁衣〉看儒家的礼治思想》等著作、⑨ 文章的观点均可以简单概括为"礼治即为以礼治国"。

李凝先生认为所谓"礼治"，强调的是一种人与人之间的秩序，后人把它简要地概括成"三纲五常"。⑩ 李凝把"礼治"理解为一种道德的秩序，一种状态，一种结果，而非是一个过程，这是与众不同的。

白奚、⑪ 王胜国、徐伟勇、⑫ 张利明⑬等学者进一步把礼治开始出现的时间确定为汉代或具体为汉武帝，这是不同于其他学者的看法。

亦有学者在此基础上稍有拓展、发挥，注意到了礼治概念内涵的细化构建，认为，礼治的内涵可细化为礼治的内容、手段及目的效果，给人更多的启发。

杨志刚先生认为：

① 郭成伟主编：《社会控制：以礼为主导的综合治理》，中国政法大学出版社 2008 年版。

② 张自慧：《礼文化的价值与反思》，学林出版社 2008 年版。

③ 陆建华：《荀子礼学研究》，安徽大学出版社 2004 年版。

④ 张应凯：《论礼治、人治与法治》，《江汉论坛》1999 年第 7 期。

⑤ 牛晨曦、柴宝勇：《中国传统法治思想反思——兼谈法治与人治、礼治、德治》，《南京工业大学学报》（社会科学版）2004 年第 4 期。

⑥ 徐惠茹：《"以德治国"与传统的礼治》，《行政论坛》2002 年第 1 期。

⑦ 白奚：《儒家礼治思想的合理因素与现代价值》，《哲学研究》2000 年第 2 期。

⑧ 王胜国、徐伟勇：《貌离而神合：中国传统"礼治"与西方近代"法治"在法学价值上的契合》，《河北青年管理干部学院学报》2007 年第 1 期。

⑨ 张利明：《从楚简〈缁衣〉看儒家的礼治思想》，《社会科学战线》2008 年第 11 期。

⑩ 李凝：《中国传统政治文化对公民法制观念的影响——"礼治对法制的影响"》，《江西行政学院学报》2007 年第 3 期。

⑪ 白奚：《儒家礼治思想的合理因素与现代价值》，《哲学研究》2000 年第 2 期。

⑫ 王胜国、徐伟勇：《貌离而神合：中国传统"礼治"与西方近代"法治"在法学价值上的契合》，《河北青年管理干部学院学报》2007 年第 1 期。

⑬ 张利明：《从楚简〈缁衣〉看儒家的礼治思想》，《社会科学战线》2008 年第 11 期。

所谓"礼治"，简单地说，就是通过"礼制""礼仪""礼器"等内容和手段，来维护和协调人伦、等级关系，从而达到社会的稳定和统治的牢固。①

杨志刚先生把"礼"的形式更加细化，使"礼治"的内容和方式丰富起来，并且礼治的目的也不再单一。

李宗桂先生认为按照习惯性的或者约定俗成的看法，就是用礼去治，根据礼的原则和价值去治理天下。礼治，是一种治国方略，一种政治价值取向，一种和谐社会理想，一种有序的社会状况。从学理的层面看，礼治包括礼学、礼仪；换言之，包括礼治礼论和礼治制度，而后者更多地体现在实践方面。②

林中坚先生在《中国传统礼治》一书中指出：礼治有广义和狭义之分。广义的"礼治"，包括德治、德教、孝治、文治、政治思想、伦理价值、意识形态、礼法制度建设等；狭义的"礼治"，包含礼义、礼俗、礼器、礼仪、礼乐、礼教、礼制等。这也是目前所见到的最为全面对礼治概念的界定阐释。与笔者的思路有较多的契合之处。但是，李宗桂先生和林中坚先生均认为：我们今天所讲的中国传统礼治，形成于汉代。③

沈晓艳先生认为所谓"礼治"就是通过礼的制度化而全面安排人生、社会秩序，追求现世的完美。④ 照此，"礼治"单一为礼的制度化，内涵大为减少。

于语和先生在其博士学位论文《中国礼治与西方法治之比较研究》中指出："礼治是与中央集权君主专制的权力体系相互融合的，在家庭本位的社会结构基础上，以等级有序、天下井然的自然秩序为价值追求，

---

① 杨志刚：《中国礼仪制度研究》，华东师范大学出版社 2001 年版，第 2 页。
② 参见李宗桂《汉代礼治的形成及其思想特征》，载林中坚《中国传统礼治》，广东人民出版社 2007 年版，第 1 页。
③ 参见李宗桂《汉代礼治的形成及其思想特征》，载林中坚《中国传统礼治》，广东人民出版社 2007 年版，第 1 页。
④ 沈晓艳：《小康社会的政治学诠释——儒家礼治传统及其现代转换》，《绍兴文理学院学报》2005 年第 1 期。

以伦常道德为内在理念，礼法教化为外范手段的政治观念。"① 于语和先生把"礼治"与中央集权君主专制建立了必然的联系，这是值得考量的，同时，他又提出了礼法教化的礼治手段，这是对礼治内涵的进一步丰富。

王福文先生又加入道德和刑罚的礼治手段。②

豫柏杞先生在《试谈孔子的"人治"与"礼治"思想》一文中指出：孔子提倡的"礼治"实为以法度治国。③ 显然，这样来定义是较为笼统的，但是，其注意到"法"与"礼治"的关系，也是值得肯定的。

二 "礼治"内容的研究

徐世甫先生认为礼治的主要内容有：第一，重教轻罚；第二，正己正人；第三，诗乐之教和富民政策。④

朱仁显先生认为：礼治主义的基本内容首先是神化礼的作用，强调以礼自治，要求人们自觉地用礼来规范自己的言行，与非礼的言行做斗争，处处循规蹈矩，安于本分，这是礼治主义的又一重要内容，是礼的精神在人生道德领域的体现。礼治主义最重要的内容是把礼仪伦常作为基本的政治工具。⑤

刘港先生认为，关于"礼治"的具体内容，儒家有三点主张：以"五伦"为中心，强调"正名分"，要求严格遵守等级名分；以家族为本位，坚决维护宗法血缘关系的神圣性；抬高礼的地位，赋予礼以"天道之理"的身份，以便治理民众。⑥

---

① 于语和：《中国礼治与西方法治之比较研究》，博士学位论文，天津师范大学，2001年，第4页。

② 王福文：《论儒家礼治思想及其对当代法制的影响》，《思茅师范高等专科学校学报》2008年第4期。

③ 豫柏杞：《试谈孔子的"人治"与"礼治"思想》，《孔子研究》1989年第4期。

④ 徐世甫：《礼、礼治、法治》，载云南孔子学术研究会编《孔学研究》（第六辑），云南人民出版社2000年版，第162—163页。

⑤ 朱仁显：《人治、王权、礼治、清官期盼——论中国传统政治文化的基本特点》，《福建学刊》1996年第4期。

⑥ 刘港：《礼治 德治 人治——试论先秦儒家法律思想》，《湖南经济管理干部学院学报》2006年第6期。

可以看出，现有对"礼治"内容的认识是比较单一的，而且，对礼治的实现的途径、手段、特点、目的、效果等概念内涵、要素区分不清，且多是就"如何用礼去治"、礼治的特点、结果、意义等层面来展开分析论述。

关于礼治的实现过程的研究大致分为三类：

第一类是"以礼治国"。前面综述礼治概念内涵时提到，因对"国"的概念缺少界定，导致"国"的内涵过于宽泛、虚化，且对"如何治国"等问题缺少系统分析而显得较为笼统。

第二类是"治民"。沈善洪、王凤贤先生认为：孔子主张"礼治"是为了"民易使"。① 于语和先生更为具体地从维护统治者政权的角度出发，分析了君民关系，认为："推崇礼治的儒家把是否能得民视为国家兴败的关键与根本，提出新的君民关系论"。② 李战奎先生也认为："民是礼治的客体。"③

第三类是"修身"。包含两个层面的含义。柳肃先生认为：礼把社会政治的起点放在个人的内心修养上，认为这是天下治乱之根本。对于下层被统治者来说，修礼则不会犯上作乱；对于上层统治者来说，首先是个人修养，然后才能齐家，进而治国平天下。④

沈善洪、王凤贤先生也认为：实行"礼治"的一个重要保证，是统治者要有仁德的修养。⑤

刘冠生先生通过对荀子礼治思想的具体研究也认为：荀子的礼治思想，包括"以礼修身，以礼齐家，以礼治国平天下等几个方面"。⑥ 但是，又认为荀子所说的以礼修身是学习做人的正道。

关于礼治的实现方式的研究分为五个方面：

① 沈善洪、王凤贤：《中国伦理思想史》，人民出版社 2005 年版，第 115 页。
② 于语和：《中国礼治与西方法治之比较研究》，博士学位论文，天津师范大学，2001 年，第 21 页。
③ 李战奎：《礼治思想及现代转化》，《陕西理工学院学报》（社会科学版）2008 第 4 期。
④ 柳肃：《礼的精神——礼乐文化与中国政治》，吉林教育出版社 1990 年版，第 13 页。
⑤ 沈善洪、王凤贤：《中国伦理思想史》，人民出版社 2005 年版，第 354 页。
⑥ 刘冠生：《荀子的礼治思想》，《管子学刊》2002 年第 2 期。

（一）礼制

王光松先生从礼治的概念内涵来分析，认为：礼治——通过礼的制度化所实现的治。① 这样，礼制也就成为实现礼治的唯一方式和手段。白奚先生也持相似的观点，认为"礼制"实际上是"礼治"的制度标准和工具。②

礼制史研究专家陈戍国先生从"礼制"的概念内涵入手分析，认为：礼制，作为执礼的根据，限定了行礼的范围、规模、程序、仪态以及大致具体的言行。不容许礼物和礼仪违反礼制的规程，否则就不能表达应有的礼意。不妨说，礼制是具有法律效力的，在这个意义上可以把礼制看作典章制度。维护礼制，实际上就是维护政治权力和经济利益，维护当时的生产关系。③ 这是从礼制的性质、目的的角度得出的结论。

（二）礼仪

马国华先生、④ 陈智勇先生、⑤ 沈善洪、王凤贤先生认为："礼"的这一本质，通过各种礼节仪式体现出来。作为"礼"的外在表现形式的礼节仪式，也是服务于巩固奴隶社会的统治秩序的。⑥ 也就是说，礼仪是礼的本质的表现形式，对礼仪不厌其烦的躬身实践是维护礼治秩序的重要手段。

（三）礼器

张自慧先生和陈洪宜先生确定了"礼器"的概念内涵。张自慧先生说：礼器是古人行礼时所用的器物，礼器的数量、质地、文素等的差异代表着礼器使用者的身份、地位与等级的不同。⑦ 陈洪宜先生说：礼器，是举行礼仪场合所用的物品。⑧

---

① 王光松：《论礼治的现代转化问题》，《华南理工大学学报》（社会科学版）2002第3期。
② 白奚：《儒家礼治思想与社会和谐》，《哲学动态》2006年第5期。
③ 陈戍国：《中国礼制史》（先秦卷），湖南教育出版社2002年版，第18页。
④ 马国华：《孔子的礼治思想研究》，硕士学位论文，天津师范大学，2005年，第48页。
⑤ 陈智勇：《商代宗教的世俗化特征及其礼治作用》，《许昌师专学报》2000年第1期。
⑥ 沈善洪、王凤贤：《中国伦理思想史》，人民出版社2005年版，第68页。
⑦ 张自慧：《礼文化的价值与反思》，学林出版社2008年版，第75页。
⑧ 陈洪宜：《对礼治与德政的历史反思》，《河南公安高等专科学校学报》2002年第6期。

梅珍生先生更为具体地揭示了礼器在"治"的过程所起的作用：在具体的礼典仪式中，礼器是构成践礼活动必不可少的要素。它以实物的形式，既构成了礼仪活动中的神圣氛围，也呈现了行礼主体的身份地位，以及他们与之交往的对象（无论是人还是神）的特定感情。①

侯外庐等先生更是把"器"作为一项制度，并分析了"道""器"关系，认为礼器的名称的总概念叫作尊、彝、鼎、爵，其实"器"表示古代的专政制度，"道"表示统治者的权力思想。"道""器"一源，"道"更在"器"中。②

学者多能分别"器""礼器"之异，但，对"道""器"关系仍有进一步探讨的必要。

（四）礼俗

王力认为："在古代社会中，统治阶级所提倡的礼俗是维护统治阶级利益的。"③ 阎步克先生认为"在'族'的因素占重要地位之处，礼俗也必然具有支配意义"，"'礼俗'是小型乡土亲缘共同体的规范与秩序。"④ 阎步克先生之意，"礼俗"在乡土社会或乡土之中的"族"的规范与秩序化过程中具有支配地位。以上两种意见对"礼俗"的价值认识不同。

（五）礼教

吕思勉先生认为：儒家"教民之具，以礼乐为最重。以其能感化人心，范其行为，而纳诸轨物；非徒恃刑驱势迫，使之有所畏而不敢不然也。此盖其出于司徒之官之本色。"⑤ 谢谦先生认为：礼乐教化被历代儒家奉为修身、齐家、治国、平天下的必由之路，因此也是统治者的当务之急。在儒家看来，礼乐具备，教化大行，则民治国安；礼乐崩坏，教化不兴，则民乱国危。⑥ 张自慧先生认为：礼教是"礼"普及和传承的

---

① 梅珍生：《晚周礼的文质论》，湖北人民出版社 2004 年版，第 52 页。
② 侯外庐、赵纪彬、杜国庠：《中国思想通史》（先秦卷），人民出版社 1957 年版，第 78 页。
③ 王力主编：《中国古代文化常识图典》，中国言实出版社 2002 年版，第 167 页。
④ 阎步克：《阎步克自选集》，广西师范大学出版社 1997 年版，第 214—215 页。
⑤ 吕思勉：《先秦学术概论》，中国大百科全书出版社 1985 年版，第 58 页。
⑥ 谢谦：《中国古代宗教与礼乐文化》，四川人民出版社 1996 年版，第 2 页。

重要手段与途径，在古代它既是学校教育的重要内容，又是历代统治者的治国方略。①

礼教当然是礼治的重要内容，但是礼教的实质是强调借助外在形式的"礼"，通过学校教育、修身（自我修习）等途径方式，使附加于"礼"之上伦理道德内化为个体的行为方式，从而达到"礼治"的目的和效果。

关于礼治原则的研究中，陈鹏生、杨鹤皋先生认为避讳是一项重要的礼治原则。② 而刘延寿先生、③ 何剑先生、④ 王处辉先生⑤三位学者有相似的看法，认为周代的礼治思想的基本原则有二，一是亲亲，二是尊尊。何剑先生同时又提出了男女有别的原则。中国台湾学者高明则指出礼的原则有五：第一是"随时"，第二是"顺达"，第三是"备体"，第四是"从宜"，第五是"合称"。⑥

礼治的原则是就"礼治"的过程来说的，就是在以礼致治的过程中应该遵循的原则。与礼治的特点、礼治的内容不是一个问题。

第三节　研究思路及研究方法

一　研究思路

"礼治"思想是中国先秦儒家思想中的重要内容，也是儒家思想落实于实践的一个重要途径。但是，现有研究成果显然没有能够系统、全面地展现出"礼治"思想的真实面貌，甚至在对一些问题的认识理解方面还有很大的差异、分歧。本书试图做到，在深入梳理先秦儒家相关历史文献和出土文献的基础上，首先，对礼的含义、礼的本质、礼的性质

---

① 张自慧：《礼文化的价值与反思》，学林出版社2008年版，第235页。

② 参见陈鹏生、杨鹤皋《春秋战国法律思想与传统文化》，慧丰行有限公司2001年版，第94页。

③ 刘延寿：《论中国古代法律思想中"礼治"与"法治"的互相渗透——兼评〈中国法律思想史纲〉》（上卷），《上海社会科学院学术季刊》1986年第1期。

④ 何剑：《论礼治的内在逻辑及历史发展轨迹》，硕士学位论文，中国政法大学，2007年。

⑤ 王处辉：《中国社会思想史》，南开大学出版社1989年版，第35页。

⑥ 高明：《礼学新探》，台湾学生书局1977年版，第5页。

等基础性问题作较为全面的分析，这是理解"礼治"内涵的基础性工作。其次，对"治"与"礼治"的内涵进行较为严密规范，以此为前提，对先秦儒家礼治思想的体系作一全面、系统、深入地考察，体现为礼治的实现过程、礼治的实现方式、礼治的实现机制及礼治的原则这四个方面的结构性研究。最后，对先秦儒家礼治思想的实质、特点等相关问题给予分析，同时，对与先秦儒家礼治思想相关的一些传统误解、误读作一反思。

二　研究方法

坦诚地说，礼学研究现在还面临许多困难。

李学勤先生说：

> 应该指出，今天研究古代的礼，所能凭藉的条件颇欠完备。这里面的原因很多，有一点是自宋明以来，相对于其他学问，礼学较为薄弱。作为礼学经典的三《礼》，大部分不在科举考试范围之内，士子多不诵习，少数人决心探索，收效究竟有限。清代学术昌盛，然而只有孙诒让的《周礼正义》卓然成家，胡培翚的《仪礼正义》便逊色一等。至于大小戴《记》，竟没有差强人意的注本。现代用新的理论、方法研究古礼，特别是提高到文化史的层次，能做出突出成绩的，更是凤毛麟角。①

李先生所言包含两个方面的内容：一是传统的礼学元典的文本解读还有许多不足；二是礼学研究要与新的研究理论方法相结合。

金景芳先生在谈及中国古代史研究的时候，也指出应当注意两点：

> 一、要坚持马克思主义，反对形形色色的唯心论和形而上学。②

---

① 李学勤：《邹昌林〈中国礼文化〉序一》，载邹昌林《中国礼文化》，社会科学文献出版社 2000 年版，第 1—2 页。

② 金景芳：《中国奴隶社会史》，上海人民出版社 1983 年版，第 1 页。

二、要坚持文献与实物并重，而以文献为主。①

金先生在著《中国奴隶社会史》时，尤其强调：

> 坚决用马列主义理论作指导，从历史实际出发。既认真读马列
> 原著，也认真读中国古书。要求尽可能读深读透，做到融会贯通。
> 对历史上的每一个问题，特别是每一个重大的问题，都要用马列主
> 义理论作指导，以大量史料为根据，经过认真的仔细研究，然后做
> 出结论。决不从主观愿望出发，随心所欲地寻找几条材料，用来证
> 明自己的论点。引证时，注意选取典型的，不用单文孤证。引文注
> 意用原文，并注明出处。反对任意割裂，任意曲解。②

金先生和李先生虽然研究方向、研究对象不尽相同，但是殊途同归，
所说都注意了文献和理论方法两个问题，诚为学者所应谨遵照行的。当
然，想要完全做到这两点是很难的。

首先，现代学者对文献的解读能力，就已有"先天不足"的缺点，
对文献的解读不能仅是就字面的意思而言，还要把其放在相关思想体系
中去解读，否则极易造成误读、误解，而且需要有相关文化背景知识的
储备。如学者通常据《礼记·礼运》一段材料得出"礼起源于饮食"的
观点。愚意，这是对材料的误读所致。

《礼记·礼运》：

> 夫礼之初，始诸饮食，其燔黍捭豚，污尊而抔饮，蒉桴而土鼓，
> 犹若可以致其敬于鬼神。

郑玄注云：

> 言其物虽质略，有齐敬之心，则可以荐羞于鬼神，鬼神飨德不

---

① 金景芳：《中国奴隶社会史》，上海人民出版社 1983 年版，第 4 页。
② 金景芳：《中国奴隶社会史》，上海人民出版社 1983 年版，第 5 页。

飨味也。中古未有釜、甑，释米捬肉，加于烧石之上而食之耳。今北狄犹然。污尊，凿地为尊也。抔饮，手掬之也。蒉，读为由，声之误也。由，塯也，谓抟土为桴也。土鼓，筑土为鼓也。①

孔颖达疏云：

> 此一节论上代物质质略，以其齐敬，可以致祭神明。
> 此吉礼元初，始诸饮食。诸，于也。始于饮食者，欲行吉礼，先以饮食为本。但中古之时，饮食质略，虽有火化，其时未有釜、甑也。②
> "犹若可以致其敬于鬼神"者，言上来之物，非但可以事生，若，如也，言犹如此，亦可以致其恭敬于鬼神，以鬼神飨德不飨味也。③

此言祭礼，最开始荐献的饮食质略，下面又云荐今之食：

> 玄酒在室，醴、盏在户，粢醍在堂，澄、酒在下。陈其牺牲，备其鼎俎，列其琴瑟、管磬、钟鼓，修其祝、嘏，以降上神与其先祖。

虽然中古与今时祭礼，所荐饮食质略繁丰不同，但都是对鬼神恭敬之情的表达。元初时饮食虽然质略，但仍然可以对鬼神表达恭敬之情，这是符合礼的本质——敬的精神的。笔者认为这段材料的标点应该做："夫礼之初始，诸饮食"或者作"夫礼之初始诸饮食"即是说："元初的

---

① （汉）郑玄注，（唐）孔颖达正义：《礼记正义》，吕友仁整理，上海古籍出版社 2008 年版，第 887 页。
② （汉）郑玄注，（唐）孔颖达正义：《礼记正义》，吕友仁整理，上海古籍出版社 2008 年版，第 891 页。
③ （汉）郑玄注，（唐）孔颖达正义：《礼记正义》，吕友仁整理，上海古籍出版社 2008 年版，第 891 页。

祭礼，在饮食方面荐献的是"，故下面又有"荐今之食"云云，两相比较，这些都是就祭礼在形式方面的发展而言的。但是，祭礼所要表达的礼意却是相同的，都是"敬"的表达。退一步地讲，若照通常理解，此段材料在逻辑上也是有问题的，即标点为"礼之初，始诸饮食"，难道还有"礼之中，始诸饮食""礼之终，始诸饮食"的问题？似乎应遵孔疏所讲为是，孔颖达疏云：

> 经云"礼之初，始诸饮食"，谓祭祀之礼，故始诸饮食。其人情之礼，起则远矣。故昭二十六年《左传》云"礼之可以为国也久矣，与天地并"是也。①

此材料无非是强调了祭礼"初""始"的情况，而不是说明"礼"起源于饮食。

《礼记·檀弓下》：

> 殷人作誓而民始畔，周人作会而民始疑。

郑玄注云：

> 会，谓盟也。盟誓，所以结众以信。其后外恃众而信不由中，则民畔疑之。孔子曰："其身正，不令而行；其身不正，虽令不从。"②

依郑玄注，"会"为会盟之意，应该是正确的解释。而王梦鸥先生则释"会"为"会议"，译为"殷人作誓，而人民才懂得背盟；周人要

---

① （汉）郑玄注，（唐）孔颖达正义：《礼记正义》，吕友仁整理，上海古籍出版社 2008年版，第 892 页。

② （汉）郑玄注，（唐）孔颖达正义：《礼记正义》，吕友仁整理，上海古籍出版社 2008年版，第 422 页。

会议，而人民才起了疑心"。① 显然，这样的解释是不符合原意的。《左传·庄公二十三年》曹刿谏庄公，曰："夫礼，所以整民也。故会以训上下之则，制财用之节。朝以正班爵之义，帅长幼之序，征伐以讨其不然。"其中，"会"即盟会、会盟，"朝"即"朝见"。至于那些哲学色彩较浓的性、命、天、道、心、情、欲等观念，学者更是很难形成一致的共识。

遵照金先生和李先生的金玉之言，笔者在学习研究过程中，以先秦儒家礼学文献研读为基础，努力做到读懂、读通，并注重参考、吸收、融合出土简帛文献的相关内容。传世文献以《论语》《孟子》《荀子》《礼记》《左传》《国语》《孔子家语》《大戴礼记》为核心，兼顾先秦儒家其他典籍。同时，以史学为中心，注重学习相关学科的理论方法、思维方式、问题意识等内容，如社会学、政治学、伦理学、管理学、法学等学科。但是，文中相关著作没有被引及，并非没有认真研读，而是太多的启发，已经促使对礼学、礼治等相关问题的再思考。当然，限于时日和学力，驾驭这样一个题目，距离金先生的要求、标准还有相当大差距，然《诗》云："高山仰止，景行行止。"虽不能至，心乡往之。

---

① 　王梦鸥：《礼记今注今译》，新世界出版社 2011 年版，第 98 页。

第一章 礼的一般认识

第一节 礼的含义

礼是什么？似乎是每个面对中国历史文化的学习者、研究者，都应该关注和思考的问题，给予恰当的解读更是《先秦儒家礼治思想研究》的应有之义。然而，当面对现有的众多礼学研究成果之时，似乎在结论上、方法上仍有相当一部分可以拓展、改进、深化的空间。这也正如金景芳先生三十多年之前所指出的：

> 在儒家主张礼治，法家主张法治这个问题上，大家的看法基本上一致。但是，到底什么是儒家所主张的礼，什么是法家所主张的法以及礼法的来龙去脉，还没有弄清楚，甚至还有若干糊涂观念。①

当然，这里引用金先生观点的目的，并非对礼学研究专家的相关研究成果作全盘的批判和否定。毫无疑问，任何学者的研究都是建立在对前辈研究的基础之上的，对此，应有之义是抱有深深的尊敬之情。当然，学者研究并不应该止步于此，而是站在他们的肩膀之上努力向前推进。因此，学者的某些研究结论也就不能成为后学研究的终点，而理应是学习研究的起点。基于此，笔者对于前辈时贤的相关论点所提出的不同观点，甚至是相反的观点，绝对没有半点的菲薄之意。正如《礼记·表记》所言："君子不以其所能者病人，不以人之所不能者愧人。"同时，

---

① 金景芳：《古史论集》，齐鲁书社 1981 年版，第 156 页。

对于个人来说，笔者在礼学研究方面只是一个初学者，当然更谈不上登堂入室者，因为只有进入了这个领域才知道"礼"的天地有究竟有多大、多广、多宽，更不论与之必然相关的内容，也才真正对孔子所云"毋轻议礼"①的警示有所领悟和体会。

这里引用金景芳先生的观点，正是试图说明对礼的含义的认识，必将也应该是随着礼学研究中其他问题的深入而有所发展。也可以说，"礼"是什么，不是一个单一化的问题，也不是一个先入为主的问题，更不是一个现有认识、结论就已经能够全面恰当揭示的问题。这样的说法并不是在呈现一个尴尬的局面，而这正如业师葛志毅先生所言是"人文学科的魅力之所在"。当然，时至今日，一些学者对这个问题的认识和观点似乎仍有待推敲、澄清和延伸的余地。

徐鸿修先生认为：

> "礼"是宗法社会中的等级名分制度及表现名分的节文仪式。等级名分是根据各人与统治者血缘关系的远近决定的，每个人都在等级制度下谨守自己的本分，做到"非礼勿视，非礼勿听，非礼勿言，非礼勿动"就是达到了礼的最高境界。②

不论徐先生所谓"宗法社会"所指是周代，抑或西周以来的整个封建社会，都把礼视为与一定历史阶段或社会形态相关联的文化现象，这与考古发掘出土的西周以前大量存在的礼器，以及传世文献中的礼学相关记载，甚至近现代以来的礼学讨论、批判与建构都是不相合的。另外，儒家是否以做到"非礼勿视，非礼勿听，非礼勿言，非礼勿动"为礼的最高境界，为"礼治"的终极目标呢？

正如陈澧先生所言：

> 自非圣人，孰无参错？前儒参错，赖后儒有以辨之。辨之未明

---

① 《礼记·礼器》。
② 徐鸿修：《先秦史研究》，山东大学出版社2002年版，第325页。

者而明者愈明，辨别其未合者而合者愈合，故足贵也。然辨其参错，不可没其多善。后儒不知此义，读古人书，辨其参错，而其多善则置之不论，既失博学知服之义，且开露才扬己之风。此学者之大病也。①

学术研究的发展，自然包含上引陈澧先生所言对前儒研究成果中之参错的辨正，也应该拓展研究题目的深度和广度。当然，"露才扬己"之病亦为后学者所应尽力戒免的。

礼，作为儒家思想文化的核心观念，礼的含义与"礼"字的含义、礼的起源等问题也是许多学者所致力之处。应该说，三个问题之间是有联系的，且又是不同的、极易混淆的。如学者多引王国维先生《释礼》一文来证礼起源于祭祀。且不论王国维先生对"礼"字的解读是否有重新审视的空间和必要，单就问题的实质来说，王国维先生所说的是"礼"字的含义，而非礼的含义，或礼文化、礼思想的含义。也可以说，"礼"字的起源与礼的起源是有联系但不可等同的两回事。限于文章的研究内容侧重不同，不便展开评论辨析礼起源的各种观点。但是经典中一些观点理应引起学者的重视和思考。孔颖达《礼记正义》卷一"礼记"疏即引皇侃之说，云：

> 礼有三起，礼理起于大一，礼事起于遂皇，礼名起于黄帝。②

皇侃之说中礼的起源问题应该包含三个方面："礼理"的起源、"礼事"的起源、"礼名"的起源。当然，皇侃仅是指出三个方面分别的起源时间，至于"为什么"，或其中义理所在，其没有更多的解释，这也是学者应当致力之处。放下皇侃所论礼三个方面起源的时间的观点对错合理与否不论，皇侃的观点对于认识和理解"礼"的含义颇具启发意

① 陈澧：《东塾读书记》，台湾商务印书馆1997年版，第225页。
② 皇侃之说可能来自《纬书集成·礼编·礼含文嘉》，其云："礼有三起，礼理起于太一，礼事起于遂皇，礼名起于黄帝。"参见安居香山、中村璋八辑《纬书集成》，河北人民出版社1994年版，第504页。

义。也就是说，礼的含义也可以从礼理、礼事、礼名三个角度来理解。借用皇侃的观点回视现有关于礼的含义的研究，大多是从"礼事""礼名"两项来谈的，而"礼事"不同则"礼名"或异，"礼事"有三百三千巨，"礼名"因之抑或有三百三千之繁。因此，从礼事、礼名的角度来研究探讨礼的内涵似不可行。唯由"礼理"一途恰可以简驭繁、以一概万。因此，对礼的含义的探讨即从文献中具有"礼理"性质的四个方面分别展开。

一　礼者，履也

许慎《说文解字》：

　　礼，履也，所以事神致福也。

礼训为"履"，亦被经典注疏所普遍采纳。《左传·成公十六年》云："礼以顺时。"孔颖达疏云："礼者，履也。"① 又有《说文解字》云："履，足所依也。"《周易·序卦传》云："履，足所依也。"履，即是人足走路时所穿著者，凭依借助于履，使足在行动时免受伤害，起到保护、保暖等作用，以便利人们的行走、活动，同时也蕴含着人们一定的审美追求。《吕氏春秋·恃君览》云："昔太古尝无君矣，其民聚生群处，知母不知父，无亲戚兄弟夫妻男女之别，无上下长幼之道，无进退揖让之礼，无衣服履带宫室畜积之便，无器械舟车城郭险阻之备。此无君之患。"《汉书·儒林传》黄生云："冠虽敝，必加于首。履虽新，必贯于足。"可见，秦汉之际以"履"为"鞋"乃通识。文献中又多训"履"为"礼"，即是在"履"之"鞋"的本意之上的引申之说。

《尔雅·释言》：

　　履，礼也。

---

① （清）阮元校刻：《十三经注疏》，中华书局1980年影印本，第1917页。

刘熙《释名·释衣服》：

> 履，礼也。饰足，所以为礼也。

履、礼互训，也说明二者在某些属性方面具有相通之处。礼是人们行走于"道路"时所必备者，只不过这里的"路"是为人之"路"而已。因此，礼也就成为人们走人生之路所应履者。正如《礼记·哀公问》中记载孔子所云：

> 丘闻之，民之所由生，礼为大。非礼无以节事天地之神也，非礼无以辨君臣、上下、长幼之位也，非礼无以别男女、父子、兄弟之亲，昏姻、疏数之交也。

《荀子·大略》：

> 礼者，人之所履也，失所履，必颠蹶陷溺。所失微而其为乱大者，礼也。

正是对履、礼之中行动含义的突出和固化。《庄子·天下》更是明确指出："以仁为恩，以义为理，以礼为行，以乐为和，薰然仁慈，谓之君子。"又云："《诗》以道志，《书》以道事，《礼》以道行，《乐》以道和，《易》以道阴阳，《春秋》以道名分。"即谓礼以待行，行以依礼，礼、行两者不可分析的关系的然可辨。

随着社会发展，"履"除具有实用功能，也具有审美的价值。与之相关，礼也是成就君子人格之美的重要形式。上揭孔子、荀子所言，正是从正反两方面阐扬礼的功用，强调礼具有"履"的本然属性，当然，对道德层面之"履"的阐扬，也是儒家所一贯提倡的。

《礼记·祭义》：

> 所谓孝也已。众之本教曰孝，其行曰养。养，可能也，敬为难；

敬，可能也，安为难。安，可能也，卒为难。父母既没，慎行其身，不遗父母恶名，可谓能终矣。仁者，仁此者也；礼者，履此者也；义者，宜此者也；信者，信此者也；强者，强此者也。乐自顺此生，刑自反此作。

"履此者也"，即是对"孝"之"履"，此"履"在《礼记·祭义》编纂者看来，也是尊礼、行礼的重要体现和要求。且不论"君子"之内涵有身份地位与道德品格之别，① 单从道德品格内涵之"君子"来看，对礼之"履"，亦是成就君子人格之美的必然要求，无礼，则无所谓"君子"之称。从"礼"对于人所具有"履"的属性来看，其必然性、必要性，正是儒家所一再揭示的。

二 礼者，理也

文献中多有"礼者，理也"的表述。例如：

> 乐也者，情之不可变者也。礼也者，理之不可易者也。（《礼记·乐记》）
>
> 礼也者，合于天时，设于地财，顺于鬼神，合于人心，理万物者也。（《礼记·礼器》）
>
> 礼也者，理也。乐也者，节也。君子无理不动，无节不作。（《礼记·仲尼燕居》）

孔颖达疏云："理，谓道理，言礼者使万事合于道理也"。② "礼者，理也"类似表述，包含两层含义：一、礼是理的体现。理，自然是指道理、事理而言；二、礼是理万物的重要规范。即是孔颖达所谓"礼者使万事合于道理也"。或者说，礼之所以成为人们一种必要的行为规范，在于

---

① 葛志毅：《谭史斋论稿四编》，黑龙江人民出版社 2008 年版，第 4 页。
② （汉）郑玄注，（唐）孔颖达正义：《礼记正义》，吕友仁整理，上海古籍出版社 2008 年版，第 1935 页。

礼本身就是蕴含着"理"。同时，理又蕴含于礼之中，成为人们处理与人、物之间关系时必须要遵循的内在依据。循礼即是循理，循理则应遵礼，二者是统一的。进一步地说，循礼、遵礼则治，悖理、违礼则乱。

《礼记·仲尼燕居》：

> 子曰："礼者何也？即事之治也。君子有其事，必有其治。"

孔子之意，礼就是针对其面对之事所应采取的方法、规范。君子有其职事，治事必然应依理，依理则体现为依礼。依礼、遵礼则治的内在理论根据即在于"礼者，理也"。

三　礼者，情之文

礼不仅是理的体现和要求，礼也是人们自身情感的真诚流露和得体传达。文献中的相关表述有：

> 礼者，因人之情而为之节文。（《礼记·坊记》）
>
> 曾子谓子思曰："伋！吾执亲之丧也，水浆不入于口者七日。"子思曰："先王之制礼也，过之者俯而就之，不至焉者，跂而及之。故君子之执亲之丧也，水浆不入于口者三日，杖而后能起。"
>
> 子路有姊之丧，可以除之矣，而弗除也，孔子曰："何弗除也？"子路曰："吾寡兄弟而弗忍也。"孔子曰："先王制礼，行道之人皆弗忍也。"子路闻之，遂除之。（《礼记·檀弓上》）
>
> 礼义之经也，非从天降也，非从地出也，人情而已矣。（《礼记·问丧》）
>
> 凡礼之大体，体天地，法四时，则阴阳，顺人情，故谓之礼。（《礼记·丧服四制》）

"因人之情而为之节文"，即是说礼是人情之仪节文饰。孔子、子思之言丧礼，亦是强调人情要通过礼得到合理、恰当的表达。"顺人情"即是礼制定、存在的重要依据。《礼记·檀弓上》云孔子在卫，有送葬者，而夫子观之，曰："善哉为丧乎！足以为法矣，小子识之。"子贡曰："夫子何善尔也？"曰："其往也如慕，其反也如疑。"子贡曰："岂若速反而虞乎？"子曰："小子识之，我未之能行也。""其往也如慕，其反也如疑。"正是孝子爱亲之情的自然流露，丧礼存在的意义，正是对孝子之情的节文，孔子因此认为其"足以为法"，自己甚至都未能做到。而子贡所提议之"速反而虞"，似乎更注重于对丧礼"程式仪节"之遵循，这在孔子看来，有本末倒置之嫌。

礼与情的关系，亦包含两层含义：一是，礼本身即是情的传达和流露；其二，情也是礼的本然内容。礼因情而生，情藉礼而章。郭店楚墓竹简更是明确指出礼生于情。

> 礼因人之情而为之。(《郭店简·语丛一》)
> 礼生于情。(《郭店简·语丛二》)
> 礼作于情。(《郭店简·性自命出》)

郭店简所载似乎更注重情对于礼的本源性价值和意义。

四　礼者，体也

礼对情、理的体现，在文献中，又可以归结为"礼者，体也"。

《礼记·礼器》：

> 礼也者，犹体也。体不备，君子谓之不成人。设之不当，犹不备也。

郑玄注云："若人身体。"孔颖达注疏："人身体发肤骨血筋脉备足乃为成人，若片许不备，便不为成人也。""礼既犹如人之有体，体虽备，但设之不当则不成人，则设礼不当亦不成礼，犹如人体之不当也。所以已祭天地，复祭山川、社稷，已事生人，复祭宗庙，是备之义也。"[①] 郑玄、孔

---

① （汉）郑玄注，（唐）孔颖达正义：《礼记正义》，吕友仁整理，上海古籍出版社2008年版，第986—987页。

颖达均以"身体"释"体"字。从"礼""理万物"的角度来看，刘熙《释名·释言语》所云："礼，体也，得事体也。"即是"礼者，理也"的具体化阐释。"得事体"，即是郑玄所云"备当"的意思。《论语·八佾》：孔子谓季氏，"八佾舞于庭，是可忍也，孰不可忍也？"孔子对季氏的批判，并非季氏所用八佾之舞的内容、程式、仪节等有何失误，而是季氏作为大夫，却用了只有天子才能使用的仪节。按照等级职位德行高低而制定相应之礼，本身是理的一种体现。季氏之等级身份本应享有使用四佾之礼的权限，但他却僭用八佾之礼。显然，季氏所为按照礼应该"备当""得体"的要求属于"不得体""不当"，而非"不备"。

除此之外，《淮南子·齐俗训》：

礼者，体情制文者也。①

即把"体情"理解为一个情感真诚流露和得体传达的过程，而且这个情的传达过程最终以"制文"的形式予以呈现。"制文"具体化为仪节程式、器物的品类数量繁简多少等。

郑樵：

礼本于人情，情生而礼随之。古者民淳事简，礼制虽未有，然斯民不能无室家之情，则冠昏之礼已萌乎其中；不能无交际之情，则乡射之礼已萌乎其中；不能无追慕之情，则丧祭之礼已萌乎其中。自是以还，日趋乎文。燔黍捭豚，足以尽相爱之礼矣；必以为未足，积而至于笾豆鼎俎。徐行后长，足以尽相敬之礼矣；必以为未足，积而至于宾主百拜。其文非不盛也，然即其真情而观之，则笾豆鼎俎未必如燔黍捭豚相爱之厚也。宾主百拜未必如徐行后长相亲之密也。大抵礼有本有文，情者其本也……有其本而无其文，尚可以义起；有其文而无其本，则并与文俱废矣。何谓之礼本？本情而已。②

---

① 刘文典：《淮南鸿烈集解》，冯逸、乔华点校，中华书局1989年版，第357页。
② 郑樵：《礼经奥旨》，《丛书集成初编》，第243册，中华书局1936年版，第5页。

郑樵所谓"礼本于人情，情生而礼随之"，即与"礼者，体也""礼者，体情制文者也"相契合。室家之情必体为冠昏之礼，交际之情必体为乡射之礼，追慕之情必体为丧祭之礼。反之，冠昏、乡射、丧祭之礼正是室家、交际、追慕之情之"体"现。此论亦承《汉书·礼乐志》所云："人性有男女之情，妒忌之别，为制婚姻之礼；有交接长幼之序，为制乡饮之礼；有哀死思远之情，为制丧祭之礼；有尊尊敬上之心，为制朝觐之礼。"《论语·阳货》中记载孔子曰："礼云礼云，玉帛云乎哉？乐云乐云，钟鼓云乎哉？"依孔子之意，玉帛钟鼓之文虽盛，但若人诚敬之"情"不附，亦不能名礼矣。即郑樵所谓"笾豆鼎俎未必如燔黍捭豚相爱之厚也。宾主百拜未必如徐行后长相亲之密也。"

《白虎通·礼乐》：

> 礼乐者，何谓也？礼之为言履也。可履践而行。

陈立疏证：

> 《礼·祭义》："礼者，履此者也。"《荀子·大略》篇云："礼者，人之所履也。"《尔雅·释言》"履，礼也。"《注》："礼可以履行。"《淮南·齐俗训》注："礼，体也。"《诗·氓》篇"体无咎言"，《礼·坊记》引作"履无咎言"。礼、履、体音义兼通。①

陈立所疏应该是正确的，但仅是在熟习文献的基础上就文献对勘角度的指证。若从上揭所论，礼、履、体三者的关系，履，正是在其本义——鞋的基础上衍伸出行为规范之义的礼。而体，正是对礼之理、情的得体表达与呈现。履之义重在行，体之义重在情理之得体传达，而礼在兼包履、体二者。

总之，礼是人们在长期的社会发展过程中，为有效应对社会群体生活，在社会生产、生活经验的不断累积而形成的认识基础上，进行条理

---

① （清）陈立：《白虎通疏证》，中华书局1994年版，第93页。

化、系统化归结，而得到的以期达成和谐有序社会秩序的一套交往规范、准则和道德评价体系。也可以说，礼是人们对蕴含于事物之中的理的充分认识、扬弃和施用，同时，礼也是人们自身情感的真诚流露和得体传达。情、理两个要素是礼之本，二者不可偏废，失其一者，则不可谓之礼，亦不得成就礼的价值和意义。

第二节　礼的本质

礼的本质是什么？学者多有阐释。孙钦善先生认为："礼的本质在区别等级，但礼的推行以和为贵；既有差别，又能调和，就不致分崩离析。当然，孔子的'和'也有其局限性，主要表现为维护以'礼'为代表的贵族等级制度，但并不能因此而否定孔子'和'的哲学思想的合理内核。"①

柳肃先生认为："礼的本质就是'别'，别君臣父子兄弟男女。有'别'然后才有'敬'。以下敬上，以卑敬尊，这样才会民不相争，天下太平。"②

刘泽华、葛荃先生认为："把礼的本质归结为'分'和'别'，是相当深入的，揭示出了礼的政治本质和特征，表明了荀子对社会政治的思考还是比较诚实的。"③ 刘泽华先生认为："在先秦诸子中，绝大多数思想家都把礼视为治国方略中不可缺少的一着。当时的社会是个等级社会，礼的最本质的规定性是明等级。因此把礼视为治国之本有着深刻的社会基础。也只有实现礼，统治者才能稳坐泰山。礼被视为国基和国策；它的价值自然是无上的。"④

陶磊先生认为："儒家之礼本质上讲是一种关于社会实践的学说，儒

---

① 孙钦善：《论语本解》，生活·读书·新知三联书店 2009 年版，第 299 页。

② 柳肃：《礼的精神——礼乐文化与中国政治》，吉林教育出版社 1990 年版，第 12 页。

③ 刘泽华、葛荃主编：《中国古代政治思想史》（修订版），南开大学出版社 2001 年版，第 62 页。

④ 刘泽华：《先秦礼论初探》，载陈其泰、郭伟川、周少川编《二十世纪中国礼学研究论集》，学苑出版社 1998 年版，第 77 页。

家所提倡的价值，所主张的世界观、方法论，都融入他们的礼学之中。道家因其反对礼而获得了哲学思辨的纯粹性，儒家因其倡导礼，使其学说呈现了理论与实践相统一的特色。"①

张文修先生认为："礼的本质和目的是建立社会秩序，但这种社会秩序需要个体素质的提高作为保证。因而礼的根本目的和功能可以说是培养人的高尚的情操和品德。"②

解决"礼的本质是什么"的前提，是对"本质"一词的含义要有较为一致的认识，本质是揭示一事物"是什么"的问题，而一事物"有什么用""有什么意义"等问题则不能看作"本质"。由此来看，以上观点多揭示的是礼的作用、目的、意义等方面，而非礼的本质。如孙钦善、刘泽华先生所云："区别等级"，实为礼的作用、意义、目的。"分别"一说，亦是就礼的作用、效果等处而言，如任继愈先生说："礼的本质在于处理统治阶级和被统治阶级之间的对立统一关系，把整个社会联结为一个协调的机体，所以礼具有两种相反相成的作用，一个是合同，一个是别异。别异是区分上下贵贱的等级制度，合同是使各种不同身份地位的人相亲相爱、和谐融洽。就广义的礼来说，合同、别异是结合在一起的；就狭义的礼来说，则着重于别异，合同是由乐来承担的。"③ 任继愈先生所论亦着眼于礼的功用、作用和目的。其说"礼的本质在于处理统治阶级和被统治阶级之间的对立统一关系"，即是把礼作为工具，目的是处理阶级间的"关系"，那么，阶级内部之间，或者作为个体的人是否就不是礼的对象性存在了呢？同时，用于处理"关系"的工具除"礼"，法、刑、律等亦可发挥这种功能和作用，因此关于"礼的本质"的认识需要新的视角。

此外，学者亦有就"是什么"的本质着眼分析，如周何先生认为"礼的本质就是仁和义的综合：如果把仁义看作理想界，则亲亲、尊尊当归之于思想界，礼则是落实在外面的现象界，而仪式节目则更是现象

---

① 陶磊：《思孟之间儒学与早期易学史新探》，天津古籍出版社 2009 年版，第 10 页。

② 张文修：《孔子的生命主题及其对六经的阐释》，载《中国哲学》编委会编《郭店简与儒学研究》，辽宁教育出版社 2000 年版，第 311 页。

③ 任继愈主编：《中国哲学发展史》（秦汉），人民出版社 1985 年版，第 179 页。

界的皮层工具而已。"① 赖换初先生认为："礼的本质就是仁。"② 韩星先生认为："礼的本质就是指礼的精神实质，特别是以'仁'为支柱的道德体系。"③ 杨春梅先生认为"在孔子的心目中，三年之丧这一礼制，并不是毫无意义的一种形式，实际上，它是儿女报答父母养育之恩的一种恰当的方式。一个真正热爱和怀念父母的人，会自觉地遵守这一规定，否则便于心难安。这种发自内心的真挚感情，孔子称之为仁。仁既是礼所由生的内在根据，也是人们自觉守礼的内在动力。只有仁发于心，则行才能合于礼，人心不动，礼就失去了根据，变成一堆毫无意义的虚文。既然是虚文，当然就可以随意改动，也可以随意废弃了。宰我欲改三年之丧，孔子便斥之为'不仁'，原因即在于此。由此可见，所谓礼的本质内涵不是别的，正是仁。孔子说：'人而不仁，如礼何？人而不仁，如乐何？'的确，为人而不仁，如何能理解礼乐制度的本质内涵呢？不能理解其本质内涵，又如何能尊重其仪文形式呢？"④

简言之，以上四家所论，均从逻辑判断上认为"礼就是仁"。当然，礼与仁的关系问题，是一个复杂而不易一时厘清的问题，可以先放在一边，看看文献中对"礼的本质"的直接或相关论述。

给予"礼的本质是什么"以明确阐释的是《孝经》。

《孝经·广要道》：

> 子曰："教民亲爱，莫善于孝。教民礼顺，莫善于悌。移风易俗，莫善于乐。安上治民，莫善于礼。礼者，敬而已矣。故敬其父，则子悦；敬其兄，则弟悦；敬其君，则臣悦；敬一人，而千万人悦。所敬者寡，而悦者众，此之谓要道也。"

"礼者，敬而已矣。"一语中的，即是对礼的本质的最直接的阐发，礼的本质就是"敬"。且《孝经》以"敬"为"安上治民"之礼的要

---

① 周何：《说礼》，万卷楼图书有限公司1998年版，第16页。
② 赖换初：《儒家礼育思想研究》，中南大学出版社2004年版，第208页。
③ 韩星：《先秦儒法源流述论》，中国社会科学出版社2004年版，第131页。
④ 杨朝明、修建军主编：《孔子与孔门弟子研究》，齐鲁书社2004年版，第150页。

道。再看先秦其他文献。

《左传·僖公十一年》：

> 礼，国之干也；敬，礼之舆也。不敬，则礼不行；礼不行，则上下昏，何以长世？

舆，即是车，车作为交通工具，其用在"行"，与"礼者，履也"可通。敬，则礼才能行，不敬，则礼不能行。或不敬，虽行之以礼，但所行之行为虚礼，行虚礼，于礼来说，已经失去存在之意义。此言即谓：礼，是治国主要工具、方式，此所谓"礼，国之干"；敬，是行礼之载体，或者说，礼，必藉敬之荷载，才可称为"礼"，才可称为"行礼"，此即所谓"敬，礼之舆"之意。礼，是否能真正的"行"，关键是在于是否能真正的"敬"。不敬，无所谓行礼。敬不行，则礼不行，礼不行，则人伦上下昏乱，国家如何能长久立世？"干"，可以作为"树干"解，亦可以作为"躯干"解。治国之工具当然有很多，礼是其中发挥"干"的作用的那部分。行礼，当然也包括两部分内容，即具体的仪节程式与其中蕴含的"敬"。而"敬"是其核心内容，行礼就是行"敬"，或者反过来说，行"敬"就是行礼。若在礼仪过程中不敬，则礼就不能称其为礼，礼也就不能得到施行，或者说，行礼的意义也就失去了。孔子所谓"礼云礼云，玉帛云乎哉？乐云乐云，钟鼓云乎哉？"[1] 说的就是这个道理。

《论语·八佾》：

> 子曰："居上不宽，为礼不敬，临丧不哀，吾何以观之哉？"

《论语·颜渊》：

> 司马牛忧曰："人皆有兄弟，我独亡。"子夏曰："商闻之矣：

---

[1] 《论语·阳货》。

死生有命，富贵在天。君子敬而无失，与人恭而有礼；四海之内，皆兄弟也。君子何患乎无兄弟也？"

《论语·子路》：

> 樊迟请学稼。子曰："吾不如老农。"请学为圃，曰："吾不如老圃。"樊迟出。子曰："小人哉，樊须也！上好礼，则民莫敢不敬；上好义，则民莫敢不服；上好信，则民莫敢不用情。夫如是，则四方之民，襁负其子而至矣；焉用稼？"

"为礼不敬"，何以观之？即是强调"行礼"要"敬"。"敬"作为礼的本质内容，如若行礼而不敬，对礼来说，只剩下空壳，徒具仪程，业已失去礼之意义。"不敬"则无礼，无礼又何谈兄弟之交？"上好礼"则民莫敢不敬，皆因礼之本质在"敬"，"敬"作为礼的本有之义，"上好礼"即是"上好敬"的体现，民莫敢不敬即民必有礼的体现，作为负有社会管理教育职责之"上"，其典范职责即体现在对"下"民的"带头"示范作用。

《孟子·告子上》云："恻隐之心，人皆有之；羞恶之心，人皆有之；恭敬之心，人皆有之；是非之心，人皆有之。恻隐之心，仁也；羞恶之心，义也；恭敬之心，礼也；是非之心，智也。"《孟子·公孙丑下》中记载孟子曰："辞让之心，人皆有之……辞让之心，礼也。"而《孟子·告子上》则作："恭敬之心，人皆有之……恭敬之心，礼也。"

"两引文相比，可见'辞让之心'与'恭敬之心'，性质实属相类。恭者，礼之发于外者也。敬者，礼之主于中者也。恭敬，与'辞让'相似，当同为'礼'之重要表现，亦即同为'礼之端'也。"[①] 恭、敬作为礼的本有之义，其发诸心，即是行敬之体现，亦是行礼之谓，亦是"端"的发动。故《孟子·离娄下》云："君子所以异于人者，以其存心也。君子以仁存心，以礼存心。仁者爱人，有礼者敬人。爱人者，人恒

---

① 陈飞龙：《孔孟荀礼学研究》，文史哲出版社 1982 年版，第 70 页。

爱之；敬人者，人恒敬之。"果真是"有礼者"，当然就是"敬人"者。"有礼者"即谓行礼者，果真是"行礼者"，当然"敬"即存其中，其目的、过程、效果必然就是"敬人"。《孟子·离娄上》孟子曰："爱人不亲，反其仁；治人不治，反其智；礼人不答，反其敬；行有不得者，皆反求诸己，其身正，而天下归之。""礼人不答"，应从自身所行之"礼"上找原因，是否因为仅仅注重礼节仪文而根本就没有表现出"敬"，只有把"敬"通过礼仪程式传达给对方，才可谓"礼人"，"礼人"亦即"敬人"。《孟子·万章下》云："用下敬上，谓之贵贵；用上敬下，谓之尊贤。贵贵尊贤，其义一也。"礼是"上""下"双向互动传递的情感——敬。那么，无论是上敬下，还是下敬上，都是"礼"的体现，其"义"一也，所谓"义"即是"礼敬"。

《荀子·劝学》：

> 礼者，法之大分，类之纲纪也，故学至乎礼而止矣。

熊公哲先生将此句译注为"礼有两义：如云终乎读礼，礼者法之大分，类之纲纪，则指修己治人之大经大法言，杨注所谓典礼，礼之本也。至如下文，礼之敬文，则礼之用也；敬发于内，文行于外，杨注所谓'周旋揖让之节，车服等级之文'，所以行其敬也。分，分际，如尊卑之分，长幼之分，上下之分，亲疏之分皆是。"[1]

敬发于内，文行于外，内敬外文缺一不可，始谓之"礼"，而以发于内之"敬"为本，以行于外之"文"为末。本不可移易，末则可变通。

先秦儒家礼学重要文献《礼记》，亦有对礼的本质——敬的揭示。

《礼记·哀公问》：

> 古之为政，爱人为大。所以治爱人，礼为大。所以治礼，敬为大。

---

① 熊公哲：《荀子今注今译》，重庆出版社 2009 年版，第 10 页。

"敬"为"大"之"大"，即为述说"敬"在礼中的重要地位作用，意即"敬"为"礼"之本质所在。

《礼记·礼运》：

> 夫礼之初，始诸饮食，其燔黍捭豚，污尊而抔饮，蒉桴而土鼓，犹若可以致其敬于鬼神。

无论祭礼之"初"，在祭品、形式、程序上如何简单、疏阔，其所要表达的"敬"意仍然可以传达。可见，礼之行，在于行"敬"和表"敬"。对鬼神的"敬"意，不会因其"初"之简单、疏阔而减损。《礼记·乐记》云："礼者，殊事合敬者也。乐者，异文合爱者也。"孔颖达疏云："尊卑有别是殊事，俱行于礼是合敬也。"① 殊事，即对应殊礼，简言之，不同事则有不同礼。但都是"敬"的表达和传递。

《礼记·经解》：

> 孔子曰："入其国，其教可知也。其为人也温柔敦厚，《诗》教也；疏通知远，《书》教也；广博易良，《乐》教也；洁静精微，《易》教也；恭俭庄敬，《礼》教也；属辞比事，《春秋》教也。故《诗》之失，愚；《书》之失，诬；《乐》之失，奢；《易》之失，贼；《礼》之失，烦；《春秋》之失，乱。其为人也，温柔敦厚而不愚，则深于《诗》者也。疏通知远而不诬，则深于《书》者也。广博易良而不奢，则深于《乐》者也。洁静精微而不贼，则深于《易》者也。恭俭庄敬而不烦，则深于《礼》者也。属辞比事而不乱，则深于《春秋》者也。"

礼教之目的或礼教所要达成的效果，皆在于"恭俭庄敬"。"恭俭庄敬"即礼的本质，因此，礼教之目的或礼教所要达成的效果即是对礼的

---

① （汉）郑玄注，（唐）孔颖达正义：《礼记正义》，吕友仁整理，上海古籍出版社2008年版，第1475页。

本质的实现。"恭俭庄敬而不烦，则深于《礼》者也"，意在强调行礼要"得体""备当"，而得体、备当则非精通于礼者不可。《礼记·经解》又云："是故，隆礼由礼，谓之有方之士；不隆礼不由礼，谓之无方之民。敬让之道也。故以奉宗庙则敬，以入朝廷则贵贱有位，以处室家则父子亲兄弟和，以处乡里则长幼有序。孔子曰：'安上治民，莫善于礼。'此之谓也。"可见，"隆礼"即尊礼、重礼，"由礼"即是行事以礼，"隆礼""由礼"，即是"敬让之道"的体现，反过来说，行"敬让之道"即是行礼的体现。

《礼记·礼器》：

> 子路为季氏宰，季氏祭，逮暗而祭，日不足，继之以烛。虽有强力之容，肃敬之心，皆倦怠矣。有司跛倚以临祭，其为不敬大矣。他日祭，子路与，室事交乎户，堂事交乎阶，质明而始行事，晏朝而退。孔子闻之曰："谁谓由也而不知礼乎？"

孔子之所以赞许子路"知礼"，皆在于子路在行祭礼的过程中对祭礼本质——"敬"的准确把握和实践。"季氏祭"之失在于"烦"，而子路之"知礼"，正是对季氏之"烦"的纠正，因此，子路诚可谓"恭俭庄敬而不烦，而深于《礼》者也。"反之，如若"不敬"，有"倦怠""跛倚以临祭"等表现，即使祭礼中祭品再丰盛、程序再繁复，也已经失去了行礼的意义。

《礼记·檀弓上》：

> 子路曰："吾闻诸夫子：'丧礼，与其哀不足而礼有余也，不若礼不足而哀有余也。祭礼，与其敬不足而礼有余也，不若礼不足而敬有余。'"

"祭礼，与其敬不足而礼有余也，不若礼不足而敬有余"，正是对礼的本质——敬的准确释读。可见，子路对儒家礼学的真谛有准确的认知和践行。此事正合于《礼记》中其他多处对礼之本质的论述：

祭不欲数，数则烦，烦则不敬。祭不欲疏，疏则怠，怠则忘。（《礼记·祭义》）

子曰："祭极敬，不继之以乐；朝极辨，不继之以倦。"（《礼记·表记》）

子曰："齐戒以事鬼神，择日月以见君，恐民之不敬也。"（《礼记·表记》）

是故，天子亲耕于南郊，以共齐盛；王后蚕于北郊；以共纯服。诸侯耕于东郊，亦以共齐盛；夫人蚕于北郊，以共冕服。天子诸侯非莫耕也，王后夫人非莫蚕也，身致其诚信。诚信之谓尽，尽之谓敬，敬尽然后可以事神明，此祭之道也。（《礼记·祭统》）

祭岂知神之所飨也？主人自尽其敬而已矣。（《礼记·郊特牲》）

可见，祭礼，尽其敬而已矣。祭礼尽"敬"，是祭礼之道的本有之义。当然，若不能尽敬行祭，则将受到相应的惩罚。《礼记·王制》云："山川神祇，有不举者，为不敬，不敬者，君削以地；宗庙，有不顺者，为不孝，不孝者，君绌以爵；变礼易乐者，为不从，不从者，君流；革制度衣服者，为畔，畔者君讨；有功德于民者，加地进律。"

儒家其他典籍与简帛文献亦有语及礼之本质——敬。

《荀子·臣道》：

恭敬，礼也；调和，乐也；谨慎，利也；斗怒，害也。故君子安礼乐利，谨慎而无斗怒，是以百举而不过也。小人反是。

"恭敬，礼也。"则"不敬，失礼也。""安礼"即要求"恭敬"，不能"恭敬"即是违礼。"安礼"则"百举而不过"。以上均是对"敬"为礼之本质的注解。"敬"对于"礼"相当于灵魂，没有了灵魂，礼自然且必然徒具虚文。

子曰："君子不可以不学，见人不可以不饬，不饬无貌，无貌不

敬，不敬无礼，无礼不立。"①（《尚书大传·略说》）

　　孔子曰："野哉！君子不可以不学，见人不可以不饰。不饰无貌，无貌不敬，不敬无礼，无礼不立。夫远而有光者，饰也；近而逾明者，学也。譬如洿邪，水潦漏焉，莞蒲生焉，从上观之，谁知其非源泉也。"（《大戴礼记·劝学》）

　　《尚书大传》中之"饬"字应即是《大戴礼记》中之"饰"字。以上两处孔子所言，皆阐明礼是敬之情与敬之貌两者的统一，无敬之情相当于无礼。

　　《郭店简·五行》：

　　　　不远不敬，不敬不严，不严不尊，不尊不恭，不恭亡礼。
　　　　安而敬之，礼也。
　　　　行而敬之，礼也。

　　"安"，即心志所止、心志所定。《论语·雍也》中记载子曰："贤哉，回也！一箪食，一瓢饮，在陋巷。人不堪其忧，回也不改其乐。""不改"即"安"，颜回之行，就体现了安贫乐道的态度。简文中不但明确了敬与礼的关系，而且较传世文献，更为周密地论述了敬、严、尊、恭、安与礼之间密切的逻辑递进关系。

　　作为儒家礼学重要文献《礼记》开篇即申言"敬"于礼之重要性。

　　《礼记·曲礼上》：

　　　　毋不敬，俨若思，安定辞，安民哉！

　　朱子曰："首章言君子修身，其要在此三者，而其效足以安民，乃礼之本，故以冠篇。"范氏曰："经礼三百，曲礼三千，可以一言以蔽之曰：'毋不敬'。"刘氏曰："篇首三句，如曾子所谓'君子所贵乎道者

_____

三，而笾豆之事，则有司存'之意，盖先立乎其大者也。毋不敬，则动容貌，斯远暴慢矣；俨若思，则正颜色，斯近信矣；安定辞，则出辞气，斯远鄙倍矣。三者修身之要，为政之本。此君子修己以敬，而其效至于安人，安百姓也。"①

儒家另一部礼学著作——《仪礼》，亦即其本质——"敬"之灌注。康有为云："一部《仪礼》，多发明'敬'字。"②

历数文献及简帛材料，可见礼的本质即为"敬"。敬作为人际交往过程中所要发现和传递的内在情感，呈现于外即体现为礼，或者说，礼即为敬之"文"，"敬"即为礼之"质"。不敬则礼不立，尽敬则礼达。

第三节　礼的性质

一　传承性

《论语·为政》：

> 子张问："十世可知也？"子曰："殷因于夏礼，所损益，可知也；周因于殷礼，所损益，可知也。其或继周者，虽百世，可知也。"

孔子所谓"虽百世，可知也"之内容，即"殷因于夏""周因于殷""继周者"，所"因""继"者就是所传承者，此即就礼的传承性而言。之所以"虽百世，可知也"，有学者论曰："孔子对礼的发展前景估计并没有错，后来两千多年的封建社会，历代王朝都继承了周礼，在周礼的基础上加以'损益'，都从未出格。这是因为中国的封建社会和奴隶社会都是宗法社会，都需要用礼作为维持血缘宗法伦理的纽带，这样便在礼的问题上存在着继承性。"③ 礼之所以具有"传承性"或称"继承

---

① （元）陈澔：《礼记集说》，万久富整理，凤凰出版社 2010 年版，第 1 页。

② 康有为：《万木草堂口说》（外三种），姜义华、张荣华编校，中国人民大学出版社 2010 年版，第 5 页。

③ 任继愈主编：《中国哲学发展史》（先秦），人民出版社 1983 年版，第 173 页。

性"，其原因在于礼是道的体现，或礼具有"真理性"。《孟子·离娄下》中孟子曰："天之高也，星辰之远也，苟求其故，千岁之日至，可坐而致也。"孟子意谓：天和星辰虽然距离我们很远，但是只要能按照其本来的面目进行推算，即是千年以后的冬至日，也可以坐在家里就能知道。夏礼、殷礼、周礼之间的传承就在于，所传承的内容具有真理性，礼能够"因"、得以"因"，就在于其符合历史的发展规律，因此，即使十世、百世仍可知也。礼具有真理性，就使礼中的一些内容，具有永恒传承价值，进而被选择纳入历史的发展进程中。详见《礼治的原则》一章关于"经"的内涵的论述。

《礼记·大传》：

> 立权度量，考文章，改正朔，易服色，殊徽号，异器械，别衣服，此其所得与民变革者也。其不可得变革者则有矣，亲亲也，尊尊也，长长也，男女有别，此其不可得与民变革者也。

无论可"与民变革者"之"数"或"末节"是否发生变化，作为"不可得与民变革者"的"亲亲、尊尊、长长、男女有别"，因其对社会的发展具有积极意义，会被一代代人接受、传承与发展。

《孟子·滕文公上》：

> 三年之丧，齐疏之服，飦粥之食，自天子达于庶人，三代共之。

《荀子·礼论》：

> 凡礼，事生，饰欢也；送死，饰哀也；祭祀，饰敬也；师旅，饰威也。是百王之所同，古今之所一也。

"三代共之""百王之所同，古今之所一"，意谓"三年之丧""事生""送死""祭祀""师旅"等皆被认为是人类社会所必不可少之内容，予以接纳和传承，且保持相对稳定的形态和功用。

《论语·子罕》：

> 子曰："麻冕，礼也，今也纯，俭，吾从众。拜下，礼也，今拜乎上，泰也。虽违众，吾从下。"

麻冕，作为冠礼的必备"道具"，是加冠时必不可少的。但是，本着"节俭"的原则，孔子赞成大众对其制作材料的改变。

《论语·述而》：

> 子曰："奢则不孙，俭则固，与其不孙也宁固。"

孔子认为奢可能导致不逊让，俭则可能导致固陋。但是，在奢与俭之间仍要选择"俭"，由此，亦可知孔子对于"俭"的态度。"拜上"还是"拜下"，在孔子看来是体现君臣大义的重要礼节，虽然，当时社会上普遍接受"拜上"，但他仍坚持"拜下"的礼制规定。当然，礼的传承性是相对的，有具体仪节程式等内容的传承，如"冠昏丧祭"等，有礼之本质的传承，但是，基于"王者功成作乐，治定制礼"①之观念，导致"礼节""礼数"等相对容易变化，与之相关的就是礼的发展性。

二 发展性

上引《论语·为政》子张所云"损益"者，意谓礼在历史的发展过程中于体系内容方面的减损、增益，就是说礼的内容不是一个封闭的体系，而是一个可以减损、增益的动态发展的体系。而此发展性是随着社会生产力发展水平的提高，社会关系及社会形态相应发生变化，礼作为维护、协调社会关系的手段也必然发生相应的调整，这些都在礼的内容上有所体现。论及孔子"拜上""拜下"之说，陈大齐先生说："孔子一则从古礼，一则从今礼，可见孔子并不拘执古礼，古礼而合理，则从古

---

① 《礼记·乐记》。

礼，今礼而合理，则从今礼。'今也纯，俭，吾从众'，不但容许礼之可以有所变动，且亦承认礼之有所进步了。"① 对于礼的内容有所发展是时代的要求，孔子之时，正值社会关系及社会形态发生转变的关键时期，在礼的施行程式上的变化，正是社会关系调整、协调的体现。礼的体系内容的发展性，不仅在于古今之际具体形式仪节的"变"，更在于适应新的社会关系需要而"生"，即孔子所谓的"损""益"。而损益的依据所在即是"情"与"义"。

《礼记·坊记》：

> 礼者，因人之情而为之节文，以为民坊者也。

司马迁云：

> 余至大行礼官，观三代损益，乃知缘人情而制礼，依人性而作仪，其所由来尚矣。（《史记·礼书》）

此即所谓制礼"缘情说"。
又有所谓制礼"缘义说"。晋师服云：

> 义以出礼，礼以体政，政以正民。（《左传·桓公二年》）

《礼记·礼运》：

> 故礼也者，义之实也。协诸义而协，则礼虽先王未之有，可以义起也。

郑玄注云："以其合于义，可以义起作。"② 孔颖达疏云："起，作也。礼既与义合，若应行礼而先王未有旧礼之制，则便可以义作之。"③

---

① 陈大齐：《孔子学说论集》，正中书局1976年版，第69页。
② （汉）郑玄注，（唐）孔颖达正义：《礼记正义》，吕友仁整理，上海古籍出版社2008年版，第943页。
③ （汉）郑玄注，（唐）孔颖达正义：《礼记正义》，吕友仁整理，上海古籍出版社2008年版，第945页。

即认为在未有旧制可循的情况下，可以据"义"而制礼。或因社会关系业已变化，先王之旧礼已不能适应今王之需要，因此需要"以义作之"。"义"即"理"，此与"礼的含义"中所论亦相合。

三　道德性

礼的道德性体现为：礼是成就道德的方式、实现道德的过程以及道德评价的重要依据。

《论语·为政》：

> 孟懿子问孝。子曰："无违。"樊迟御，子告之曰："孟孙问孝于我，我对曰，无违。"樊迟曰："何谓也？"子曰："生，事之以礼；死，葬之以礼，祭之以礼。"

此处，孔子所云即是说，礼是成就"孝道"的重要方式，"生，事之以礼；死，葬之以礼，祭之以礼"，是孝的本有之义，也是礼参与其中的过程，也就是说，礼是实现孝道的过程。《论语·八佾》载孔子曰："人而不仁，如礼何？人而不仁，如乐何？"孔子之意，一个人若失去敬爱之心、敬爱之情，其所作所为，与礼、乐又有什么关系呢？即便其能谨守礼之"末节"，亦已属"非礼"。

《孟子·告子上》：

> 恻隐之心，人皆有之；羞恶之心，人皆有之；恭敬之心，人皆有之；是非之心，人皆有之。恻隐之心，仁也；羞恶之心，义也；恭敬之心，礼也；是非之心，智也。仁义礼智，非由外铄我也，我固有之也，弗思耳矣。

《孟子·公孙丑上》：

> 恻隐之心，仁之端也；羞恶之心，义之端也；辞让之心，礼之端也；是非之心，智之端也。人之有是四端也，犹其有四体也。

孟子即认为仁、义、礼、智"四端"或称"四德"，即内在为人的道德本性。《孟子·离娄上》孟子曰："仁之实，事亲是也；义之实，从兄是也；智之实，知斯二者弗去是也；礼之实，节文斯二者是也；乐之实，乐斯二者，乐则生矣。"孟子此处亦认为，礼是成就"孝道"和"弟道"的重要方式。《荀子·大略》云："礼也者，贵者敬焉，老者孝焉，长者弟焉，幼者慈焉，贱者惠焉。"荀子亦阐明礼是成就"敬""孝""弟""慈"等道德之重要方式。

　　《荀子·君道》：

　　　　请问为人君？曰：以礼分施，均遍而不偏。请问为人臣？曰：以礼侍君，忠顺而不懈。请问为人父？曰：宽惠而有礼。请问为人子？曰：敬爱而致文。请问为人兄？曰：慈爱而见友。请问为人弟？曰：敬诎而不苟。请问为人夫？曰：致功而不流，致临而有辨。请问为人妻？曰：夫有礼则柔从听侍，夫无礼则恐惧而自竦也。此道也，偏立而乱，俱立而治，其足以稽矣。

　　此处，荀子进一步申论礼为成就人君、人臣、人父、人子、人兄、人弟、人夫、人妻之不可或缺的德目。《左传·昭公二十六年》云："礼之可以为国也久矣，与天地并。君令、臣共、父慈、子孝、兄爱、弟敬、夫柔、妻和、姑慈、妇听，礼也。君令而不违，臣共而不贰；父慈而教、子孝而箴；兄爱而友，弟敬而顺；夫和而义，妻柔而正；姑慈而从，妇听而婉：礼之善物也。"君、臣、父、子、兄、弟、夫、妻、姑、妇之伦理角色之实现亦非礼不可，其相应之伦理道德令、共、慈、孝、爱、敬、柔、和、慈、听，亦即"礼"之重要内容，此与荀子所论证可照应。

　　《左传·僖公二十七年》：

　　　　赵衰曰："礼乐，德之则也。"

　　道德之"德"，《说文解字》中作"悳"字，解其意曰"外得于人，内得于己也，从直、心。"此处"德"即可释为"得"，即认为"礼乐"是"得"的法则、准则，意即依礼乐而行则得，违礼乐则不可得。如此，礼乐可谓"得之则"。进而礼乐成为实现"德"的方式，成就"德"的方式即可称为"德"。《郭店简·语丛一》云："德生礼。"此"德"亦可解为"得"，既能达成"内得"，又能实现"外得"之"得"的方式，即为"德"。从这个意义上说，"德"生"礼"，意可通于《左传》中赵衰所云。

钱穆先生曾论及德与礼之关系，云：

> 中国重礼治，西方重法治。然西方社会亦非无礼，中国政治亦非无法，主从轻重之间，乃成双方文化一大差异。中国古人言："礼不下庶人，刑不上大夫。"此已礼刑并言，唯礼在上，刑在下，此乃在西周盛世，宗法封建，礼乃其大端。宗法重孝，孝道乃仁道中最主要者，则宗法亦仁道之本。以今日语言人，政治即建基于人之性情。换言之，即建基于人之德。所以礼治亦即是德治，非可离人之德性以为政而治。刑非人之德性，外于德性乃有刑。故刑法乃政治之末梢，非政治之基本，不得已而用于庶人，但决不能尚刑以为治。[①]

钱先生所论亦遥相契合荀子之意："故学至乎礼而止矣。夫是之谓道德之极。"（《荀子·劝学》）

四　普适性

礼的普适性，即礼的普遍适用性。《荀子·修身》云："凡用血气、志意、知虑，由礼则治通，不由礼则勃乱提僈；食饮、衣服、居处、动静，由礼则和节，不由礼则触陷生疾；容貌、态度、进退、趋行，由礼则雅，不由礼则夷固、僻违、庸众而野。故人无礼则不生，事无礼则不成，国家无礼则不宁。"食饮、衣服、居处、动静；容貌、态度、进退、

---

① 钱穆：《晚学盲言》，广西师范大学出版社2004年版，第255—256页。

趋行等人之日常生活内容，均应接受礼之节制、导引。否则，人不能立于世，事亦不能成。

《礼记·曲礼上》：

> 道德仁义，非礼不成，教训正俗，非礼不备。分争辨讼，非礼不决。君臣上下父子兄弟，非礼不定。宦学事师，非礼不亲。班朝治军，莅官行法，非礼威严不行。祷祠祭祀，供给鬼神，非礼不诚不庄。是以君子恭敬撙节退让以明礼。

道德仁义、教训正俗、分争辨讼、君臣上下父子兄弟、宦学事师、班朝治军、莅官行法、祷祠祭祀、供给鬼神，皆属礼之适用范畴，且只有依礼才能实现"成、备、决、定、亲、行、诚、庄"之目的及效果。

《礼记·仲尼燕居》：

> 子曰："明乎郊社之义，尝禘之礼，治国其如指诸掌而已乎。是故，以之居处有礼，故长幼辨也；以之闺门之内有礼，故三族和也；以之朝廷有礼，故官爵序也；以之田猎有礼，故戎事闲也；以之军旅有礼，故武功成也。是故，宫室得其度，量鼎得其象，味得其时，乐得其节，车得其式，鬼神得其飨，丧纪得其哀，辨说得其党，官得其体，政事得其施。加于身而错于前，凡众之动得其宜。"

孔子意谓：凡个人居处、家族、朝廷、田猎、军旅、宫室、量鼎、食味、乐、车、鬼神、丧纪、辨说、官政等皆为礼之施用对象。总之，凡是民众之行动皆应依礼而为才可得宜有成。

礼之普遍适用性，既指礼之对象普遍性，又指礼之适用事项之普遍性。正如钱玄所云："天子侯国建制、疆域划分、政法文教、礼乐兵刑、赋役财用、冠昏丧祭、服饰膳食、宫室车马、农商医卜、天文律历、工艺制作，可谓应有尽有，无所不包。"[①] 而礼的普适性正是基于传统礼论

---

① 钱玄、钱兴奇编著：《三礼辞典》，江苏古籍出版社1998年版，第1页。

中对礼之至上性认知。

五 至上性

礼的至上性，即是说礼为天地自然之理的体现，因天地自然之理或天道的神圣性、本体性，从而使礼得到本源性、本体性的依据①，因而，礼亦具有了至上论的意义。

《礼记·礼运》：

> 孔子曰："夫礼，先王以承天之道，以治人之情，故失之者死，得之者生。"

孔子所云即谓，礼乃天道之于人道的落实，或曰礼乃天道之于人道的外显。

《礼记·礼运》：

> 夫礼必本于大一……夫礼必本于天，动而之地。

孔颖达疏云："'必本于大一'者，谓天地未分，混沌之元气也。极大曰天，未分曰一，其气极大而未分，故曰大一也。礼理既与大一而齐，故制礼者用至善之大理以为教本，是'本于大一'也。"②《左传·昭公二十六年》中亦有相似的观点：礼乃"先王所禀于天地"者，也就是说，礼源于天地，或礼来源于天道，以落实为人道。

《左传·昭公二十五年》中记载子大叔曰："吉也闻诸先大夫子产曰：'夫礼，天之经也，地之义也，民之行也。'天地之经，而民实则之。""礼，上下之纪，天地之经纬也，民之所以生也，是以先王尚之。故人之能自曲直以赴礼者，谓之成人。大，不亦宜乎？"礼具有了天经

---

① 参见本书第四章第三节"礼器"中关于"道器"两层论之分析。
② （汉）郑玄注，（唐）孔颖达正义：《礼记正义》，吕友仁整理，上海古籍出版社2008年版，第939页。

地义的神圣性、至上性，因此必然成为民行的依据。《荀子·赋》云："爰有大物，非丝非帛，文理成章；非日非月，为天下明。""大物"即为礼。

《荀子·礼论》：

> 天地以合，日月以明，四时以序，星辰以行，江河以流，万物以昌，好恶以节，喜怒以当，以为下则顺，以为上则明，万变不乱，贰之则丧也。礼岂不至矣哉！立隆以为极，而天下莫之能损益也。本末相顺，终始相应，至文以有别，至察以有说，天下从之者治，不从者乱，从之者安，不从者危，从之者存，不从者亡，小人不能测也。

察荀子之意为：礼又有超越天道，甚至制约控制天道规律的趋势。不但人之好恶、喜怒因依礼而"节、当、顺、应"，而且"天地、日月、四时、星辰、江河、万物"亦受礼之制约控制。礼不但是人道的体现，甚至天道、地道也要借礼以成就其功用。因此，具有无可匹敌的至上性。

六 准则性

《荀子·王霸》：

> 上莫不致爱其下，而制之以礼。上之于下，如保赤子，政令制度，所以接下之人百姓，有不理者如豪末，则虽孤独鳏寡必不加焉。故下之亲上，欢如父母，可杀而不可使不顺。君臣上下，贵贱长幼，至于庶人，莫不以是为隆正；然后皆内自省以谨于分，是百王之所同也，而礼法之枢要也。

"隆正"，李涤生释为"标准及目标"。[1] 荀子意谓，君臣上下、贵贱

---

[1] （唐）杨倞注：《荀子》，东方朔导读，王鹏整理，上海古籍出版社2010年版，第134页。

长幼、至于庶人之间，莫不以礼为"亲""爱"之行为规范、准则。

《礼记·哀公问》：

> 孔子曰："丘闻之，民之所由生，礼为大。非礼无以节事天地之神也，非礼无以辨君臣上下长幼之位也，非礼无以别男女父子兄弟之亲，昏姻疏数之交也。君子以此之为尊敬然。然后以其所能教百姓，不废其会节。"

孔子之所以"尊敬"礼，皆在于礼是"节事天地之神""辨君臣上下长幼之位""别男女父子兄弟之亲，昏姻疏数之交"的准则。

《荀子·大略》：

> 水行者表深，使人无陷；治民者表乱，使人无失，礼者，其表也。先王以礼义表天下之乱；今废礼者，是弃表也，故民迷惑而陷祸患，此刑罚之所以繁也。

表，即是标志、准则之意。礼之于"治民"，犹"水行之表"，"废礼"即如"弃表"，政亦不得其治。此外，礼亦是君主用来衡量群臣的准则、法度。

《荀子·儒效》：

> 大儒者，天子三公也；小儒者，诸侯、大夫、士也；众人者，工农商贾也。礼者，人主之所以为群臣寸尺寻丈检式也。人伦尽矣。

大儒、小儒、众人之评价准则即在于作为"寸尺寻丈检式"之礼。

《荀子·王霸》：

> 国无礼则不正。礼之所以正国也，譬之：犹衡之于轻重也，犹绳墨之于曲直也，犹规矩之于方圆也，既错之而人莫之能诬也。《诗》云："如霜雪之将将，如日月之光明，为之则存，不为则亡。"

此之谓也。

礼之于治国，犹衡之于轻重，犹绳墨之于曲直，犹规矩之于方圆，以礼为准则依据则国治，不以礼为准则依据则国亡。亦突出礼作为准则之意。

《孟子·公孙丑上》：

> 宰我曰："以予观于夫子，贤于尧、舜远矣。"子贡云："见其礼而知其政，闻其乐而知其德，由百世之后，等百世之王，莫之能违也。自生民以来，未有夫子也。"

子贡认为，孔子正是凭借考察一国之礼以了解其政治情况，闻听一国之乐以了解其道德水准。孔子已把礼作为评价政治得失的准则依据。

《荀子·致士》：

> 程者，物之准也；礼者，节之准也。程以立数，礼以定伦；德以叙位，能以授官。

程，为度量器具的总称。程是用来确定物之数量的，而礼则充当了确定人与人之间伦理关系的程的功用——准则。

《荀子·致士》：

> 川渊深而鱼鳖归之，山林茂而禽兽归之，刑政平而百姓归之，礼义备而君子归之。

能否称任"君子"之名在于其是否"礼义"具备。礼又成为品人之准则。

诚如金景芳先生所言："礼是为人们规定的行为准则，人们的行为准则遭到破坏，人们的行动没有约束，很可能纵欲败度，作奸犯科，必然为害于社会。"①

七 工具性

无论是礼、乐、射、御、书、数，还是《诗》《书》《礼》《乐》《易》《春秋》的"六艺"，礼均是其必不可少的重要内容。儒家向以出世济世为职志，如《论语·子路》孔子云："苟有用我者，期月而已可也，三年有成。"而礼乐自然是其达成心志之工具凭依所在。

《论语·子路》：

> 子路曰："卫君待子而为政，子将奚先？"子曰："必也正名乎！"子路曰："有是哉？子之迂也！奚其正？"子曰："野哉，由也！君子于其所不知，盖阙如也。名不正，则言不顺；言不顺，则事不成；事不成，则礼乐不兴；礼乐不兴，则刑罚不中；刑罚不中，则民无所措手足。故君子名之必可言也，言之必可行也。君子于其言，无所苟而已矣！"

孔子之意：民无所措手足，即政之不治之表征，皆因刑罚不中，刑罚不中，皆在于礼乐不兴。反之，礼乐兴，则刑罚中，刑罚中，则政治。

《论语·泰伯》：

> 子曰："恭而无礼则劳；慎而无礼则葸；勇而无礼则乱；直而无礼则绞。君子笃于亲，则民兴于仁。故旧不遗，则民不偷。"

恭、慎、勇、直只有与礼紧密结合，才能避免产生劳、葸、乱、绞的缺陷，进而才能成就其本德。

梁漱溟先生认为："（儒家）倚重道德，道德之养成似亦要有个依傍，这个依傍，便是'礼'。事实上，宗教在中国卒于被替代下来之故，

---

① 金景芳：《谈礼》，载陈其泰、郭伟川、周少川编《二十世纪中国礼学研究论集》，学苑出版社1998年版，第7页。

大约由于二者：一、安排伦理名分以组织社会；二、设为礼乐揖让以涵养理性。二者合起来，遂无事乎宗教。此二者，在古时原可摄之于一'礼'字之内。在中国代替宗教者，实是周孔之'礼'。不过其归趣，则在使人走上道德之路，恰有别于宗教，因此我们说：中国以道德代宗教。"① 梁先生所谓"依傍"即是就礼的工具而言的，更确切地说，礼是道德性的工具，也是成就伦理道德社会、构建伦理道德社会秩序的工具。

八 时代性

礼的时代性，是指在某些具体礼仪制度、礼仪程式等礼节、礼数及礼意阐释等方面，先秦虞、夏、商、周各历史时期均有所不同。《论语·卫灵公》云："行夏之时，乘殷之辂，服周之冕，乐则韶舞。"《论语·八佾》云："夏后氏以松，殷人以柏，周人以栗。"《孟子·滕文公上》云："夏后氏五十而贡，殷人七十而助，周人百亩而彻，其实皆什一也。""夏曰校，殷曰序，周曰庠，学则三代共之。"

《礼记·檀弓上》：

> 有虞氏瓦棺。夏后氏堲周。殷人棺椁。周人墙置翣。
> 周人以殷人之棺椁葬长殇，以夏后氏之堲周葬中殇、下殇，以有虞氏之瓦棺葬无服之殇。
> 夏后氏尚黑，大事敛用昏，戎事乘骊，牲用玄。殷人尚白，大事敛用日中，戎事乘翰，牲用白。周人尚赤，大事敛用日出，戎事乘騵，牲用骍。
> 夏后氏殡于东阶之上，则犹在阼也。殷人殡于两楹之间，则与宾主夹之也。周人殡于西阶之上，则犹宾之也。
> 设披，周也；设崇，殷也；绸练设旐，夏也。
> 夏后氏用明器，示民无知也。殷人用祭器，示民有知也。周人兼用之，示民疑也。

---

① 梁漱溟：《中国文化要义》，上海世纪出版集团 2005 年版，第 97 页。

《礼记·檀弓下》：

> 有虞氏未施信于民而民信之，夏后氏未施敬于民而民敬之……殷人作誓而民始畔，周人作会而民始疑。
>
> 凡养老，有虞氏以燕礼，夏后氏以飨礼，殷人以食礼。周人修而兼用之。（又见于《礼记·内则》）

《礼记·王制》：

> 有虞氏养国老于上庠，养庶老于下庠，夏后氏养国老于东序，养庶老于西序。殷人养国老于右学，养庶老于左学。周人养国老于东胶，养庶老于虞庠。（又见于《礼记·内则》）
>
> 有虞氏皇而祭，深衣而养老，夏后氏收而祭，燕衣而养老。殷人冔而祭，缟衣而养老。周人冕而祭，玄衣而养老。（又见于《礼记·内则》）

此类将夏、商、周三代或虞、夏、商、周四代之礼制加以罗列，进行比较、分析的材料在《礼记》及先秦其他典籍中还有不少，不烦备举。在如何看待这些记载的问题上，梁启超先生认为："（礼）记中所述唐虞夏商制度，大率皆儒家推度之辞，不可轻认为历史上实事。即所述周制，亦未必文、武、周公之旧，大抵属于当时一部分社会通行者半，属于儒家理想者半，宜以极严谨的态度观之。"[①] 即使如梁启超先生所言，理想者半，通行者半，但仍不能否认在具体的礼制、礼仪设置方面，礼具有时代性。

九 地域性

从常识、常理来看，礼不应该具有所谓"地域性"，因为通常以具有明显地域性差异的礼仪程式看作"礼俗"。不可否认，礼在先秦时期

---

① 梁启超：《要籍解题及其读法》，北京书局 1925 年版，第 191 页。

仍有地域性差异的现象。

《礼记·儒行》：

> 鲁哀公问于孔子曰："夫子之服，其儒服与？"孔子对曰："丘少居鲁，衣逢掖之衣。长居宋，冠章甫之冠。丘闻之也：君子之学也博，其服也乡。丘不知儒服。"

孔子之意："君子"之称在于其学之博而不在于其服之乡，且鲁宋两国于服亦各有其礼、各有其俗，即意寓礼具有地域性差异。

《礼记·檀弓上》：

> 穆公之母卒，使人问于曾子曰："如之何？"对曰："申也闻诸申之父曰：哭泣之哀，齐斩之情，饘粥之食，自天子达。布幕，卫也，缲幕，鲁也。"

曾子所言即谓：鲁国与卫国在幕的使用上亦存在礼制上的差别。

《礼记·曲礼上》：

> 入竟而问禁，入国而问俗，入门而问讳。

"入国问俗"正是缘于"礼从宜，使从俗"的礼制要求，问"禁、俗、讳"皆在避免失礼。

《礼记·曲礼下》：

> 君子行礼，不求变俗，祭祀之礼，居丧之服，哭泣之位，皆如其国之故。谨修其法，而慎行之。
>
> 去国三世，爵禄有列于朝，出入有诏于国。若兄弟宗族犹存，则反告于宗后。去国三世，爵禄无列于朝，出入无诏于国，唯兴之日，从新国之法。

"如其国之故"与"从新国之法",皆为礼有地域性差别之证。又,《礼记·礼运》:

> 子曰:"我欲观夏道,是故之杞,而不足征也,吾得《夏时》焉。我欲观殷道,是故之宋,而不足征也,吾得《坤乾》焉。《坤乾》之义,《夏时》之等,吾以是观之。"

郑玄注云:"得夏四时之书也,其书存者有《小正》。得殷阴阳之书也,其书存者有《归藏》。"① 就此看来,孔子仍把夏礼与杞礼、殷礼与宋礼建立了关联,这样,对孔子来说,礼的时代性与地域性之间也就具有了一定的现实依据。且《坤乾》《夏时》必与《周礼》不同,这样,即使在周代,在周礼盛行之时,仍可考见具有时代性和区域性的礼。

当然,如果进一步分析研究礼,仍可考见其他一些重要的性质。比如学者归纳之礼的系统性、等差性、强制性及两重性等。②

---

① (汉)郑玄注,(唐)孔颖达正义:《礼记正义》,吕友仁整理,上海古籍出版社 2008 年版,第 887 页。
② 参见林中坚《中国传统礼治》,广东人民出版社 2007 年版,第 181 页。

第二章　治与礼治的含义

第一节　治的含义

何谓"礼治"，似乎仍有进一步探讨的空间和必要。"礼治"含义的确认，关键在于对"治"之含义的指实。先秦文献中的"治"通常具有两种词性，即动词词性之"治"与形容词词性之"治"。

先看动词词性"治"。

礼乐不可斯须去身。致乐以治心，则易直子谅之心油然生矣。易直子谅之心生则乐，乐则安，安则久，久则天，天则神。天则不言而信，神则不怒而威，致乐以治心者也。致礼以治躬则庄敬，庄敬则严威。(《礼记·乐记》)

圣人南面而治天下，必自人道始。(《礼记·大传》)

故可以为文，可以为武，可以摈相，可以治军旅，完且弗费，善衣之次也。(《礼记·深衣》)

故圣人之所以治人七情，修十义，讲信修睦，尚辞让，去争夺，舍礼何以治之？(《礼记·礼运》)

是故夫礼，必本于天……以治政也。(《礼记·礼运》)

故孝弟忠顺之行立，而后可以为人；可以为人，而后可以治人也。(《礼记·冠义》)

耳目鼻口形能各有接而不相能也，夫是之谓天官，心居中虚以治五官，夫是之谓天君。(《荀子·天论》)

故乐者审一以定和者也，比物以饰节者也，合奏以成文者也；足以率一道，足以治万变。（《荀子·乐论》）

士师不能治士，则如之何？（《孟子·梁惠王下》）

无君子，莫治野人；无野人，莫养君子。（《孟子·滕文公上》）

仲叔圉治宾客，祝鮀治宗庙，王孙贾治军旅，夫如是，奚其丧？（《论语·宪问》）

以上材料中，"治"均作为动词义使用，其对象分别为民、心、天下、军旅、百姓自己、人情、政、人、血气、志意、知虑、士、地、野人、民、宾客、宗庙。"治"之意为"治理""管理""统治"等。

再看形容词性"治"。

舜有臣五人，而天下治。（《论语·泰伯》）

长幼顺，故上下治。（《孝经·感应章》）

礼之所兴，众之所治也。礼之所废，众之所乱。（《礼记·仲尼燕居》）

奸事，奸道，治世之所弃而乱世之所从服也。（《荀子·仲尼》）

故义胜利者为治世，利克义者为乱世。（《荀子·大略》）

古者圣王以人性恶，以为偏险而不正，悖乱而不治，是以为之起礼义，制法度，以矫饰人之情性而正之，以扰化人之情性而导之也，始皆出于治，合于道者也。（《荀子·性恶》）

上引材料中，"治"均作为形容词义使用，其意为社会和国家"安定""有秩序"，突出强调其"秩序"之意。而且，"治"多与"乱"并列对比使用，以突出"治"之"秩序"效果。其实，"乱"即"不治"。乱，《说文解字》段玉裁注云："不治也。"王国维在《殷周制度论》说："且古之所谓国家者，非徒政治之枢机，亦道德之枢机也。使天子、诸侯、大夫、士各奉其制度典礼，以亲亲、尊尊、贤贤，明男女之别于上，而民风化于下，以谓之治；反之，则谓之乱，是故天子、诸侯、卿、

大夫、士者，民之表也；制度典礼者，道德之器也。"① 王国维亦以
"治"与"乱"相对观之，且以"制度典礼"为成就"治"之"器"。

《礼记·仲尼燕居》：

> 子曰："礼者何也？即事之治也。君子有其事，必有其治。治国
> 而无礼，譬犹瞽之无相与！伥伥乎其何之？譬如终夜有求于幽室之
> 中，非烛何见？若无礼，则手足无所错，耳目无所加，进退揖让无
> 所制。"

马一浮先生说：

> 此以即事之治，正显理遍于事。事得其理谓之治，事失其理谓
> 之乱。治即理也，亦训为饬。有其事必有其治，言事物皆有当然之
> 则，即所谓礼也。事外无理，故曰即事之治。全理即事，全事即理，
> 理事交融，斯名为治。治国而无礼以下，设喻两重，所以劝修，先
> 喻后法。言手足无所措三句，则今时所谓机械生活，全无自主分
> 者也。
> 事无不该之谓遍，理无不得之谓中，理事不二之谓治。理事相
> 违之谓过，即事即理之谓政，事失其理之谓乱。②

当然，马一浮先生所谓"理"，在道家看来就应该是"自然"，在法
家看来就应该是"法"，而在孔子看来就是礼。此论正合司马谈在《史
记·太史公自序》所云"夫阴阳、儒、墨、名、法、道德，此务为治者
也，直所从言之异路，有省不省耳"。所谓"异路"，即六家为治之思想
方法不同，各有其"路"。依马一浮先生之意，理与事之间存在唯一性
对应，理事相合即为治，理事相分即为乱。六家虽各有其理，但其所面
对之"事"则相同，也就是"对象"相同，目的亦相同，即"皆欲为

---

① 傅杰编校：《王国维论学集》，中国社会科学出版社1997年版，第12页。
② 马一浮：《复性书院讲录》，江苏教育出版社2005年版，第184页。

治"，只是实现或达成"治"的手段、方式不同而已。

第二节　礼治的含义

先秦时期没有明确出现"礼治"的概念。梁启超先生在《先秦政治思想史》首次提出"礼治主义"即"人治主义""德治主义"，归结为"伦理政治"。① 学者对于"礼治"内涵的相关观点已经在《绪论》中述及，此不复及。对于"礼治"之含义的阐释，杨志刚先生的观点无疑是应该引起重视的。

杨志刚先生认为：

> 所谓"礼治"，简单地说，就是通过"礼制""礼仪""礼器"等内容和手段，来维护和协调人伦、等级关系，从而达到社会的稳定和统治的牢固。②

杨志刚先生把"礼"的内涵更加细化，使"礼治"的内容和方式丰富起来，并且目的也不再单一。但是，对于礼治的实现机制及礼治的原则似乎缺少关注。

对于"礼治"之含义，李宗桂先生亦予以归纳和阐释，认为"礼治"：

> 按照习惯性的或者约定俗成的看法，就是用礼去治，根据礼的原则和价值去治理天下。礼治，是一种治国方略，一种政治价值取向，一种和谐社会理想，一种有序的社会状况。从学理的层面看，礼治包括礼学、礼仪；换言之，包括礼治礼论和礼治制度，而后者更多地体现在实践方面。③

---

① 梁启超：《先秦政治思想史》，天津古籍出版社2003年版，第224页。
② 杨志刚：《中国礼仪制度研究》，华东师范大学出版社2001年版，第2页。
③ 李宗桂：《汉代礼治的形成及其思想特征——林中坚〈中国传统礼治〉序言》，载林中坚《中国传统礼治》，广东人民出版社2007年版，第1页。

李先生揭示了礼治概念内涵之过程、方式、目标及其性质。认为"礼治"是一种"政治价值取向""和谐社会理想"及"有序的社会状况"。当然，具体内容仍不甚完备。

　　林中坚先生在其《中国传统礼治》一书中指出：

> 　　礼治有广义和狭义之分。广义的"礼治"，包括德治、德教、孝治、文治、政治思想、伦理价值、意识形态、礼法制度建设等；狭义的"礼治"，包含礼义、礼俗、礼器、礼仪、礼乐、礼教、礼制等。[1]

　　其狭义概念，其实只是就"礼治"之"礼"的方式的具体化，是就礼治的实现方式、手段而言的。至于对其广义的"礼治"内涵界定，似乎还存在可以解释的空间，如"德治""政治思想""意识形态"等内容是否可以笼统地包含在"礼治"之内？再者，其对礼治的实现方式的梳理应该是较为全面的，但是，其中"礼义"与"礼俗"是否可以理解为礼治的实现方式？二者与"礼治"的关系尚有讨论的余地。

　　所谓"礼治"，简言之，即以礼致治。具体说，就是凭借礼制、礼仪、礼器、礼辞等"礼"的实现方式，通过修身、齐家、治国平天下等实现过程，落实为礼治的内在实现机制和外在实现机制，遵循相应礼治的原则，最终实现社会秩序化的效果。其中包涵礼治的实现过程、礼治的实现方式、礼治的实现机制、礼治的原则等方面的内容。以下逐步展开论述。

---

[1]　林中坚：《中国传统礼治》，广东人民出版社 2007 年版，第 5 页。

第三章　礼治的实现过程

礼治的实现过程，是凭借"礼"的具体方式而实现"治"的过程，也可以说是凭借"礼"的具体方式实现社会生活秩序化的过程。

《论语·学而》：

> 有子曰："礼之用，和为贵。先王之道，斯为美；小大由之。有所不行，知和而和，不以礼节之，亦不可行也。"

有子所云"小大由之"中"之"字，其意即是"礼"，"不以礼节之"中"之"字，其意即是"小大"事。有子即谓，小事大事都需要依礼而行，以礼节制，以和为目的。"和"即是"治"的体现，也是"秩序化"的体现。

《礼记·礼器》：

> 礼也者，合于天时，设于地财，顺于鬼神，合于人心，理万物者也。

"万物"之所以能够成就"理"的效果，在于"礼"的功能和作用的发挥，同时，能够上合天时，下合地利，顺应鬼神之意，契合人之心。

《荀子·礼论》：

> 凡礼……故至备，情文俱尽；其次，情文代胜；其下复情以归大一也。天地以合，日月以明，四时以序，星辰以行，江河以流，

万物以昌，好恶以节，喜怒以当，以为下则顺，以为上则明，万变不乱，贰之则丧也。礼岂不至矣哉！

荀子认为，"礼"不仅是人类社会秩序化的方式，也是天地、日月、四时、星辰、江河、万物等宇宙自然秩序化的依据。

《礼记·祭统》：

> 凡治人之道，莫急于礼。礼有五经，莫重于祭。

郑玄注云："礼有五经，谓吉礼、凶礼、宾礼、军礼、嘉礼也。莫重于祭，谓以吉礼为首也。"[1] 传统观念中，对礼的分类是以事为类名。《礼记·昏义》云："夫礼，始于冠，本于昏，重于丧、祭，尊于朝、聘，和于乡、射。"《礼记·仲尼燕居》云："郊、社之义，尝、禘之礼，馈、奠之礼，射、乡之礼，食、飨之礼。"

冠、昏、丧、祭、燕、射、朝、聘与郊、社、尝、禘、馈、奠、射、乡、食、飨皆以事为名。《礼记·礼运》云："礼义以为纪，以正君臣，以笃父子，以睦兄弟，以和夫妇。"君臣、父子、兄弟、夫妇等人伦关系亦必以"礼"为纪。《祭统》《礼运》则以礼为"人道"与"人伦"之"纪"。

《荀子·礼论》：

> 礼者，谨于治生死者也。
> 凡礼，事生，饰欢也；送死，饰哀也。

荀子认为，凡人之生死皆应以礼为喜怒悲欢等情感的装饰。

《荀子·修身》：

> 凡用血气、志意、知虑，由礼则治通，不由礼则勃乱提僈；食

---

① （汉）郑玄注，（唐）孔颖达正义：《礼记正义》，吕友仁整理，上海古籍出版社2008年版，第1865页。

饮、衣服、居处、动静，由礼则和节，不由礼则触陷生疾；容貌、态度、进退、趋行，由礼则雅，不由礼则夷固、僻违、庸众而野。故人无礼则不生，事无礼则不成，国家无礼则不宁。

荀子以"血气、志意、知虑"作为"治气养生"内在修身养性之细目。食饮、衣服、居处、动静、容貌、态度、进退、趋行等人之外在生活、行为亦皆应以礼为规范。总之，人的修身养性，社会关系的处理和国家社会的秩序化皆离不开礼，而且，其中存在不可忽视的逻辑关系。

《礼记·中庸》：

> 好学近乎知，力行近乎仁，知耻近乎勇。知此三者，则知所以修身；知所以修身，则知所以治人；知所以治人，则知所以治天下国家矣。

《中庸》以仁、知、勇为"三达德"，视作"礼治"存在之前提基础，用以修身、治人、治天下国家。《孟子·离娄上》中记载孟子曰："人有恒言，皆曰，'天下国家'。天下之本在国，国之本在家，家之本在身。"孟子以身、家、国天下的分类连属观念，在当时应该是较为通行的。《礼记·礼运》云："故唯圣人为知礼之不可以已也。故坏国、丧家、亡人，必先去其礼。""坏国、丧家、亡人，必先去其礼"之说，正是礼之于国、家、人三者的作用和意义。人、身即是社会个体的存在，人、家、国之分，与身、家、国之分，两者含义是相同的。均强调了个体、家庭和国家的结构逻辑关系。

先秦时期对礼治的实现过程及其内在结构逻辑关系予以完整阐释的当属《礼记·大学》，其云：

> 古之欲明明德于天下者，先治其国。欲治其国者，先齐其家，欲齐其家者，先修其身。欲修其身者，先正其心。欲正其心者，先诚其意。欲诚其意者，先致其知。致知在格物。物格而后知至，知至而后意诚，意诚而后心正，心正而后身修，身修而后家齐，家齐

而后国治，国治而后天下平。

《大学》中这段论述，不但把礼治的实现过程细化为修身、齐家、治国、平天下，而且把四者之间内在结构逻辑关系予以揭示，更进一步把格物、致知、诚意、正心四者涵摄于修身之内，如此就把修身的内涵予以具体化，以此为基础，从而实现家齐、国治、天下平。以下，对礼治的实现过程次第展开阐释。

第一节　修身

《吕氏春秋·执一》：

> 楚王问为国于詹子。詹子对曰："何闻为身，不闻为国。"詹子岂以国可无为哉？以为为国之本在于为身。身为而家为，家为而国为，国为而天下为，故曰以身为家，以家为国，以国为天下。此四者，异位同本。故圣人之事，广之则极宇宙、穷日月，约之则无出乎身者也。

毕沅曰："为训治也。《意林》两'为'字即改作'治'。"① 詹子所谓"身、家、国、天下"四者异位同本，亦即以身为本，与《大学》"身修而后家齐，家齐而后国治，国治而后天下平"之意相同，都是强调"身"对于家、国、天下之基础地位及作用。

熊十力先生说：

> 八条目虽似平说，其实以修身为本。君子尊其身，而内外交修。格致诚正，内修之目也；齐治平，外修之目也；家国天下，皆吾一身，故齐治平，皆修身之事。小人不知其身之大而无外也，

① （战国）吕不韦：《吕氏春秋新校释》，陈奇猷校注，上海古籍出版社 2002 年版，第 1147 页。

则私其七尺以为身，而内外交修之功，皆其所废而弗讲。圣学亡，人道熄矣。①

此乃对《礼记·大学》"自天子以至于庶人，壹是皆以修身为本"之意的深刻阐释。《孟子·尽心下》云："君子之守，修其身而天下平。""修其身而天下平"意在强调"修身"之"本"的意义。《荀子·君道》云："请问为国？曰：闻修身，未尝闻为国也。君者仪也，民者景也，仪正而景正。君者盘也，民者水也，盘园而水园。君射则臣决。楚庄王好细腰，故朝有饿人。故曰：闻修身，未尝闻为国也。"② 君之职在为国、治国，而以修身为本，修身即是为国、治国。其原因即在于，君作为民之仪、民之榜样，其道德水平、价值取向、兴趣职志对民具有典范导向意义，此亦为身修而国治的理路之所在。

《论语·子路》：

> 苟正其身矣，于从政何有？不能正其身，如正人何？

身修则可谓身正，同理，身正则可谓身修。因此，正身即修身。正身，即从政；身正，则政治。作为国君，"不能正其身"，如何让"人"所从，又如何能正他人，又如何能政"治"。

《论语·卫灵公》：

> 子曰："无为而治者其舜也与？夫何为哉？恭己正南面而已矣。"

此所谓儒家的"无为而治"。所谓"无为"是有前提的，即在于"君"之修身，亦即此处之"恭己"。"恭己"作为"君"之行，亦有行

---

① 熊十力：《读经示要》，上海书店出版社 2009 年版，第 88 页。

② 北京大学《荀子》注释组：《荀子新注》，中华书局 1979 年版，第 195 页；楼宇烈主撰：《荀子新注》，中华书局 2018 年版，第 237 页。"园"字，有的版本作"圆"，参见（清）王先谦《荀子集解》，沈啸寰、王星贤点校，中华书局 1988 年版，第 234 页。

之效果、影响存焉。正是建立在君之典范意义上，民众景从而已。那么，"无为"是相对于"为政""治国"来说的，但是"恭己"却又因典范之影响及于百姓，从而起到"无为而为"作用，达到"无为而治"的效果。

业师葛志毅先生论及于此曾指出：

> 儒家倡导德治，注重率先垂范，故为政首在正己，正己必须修身。①
> 由儒家的道德人治理念所决定，为政当以人为本，爱人、取人则以身为本，故必先知修身始能治人、治天下国家。②

可以说，先秦儒家孔、孟、荀一脉相承，一是以修身为本。③ 其意正在于此。以下对先秦儒家以礼修身的思想予以分论之。

一　克己复礼为仁

柳诒徵先生曾对孔门教、学重在修身克己的特点予以揭示：

> 孔子之教诸弟子，内以期成其德，外以期其从政，故论颜回之好学，惟以不迁怒、不贰过为言。《论语·雍也》：哀公问：弟子孰为好学。孔子对曰："有颜回者好学，不迁怒，不贰过，不幸短命死矣。今也则亡，未闻好学者也。"观此，可知孔子所谓学，最重在修身克己，不是专门读书讲学。④

其论不虚，《论语·颜渊》：

> 颜渊问仁。子曰："克己复礼为仁。一日克己复礼，天下归仁

---

① 葛志毅：《谭史斋论稿三编》，黑龙江人民出版社 2006 年版，第 17 页。
② 葛志毅：《谭史斋论稿三编》，黑龙江人民出版社 2006 年版，第 21 页。
③ 李泽厚：《中国古代思想史论》，天津社会科学院出版社 2004 年版，第 97—98 页。
④ 柳诒徵：《中国文化史》，上海古籍出版社 2001 年版，第 284 页。

焉。为仁由己，而由人乎哉？"颜渊曰："请问其目。"子曰："非礼
勿视，非礼勿听，非礼勿言，非礼勿动。"颜渊曰："回虽不敏，请
事斯语矣。"

"克己复礼"即"能够做到自己胜过自己，并且在人际交往过程中
依礼而行就是仁"。① "自己胜过自己"是一种人性中自然性的超越，"克
己"即以"成仁"为目的，"成仁"之通道在于"克己"，在于以礼
"修身"，以礼修身的过程即是在"为仁"，"为仁"才能"成仁"。个体
之"成仁"，才有一家之"成仁"，一家之"成仁"，才有一国之"成
仁"，一国之"成仁"，才有"天下"之"成仁"，亦即"天下归仁"，
"天下归仁"即"天下平"。而"克己"之实现在于"非礼勿视，非礼
勿听，非礼勿言，非礼勿动"，在于依"礼"而行。

梁漱溟先生说：

> 中国制度似乎始终是礼而不是法。其重点放在每个人自己身上，
> 成了一个人的道德问题，它不是借着两个以上的力量，互相制裁，
> 互相推动，以求得一平均效果，而恒视乎其人之好不好。好呢，便
> 可有大效果；不好，便有恶果。因此，就引人们的眼光都注到人身
> 上，而不论是向某个人或向一般的人要求其道德，都始终是有希望
> 而又没有把握的事。那么，就常常在打圈子了。二千余年我们却多
> 是在此等处努力。②

梁漱溟之论揭示了中国制度的实质和特点，以及礼在中国道德社会
建构中承担的作用及其弊端，其意在强调：道德社会之构建，依靠的是
个人道德修养，而个人道德修养的效果却并非靠强制力量的制裁去维持
和实现。也就是说"道德"是软约束的体现，此特点决定了个体道德构
建始终受到制约和限制，以至一直以来社会道德都成为社会发展中所要

---

① 郭胜团、葛志毅：《〈论语·颜渊〉"克己复礼"章辨析》，《管子学刊》2013年第1期。
② 梁漱溟：《中国文化要义》，上海世纪出版集团2005年版，第163页。

面对的难题。然而，梁先生似乎忽视了这样一个理路：尽管个人的以"礼"修身不具有强制性，但不可否认的是，人总归是社会的人，人不可能是脱离社会的人，社会和谐秩序的维持得益于社会道德的构建，整个社会道德的建构取决于社会上全体群体成员之自觉对等努力，否则，蔑视、忽视道德修养的个体就有被社会抛弃的可能。因此，就人之社会性来说，道德的认可和实现是有意义的，只有个体道德的实现才有可能发展出社会道德。质言之，个人能做好的就是管好自己，因为个人能够掌握控制的只有自身，至于其他人是否能对等交往，则只能交给其他人来掌握、控制。个人以礼修身是个人融入社会的前提和必要基础，因此，孔子"克己"之说，亦是就社会道德之实现途径的可能性、必要性而言的。

钱穆先生说：

> 中国人做人叫修身。[①]
> 修身是教人如何讲究做一人。[②]

钱先生所谓的"人"即是"社会人"和"做人"即是"做社会人"，同时也指出了修身的实质，修身与做人是同一过程、同一内涵，与儒家修身为本的思想是一致的。

二　立于礼

先秦儒家"立于礼"的思想观念即是以礼修身的经典表述。其中的"立"，一般可释为"站立"之状态，《礼记·曲礼上》："立必正方"，其中的"立"即"站立"之意。而儒家"立于礼"之"立"多就是指"立"的道德修养的过程而言。

> 子曰："不知礼，无以立也。"（《论语·尧曰》）

---

① 钱穆：《人生十论》，广西师范大学出版社 2004 年版，第 113 页。
② 钱穆：《人生十论》，广西师范大学出版社 2004 年版，第 120 页。

子曰:"兴于《诗》,立于礼,成于乐。"(《论语·泰伯》)

陈亢问于伯鱼曰:"子亦有异闻乎?"对曰:"未也。尝独立,鲤趋而过庭。曰:'学诗乎?'对曰:'未也'。'不学诗,无以言。'鲤退而学诗。他日又独立,鲤趋而过庭。曰:'学礼乎?'对曰:'未也'。'不学礼,无以立。'鲤退而学礼。闻斯二者。"陈亢退而喜曰:"问一得三。闻诗,闻礼,又闻君子之远其子也。"(《论语·季氏》)

不忠失礼,失礼不立。(《孔子家语·致思》)

学诗以为言,学礼以为行。诗、礼即就言、行与修身、做人的关系而言的。"不学礼,无以立。""不知礼,无以立也。"

徐复观先生认为:

"立"是自己站得起来的意思。所谓站得起来,并非指熟悉与人相接的礼仪,因而能与人相处而言。因为若仅如此,乃是应顺世俗人情的生活。应顺世俗人情,即是依赖世俗人情,这正是自己站不起来的生活形态。所谓立,乃是自作决定,自有信心,发乎内心的当然,而自然能适乎外物的合理趋向,亦即是自己能把握自己而又能涵融群体的生活。要达到这种生活,只能靠情与理相谐,以得情理之中的礼的修养。人的修养的根本问题,乃在生命里有情与理的对立。礼是要求能得情于理之中,因而克服这种对立所建立的生活形态。宗教常主张断情,这可以作人生向上的标本,但不能作人生向上的具体生活内容。因为情也是生命中所固有。断情,便把生命的完整性破坏了。礼所以制情与理之中,实即是以理制情,使情在理的许可范围之内发抒,而并不是把生命中之情加以断绝。久而久之,情随理转,情可成为实现理得一股力量,而情亦是理。完整的生命,便在这一修养过程中升进。亦即是由"克己(情欲),复礼",而实现人我一体的仁。仁是人己俱成的"人的主体"。但在"立于礼"的阶段中,仍有以理制情的要求,生命中的对立尚未完全泯去。①

徐先生认为，立于礼是人的自然之情与社会群体生活的必然要求之间的协调统一，也可以说是"人的主体性"与"人的社会性"两者的协调统一。立于礼的过程即为修身成仁、成德的过程。孔子之意在强调由"学"致"知"、由"知"致"行"的逻辑关系。也就是说，不学礼则不知礼，不知礼则不能行礼，不行礼则不能立于社会，不能立于社会就是脱离了社会，脱离了社会，人就不能成为人，不能成人也就只能是禽兽。此亦即儒家关注之"人禽之辩"的大问题。从另一个角度说，人与禽兽的区别非指具象意义的"站立"，而是在于无有"道德"，有"道德"则可以称为人，无道德之人即便是"站立行走于世"，则仍要被视为"禽兽"。相反，若动物禽兽具有人的某些道德品质则可被称为"仁兽"。因此，《庄子·天地》云："德成之谓立。"可知，"立"乃是就道德修养而言的。《周易·说卦》云："昔者圣人之作《易》也，将以顺性命之理，是以立天之道曰阴与阳，立地之道曰柔与刚，立人之道曰仁与义。"人自别于禽兽之意识，是人之所以为人的前提，而成就人之所以为人则在于礼、在于仁、在于义，在于道德。

《左传·成公十三年》：

> 礼，身之干也。敬，身之基也。

《左传·昭公七年》：

> 礼，人之干也，无礼无以立。

陈飞龙先生认为："礼有如人之背脊、树之主干。人而无脊骨，树而无主干，当难自立于世也。"②　当然，"干"，也可以理解为"躯干"之

---

① 李维武编：《徐复观文集》（第二卷），湖北人民出版社 2002 年版，第 99 页。
② 陈飞龙：《孔孟荀礼学研究》，文史哲出版社 1982 年版，第 28 页。

"干"，躯干就是人体除去头、颈和四肢外的躯体部分，其中就有古人认为重要的器官——心，因此，"干"是人体中最重要的部分。礼，对于人的意义，相当于"干"，而"敬"则相当于"基"，没有基础，当然"干"就会倒。前揭礼的本质为敬，在此犹能契合。由此，益明礼对于"立"之重要意义。

三　以礼存心

《论语·卫灵公》：

> 子曰："君子义以为质，礼以行之，孙以出之，信以成之。君子哉！"

孔子之意：义、礼、孙、信是君子内在固有德行。其中，依礼而行，循礼而为，是君子的本有要求。故《礼记·中庸》云："君子不可以不修身。"不修身，则不可谓之"君子"。

《荀子·儒效》：

> 积礼义而为君子。

"积"的过程即是"修"的过程，"积礼义"的过程，即为以礼修身的过程，以礼修身则可以成就"君子"之名。

《孟子·离娄下》：

> 君子所以异于人者，以其存心也。君子以仁存心，以礼存心。

孟子以性善论立说，以仁、义、礼、智四端存于心，四端发显于外，即可称之为君子。相反，仁、义、礼、智四端不发于外，则不仁、不智、无礼、无义，不仁、不智、无礼、无义，不可称之为人，只能是供人所役使者。《孟子·公孙丑上》云："不仁不智，无礼无义，人役也。"即此之意。

四 情安礼

《荀子·大略》：

> 仁义礼善之于人也，辟之若货财粟米之于家也，多有之者富，少有之者贫，至无有者穷。故大者不能，小者不为，是弃国捐身之道也。

荀子认为，仁义礼善的道德修养对人来说，犹如货财粟米对于一个家庭富、贫、穷的经济状态所起到的作用。"能""为"即是以仁义礼善修身的过程，若因"善小而不为"则是抛弃国家、舍弃生命之做法。

《礼记·仲尼燕居》：

> 子曰："礼也者，理也。乐也者，节也。君子无理不动，无节不作。不能诗，于礼缪；不能乐，于礼素；薄于德，于礼虚。"
> 达于礼而不达于乐谓之素；达于乐而不达于礼谓之偏。

君子应依礼、乐而动、作，不能以礼乐配合即是德薄之征，谓之素、偏。《荀子·修身》云："礼者，所以正身也；师者，所以正礼也。无礼何以正身？无师，吾安知礼之为是也？礼然而然，则是情安礼也；师云而云，则是知若师也。情安礼，知若师，则是圣人也。"礼者，理也，礼本身是理的体现，因此，"情安礼"，即是以礼之是非为是非，作为人情之依归，作为行动之指南；"知若师"，即是以老师之是非为是非，作为价值判断、价值取向之标准。能做到"情安礼""知若师"就可以称得上是"圣人"了。

五 礼让懿德

在先秦儒家看来，礼让是修身的具体途径，礼让是君子"道德"的体现形式，以礼让修身则可以成就"懿德"。

"礼让"，是指能让则可称为"礼"，不让则可称为"非礼"。《礼记·曲礼上》云："长者问，不辞而对，非礼也。"不辞即不让，不让则非礼。《左传·文公二年》云："忠，德之正也；信，德之固也；卑让，德之基也。"即以忠、信、卑让皆为成就人"德"之要目。

《礼记·曲礼上》：

> 礼者，自卑而尊人。虽负贩者，必有尊也，而况富贵乎？富贵而知好礼，则不骄不淫；贫贱而知好礼，则志不慑。

负贩者，即社会地位之卑贱者。礼就是通过自谦自卑的方式达到尊人的效果，尊人者则人亦尊之。此亦为礼尚"往来"之属性特点的体现。

《礼记·表记》：

> 是故君子虽自卑，而民敬尊之。

君子自卑尊民，效果是"民敬尊之"。"民敬尊之"，也可以说是君子"自卑"的目的。反之，君子不尊重民，则民亦不敬尊君子。

《左传·昭公十年》：

> 让，德之主也，谓懿德。

讲让、行让，则可称为"懿德"。《左传·襄公十三年》云："让，礼之主也。范宣子让，其下皆让……世之治也，君子尚能而让其下，小人农力以事其上，是以上下有礼，而谗慝黜远，由不争也，谓之懿德。及其乱也，君子称其功以加小人，小人伐其技以冯君子，是以上下无礼，乱虐并生，由争善也，谓之昏德。国家之敝，恒必由之。"行让有礼则不争，谓之"懿德"。争功伐异则无礼，谓之"昏德"，不让而争国家必生乱。由此可知，统治者能否以礼让修身，小则关乎个人道德修养之成败，大则关乎家国天下之治乱兴衰，岂可不慎。

六 以乐治心修内

先秦儒家把乐视为修身养性的重要方式，养成人的内在情感、外在气质的工具，简言之，即以乐"治心"、以乐"修内"。

《礼记·乐记》云："乐由中出，礼由外作。乐由中出，故静；礼由外作，故文。大乐必易，大礼必简。乐至则无怨，礼至则不争。揖让而治天下者，礼乐之谓也。"又云："乐也者，动于内者也。"乐由"中"出，即是乐"动于内"之谓，强调乐是由心而发，由心而发故无怨。《礼记·乐记》中记载"君子曰：礼乐不可斯须去身。致乐以治心，则易直子谅之心油然生矣。""易直子谅"与"无怨"之说相合，揖让之德成则无怨。"揖让而治天下"换个说法即是"无为而治""举而错之，天下无难矣"。《礼记·乐记》中关于此还有相关记述，"易直子谅之心生则乐，乐则安，安则久，久则天，天则神。天则不言而信，神则不怒而威，致乐以治心者也。致礼以治躬则庄敬，庄敬则严威。心中斯须不和不乐，而鄙诈之心入之矣。外貌斯须不庄不敬，而易慢之心入之矣。故乐也者，动于内者也。礼也者，动于外者也。乐极和，礼极顺，内和而外顺，则民瞻其颜色而弗与争也，望其容貌而民不生易慢焉。故德辉动于内而民莫不承听，理发诸外而民莫不承顺。故曰：致礼乐之道，举而错之，天下无难矣。"如此则把乐以治心、修内的内在理路阐释得相当清晰。

《礼记·文王世子》：

> 凡三王教世子必以礼乐。乐，所以修内也；礼，所以修外也。礼乐交错于中，发形于外，是故其成也怿，恭敬而温文。

即是把乐作为教育的重要内容。《礼记·曲礼上》云："道德仁义，非礼不成。"此"可以成为礼包含着德因素的佐证。可见，乐舞的'德'与礼的'德'是相辅相成的，在西周社会一并发挥着规范人心与行为的作用。"[1]

---

[1] 李无未：《周代朝聘制度研究》，吉林人民出版社 2005 年版，第 167 页。

《荀子·乐论》：

> 夫声乐之入人也深，其化人也速，故先王谨为之文。乐中平则民和而不流，乐肃庄则民齐而不乱。民和齐则兵劲城固，敌国不敢婴也。如是，则百姓莫不安其处，乐其乡，以至足其上矣。然后名声于是白，光辉于是大，四海之民莫不愿得以为师，是王者之始也。

乐所以能修内在于其具有"入人深、化人速"的性质、功能和特点，而且，乐风能够影响民风，民风又是政绩的表现形式。《孟子·公孙丑上》云："见其礼而知其政，闻其乐而知其德，由百世之后，等百世之王，莫之能违也。"即以礼乐为政治效果之表现形式。《荀子·乐论》云："乐者，圣王之所乐也，而可以善民心，其感人深，其移风易俗。故先王导之以礼乐，而民和睦。"其中"善民心""感人深"，皆是就乐对人心所起到的作用而言的，"移风易俗"，则是就乐对民风民俗的影响效果而言的。圣王所乐之大者，即在于政治民和。君王，应该充分利用乐"感人深"的属性特点，充分发挥"移风易俗"的功能，以成就王者之业。

七 待人接物以礼

先秦儒家以礼修身的思想又体现在待人接物以礼过程中。

《论语·卫灵公》：

> 师冕见，及阶。子曰："阶也。"及席，子曰："席也。"皆坐，子告之曰："某在斯，某在斯。"师冕出，子张问曰："与师言之道与？"子曰："然，固相师之道也。"

《礼记·少仪》：

> 其未有烛，而有后至者，则以在者告，道瞽亦然。

师、瞽皆目盲，不能见物，所以健全人有做向导、帮助他们行动的义务。孔子答子张："对，这就是赞助乐师的礼道。"孔子所谓"相师之道"即相师瞽之礼、道师瞽之礼。

《礼记·曲礼上》：

> 太上贵德；其次务施报，礼尚往来；往而不来，非礼也，来而不往，亦非礼也。

郑玄注云："太上，帝皇之世，其民施而不惟报。""三王之世，礼始兴焉。"[1] 孔颖达引申发挥其意。其实，此句是讲人际交往道德规范的层次性问题的，与所谓"帝皇""三王"等时代因素无关。《左传·襄公二十四年》穆叔云："豹闻之，大上有立德，其次有立功，其次有立言，虽久不废，此之谓不朽。"穆叔所云"太上""其次""其次"均不能指某时代，而是层次等级序列的表达方式。《孔子家语·刑政》云："圣人之治化也，必刑政相参焉。太上以德教民，而以礼齐之；其次，以政导民，而以刑禁之。化之弗变，导之弗从，伤义以败俗，于是乎用刑矣。"此亦为强调治政化民有两个层次，"太上""其次"，亦不可指时代言。《吕氏春秋·先识览·察微》："凡持国，太上知始，其次知终，其次知中，三者不能，国必危，身必穷。"其中"太上""其次""其次"三者亦作治国的三个层次讲。《曲礼上》引文标点如上，大意为：人际交往的层次等级有三。最高的层次等级是人们完全靠道德自觉。其次一等是人们交往注重有施有报，当然，施报不在于追求礼品价格、价值完全对等，而在于交往过程之实现，以展现彼此的尊敬、理解，此亦俗谚"千里送鹅毛，礼轻情意重"之意义所在。《礼记·中庸》云："朝聘以时，厚往而薄来，以所怀诸侯也。"《礼记·聘义》云："以圭璋聘，重礼也；已聘而还圭璋，此轻财而重礼之义也。诸侯相厉以轻财重礼，则民作让矣。"《礼记·乡饮酒义》云："祭荐，祭酒，敬礼也。啐肺，尝礼也。

---

[1] （汉）郑玄注，（唐）孔颖达正义：《礼记正义》，吕友仁整理，上海古籍出版社 2008 年版，第 22 页。

啐酒，成礼也。于席末，言是席之正非专为饮食也，为行礼也，此所以贵礼而贱财也。卒觯，致实于西阶上，言是席之上非专为饮食也，此先礼而后财之义也。先礼而后财，则民作敬让而不争矣。""厚往而薄来""轻财重礼""贵礼而贱财""先礼而后财"，其义一也。最下一等是"来而不往""往而不来"。

"礼尚往来"，因为它具有可行性，可以被接受为社会交往的普遍性规范。而第三等级"来而不往""往而不来"的情况，是不能被社会道德所接纳，其人若不改正而进入"礼尚往来"的第二等级，将被社会所抛弃。或者说，"来而不往""往而不来"的结果，均将导致别人不会再与之交往，此人也就不能"立"于世。但是，尚施报、尚往来似乎含有较多的功利性因素在内。其实，这也是没办法的事，就如孔子论大同、小康之别。在社会还没有具备相应条件的时候，"贵德"的最高层次不能得以普遍实现，只能在所谓"圣人"之类的道德模范身上予以发扬展现，通过他们对社会大众起到典范、榜样的潜移默化作用。

《礼记·曲礼上》：

> 吊丧弗能赙，不问其所费。问疾弗能遗，不问其所欲。见人弗能馆，不问其所舍。赐人者不曰'来取'，与人者不问其所欲。

"不问"均是强调与人交往时应该注意的礼节事项，之所以"不问"，就是要避免使自己难堪，也避免使对方难堪，因为被问者不能的原因可能有多种，有些是不便解释的。问者问了之后，若有心无力又不能有所帮助，恐有虚情假意之嫌。

《孟子·万章下》：

> 万章问曰："敢问交际何心也？"孟子曰"恭也。"……曰："其交也以道，其接也以礼，斯孔子受之矣。"

万章问孟子，与人交接之礼应秉持怎样的"心"，孟子认为是"恭敬之心"。只要是交接合道合礼，孔子都可以接受。"其接也以礼"者，即强调人际交往之关键在于"礼"。

八　尊师事长以礼

《礼记·曲礼上》：

> 从于先生，不越路而与人言。遭先生于道，趋而进，正立拱手。先生与之言则对，不与之言则趋而退。

郑注："先生，老人教学者。"正义："先生，师也。"崔灵恩云："凡言先生，谓年德俱高，又教道于物者。凡云长者，直以年为称也。凡言君子者，皆为有德，尊之不据年之长幼。故所称不同也。"[1]　先生，为师者之称；长者，以年高为称；君子，为德称。

《礼记·曲礼上》中还有较多尊师事长之礼的细目：

> 先生书策琴瑟在前，坐而迁之，戒勿越。
>
> 侍坐于先生，先生问焉，终则对。请业则起，请益则起。父召无诺，先生召无诺，唯而起。
>
> 长者赐，少者、贱者不敢辞。
>
> 御同于长者，虽贰不辞，偶坐不辞。
>
> 从长者而上丘陵，则必乡长者所视。

对师长尊敬之情，就贯穿于日常生活中的举手投足之间。《礼记·檀弓上》云："事师无犯无隐，左右就养无方，服勤至死，心丧三年。""左右就养无方"之"方"应该是规矩、标准、固定模式的意思，意谓：侍奉老师左右，要按照实际情况照顾，不要按照什么固定的程序规矩，比如何时吃饭、何时喝水、何时活动、活动多长时间等。这些生活内容，要根据老师的实际身体健康状况、生活习惯等来确定。

此类看似烦琐细小的规定，其实就是对师道、父道、兄道的遵从、

---

① （清）朱彬：《礼记训纂》，浙江大学出版社 2010 年版，第 13 页。

维护。"尊师之礼，也就是尊贤之礼。"① 进一步说，尊师就是重道、尊师就是敬德，尊师、重道、敬德三者意通。

《礼记·学记》：

> 能为师然后能为长，能为长然后能为君。故师也者，所以学为君也。

师、长、君三者之间伦理角色的转化皆在于对"道"的体认、追求和践履。正是在时时刻刻、天长日久的类似之程式仪规的践履过程中，礼与教结合起来，使尊师而重道而敬德的精神、功用发挥出来。《荀子·大略》云："言而不称师谓之畔，教而不称师谓之倍。倍畔之人，明君不内，朝士大夫遇诸涂不与言。"师成为言、教的准则，进而成为进仕的原则标准。

《荀子·劝学》：

> 学莫便乎近其人。《礼》《乐》法而不说，《诗》《书》故而不切，《春秋》约而不速。方其人之习君子之说，则尊以遍矣，周于世矣。故曰：学莫便乎近其人。学之经莫速乎好其人，隆礼次之。

郭沫若先生认为："'其人'便是师，师既为礼法之准则，所以近师好师便重于'隆礼'了。"② 作为学习途径、对象，老师与《诗》《书》《礼》《乐》《春秋》等典籍都是可以的，但是，荀子通过比较分析，认为老师的作用和效果是最好的。相对来说，典籍的功能具有单一性的特点，"《礼》《乐》法而不说，《诗》《书》故而不切，《春秋》约而不速"，即是说《诗》《书》《礼》《乐》《春秋》各具特点和局限，而老师的作用则可以"尊以遍矣，周于世"。

---

① 阎步克：《士大夫政治演生史稿》，北京大学出版社 1996 年版，第 88 页。
② 郭沫若：《十批判书》，东方出版社 1996 年版，第 211 页。

九　日常生活规范

"日常"生活规范，即针对"每天中经常"发生的行为的规范。日常生活规范，是人类社会世代相传的经验、智慧、知识、技能等内容的提炼，是人类日常生活中所必须遵循的准则，是人际交往、修身养性、怡情养志的重要依据。体现在先秦儒家礼治思想中，即是对视听言动、坐立行走、衣食居处、喜怒哀乐等内容的标准性、程序性的礼仪规范。

《礼记·曲礼上》：

> 毋不敬，俨若思，安定辞，安民哉！
> 敖不可长，欲不可从，志不可满，乐不可极。
> 贤者狎而敬之，畏而爱之。爱而知其恶，憎而知其善。积而能散，安安而能迁。临财毋苟得，临难毋苟免。很毋求胜，分毋求多。疑事毋质，直而勿有。
> 若夫坐如尸，立如齐。
> 礼不妄说人，不辞费。礼不踰节，不侵侮，不好狎。修身践言，谓之善行。行修言道，礼之质也。

《礼记·曲礼下》：

> 立则磬折垂佩，主佩倚则臣佩垂；主佩垂则臣佩委。
> 凡奉者当心，提者当带。执天子之器则上衡，国君则平衡，大夫则绥之，士则提之。凡执主器，执轻如不克。执主器，操币圭璧，则尚左手，行不举足，车轮曳踵。
> 执玉其有藉者则裼，无藉者则袭。

正是通过"日常"生活中不可计数的"重复"，使慈幼、孝亲、尊长、敬老、孝友等伦理道德观念，以及仁义廉耻、忠恕礼让、诚敬中正等道德观念习化为人之本能的自觉，成就人的后天之"性"。

《礼记·檀弓上》：

> 曾子寝疾，病，乐正子春坐于床下，曾元、曾申坐于足，童子隅坐而执烛。童子曰："华而睆，大夫之箦与？"子春曰："止！"曾子闻之，瞿然曰："呼？"曰："华而睆，大夫之箦与？"曾子曰："然。斯季孙之赐也，我未之能易也。元起易箦。"曾元曰："夫子之病革矣，不可以变。幸而至于旦，请敬易之。"曾子曰："尔之爱我也不如彼。君子之爱人也以德，细人之爱人也以姑息。吾何求哉？吾得正而毙焉，斯已矣。"举扶而易之。反席未安而没。

曾子病危易箦，"得正而毙"，正是对礼至死不渝追求精神的表现。曾子的精神正是儒家"内圣"道德修养终身不止的体现，亦是儒家对礼学精神、价值的认可和执着追求的体现。这无疑对后世学者起到积极的榜样示范作用。

"重复性"是日常生活的一个重要特点，针对只是出现一次的情况，人们也就没必要再制定规范和礼仪了，因为如果不能再次出现，制定的规范和礼仪有何用？礼寓于日常生活规范之中，通过对此类规范一而再，再而三地"重复"，礼的精神潜移默化地变成人行为的本能自觉并内化为人的道德价值取向。孔子言"七十而从心所欲不逾矩"，即是体现了仁礼道德通过潜移默化的过程变成孔子的本能自觉。《论语》首章，子曰"学而时习之，不亦说乎？"所谓"时习之"即就此处着眼，能"时习"，进而达到"说"的效果，正是儒家礼乐教化思想的义理根据所在。儒家正是通过此类"无孔不入""无微不至"的礼仪规范和贯穿一生的礼仪实践，把其治世之志与礼之经世功能紧密结合起来，使社会每个个体的心性道德得以"习"化之，从而实现整个社会修齐治平的理想信念。

第二节　齐家

人与人之间的关系，不外乎五个方面，文献中通常称为"五伦""五品"。

《孟子·滕文公上》：

> 人之有道也，饱食、暖衣、逸居而无教，则近于禽兽。圣人有
> 忧之，使契为司徒，教以人伦，父子有亲，君臣有义，夫妇有别，
> 长幼有叙，朋友有信。

《礼记·中庸》：

> 君臣也，父子也，夫妇也，昆弟也，朋友之交也，五者天下之
> 达道也。

"五达道"即五伦：君臣、父子、夫妇、兄弟（或长幼）、朋友。其中属于家庭的范围就有父子、兄弟、夫妇三伦。儒家又有"十义"之说：

> 父慈，子孝，兄良，弟弟，夫义，妇听，长惠，幼顺，君仁，
> 臣忠，十者，谓之人义。（《礼记·礼运》）

其中亦包含父子、兄弟、夫妇三伦。由此，家庭伦理占据社会伦理关系的五分之三，属大部分。其中，君臣关系亦可看作父子关系之扩大化，朋友关系亦可以看作兄弟关系的扩大化。由此，家庭关系在社会关系中占据中心的地位。安乐哲先生认为：家庭作为一种社会组织形式，一个规定礼之内容的仪式化的角色和关系的辐射中心，为最有效地拓展人生道路提供了模式，即在人生体验中最大限度地给予和获取。[①] 家庭关系作为整个社会关系的辐射中心，其父子、兄弟关系扩展到社会关系即为君臣、朋友关系。父子、兄弟、夫妇角色扩展到社会中的君臣、朋友角色的定位及伦理担当，就可以看作整个人生的全部内容。

---

① 安乐哲：《礼与古典儒家的无神论宗教思想》，《中国学术》2000 年第 2 辑。

一 父子之礼

钱穆先生说："中国社会伦理乃奠基于家庭，而家庭伦理则奠基于个人内心自然之孝弟。"① 孝弟即为父子、兄弟关系的反映，"家族血缘中的父子兄弟关系，是国家政治中君臣上下关系之本。在礼仪制度的所有规定和解释中，次序的排列总是把父子兄弟放在君臣关系之前的。"② 父子一伦其内容当然包括父亲和儿子，还包括母亲与儿子、父亲与女儿、母亲与女儿之间的关系。"父子"是一个概称。

《礼记·内则》，为"最早的家礼文字"③，其内容为，郑玄注云："记男女居室、事父母舅姑之法。"郑《目录》云："名曰《内则》者，以其记男女居室、事父母舅姑之法。此于《别录》属《子法》。"孔颖达疏云："以闺门之内，轨仪可则，故曰《内则》。"④《礼记·内则》中多处论及父子之礼：

> 子事父母，鸡初鸣，咸盥漱，栉、縰、笄、總，拂髦，冠、緌、缨、端、韠、绅，搢笏。左右佩用，左佩纷帨、刀、砺、小觿、金燧，右佩玦、捍、管、遰、大觿、木燧。偪，屦著綦。妇事舅姑，如事父母，鸡初鸣，咸盥漱，栉、縰、笄、總，衣、绅，左佩纷帨、刀、砺、小觿、金燧，右佩箴、管、线、纩，施縏袠，大觿、木燧、衿缨，綦屦。以适父母舅姑之所。及所，下气怡声，问衣燠寒，疾痛苛痒，而敬抑搔之。出入，则或先或后，而敬扶持之。进盥，少者奉盘，长者奉水，请沃盥，盥卒，授巾。问所欲而敬进之，柔色以温。饘、酏、酒、醴、芼羹、菽、麦、蕡、稻、黍、粱、秫唯所欲，枣、栗、饴、蜜以甘之，堇、荁、枌、榆、免、薧、滫、瀡以滑之，脂膏以膏之，父母舅姑必尝之而后退。

---

① 钱穆：《中国学术思想史论丛》（卷一），安徽教育出版社 2004 年版，第 86 页。
② 柳肃：《礼的精神——礼乐文化与中国政治》，吉林教育出版社 1990 年版，第 34 页。
③ 顾希佳：《礼仪与中国文化》，人民出版社 2001 年版，第 182 页。
④ （汉）郑玄注，（唐）孔颖达正义：《礼记正义》，吕友仁整理，上海古籍出版社 2008 年版，第 1113 页。

以上所述为子妇者在父母舅姑未起床之前预备之礼，后及侍奉父母舅姑起床、问候、盥洗、饮食之礼。可知，子妇于侍奉父母舅姑之精细、用心之规范要求。在日常生活中，于侍奉父母之坐卧、饮食、起居、应对等方面亦有相应之礼仪规范。

《礼记·内则》：

> 父母舅姑将坐，奉席请何乡。将衽，长者奉席请何趾。少者执床与坐。御者举几，敛席与簟，县衾箧枕，敛簟而襡之。

> 父母在，朝夕恒食，子妇佐馂，既食恒馂。父没母存，冢子御食，群子妇佐馂如初。旨甘柔滑，孺子馂。

> 在父母、舅姑之所，有命之，应唯敬对，进退周旋慎齐，升降出入揖游，不敢哕噫、嚏咳、欠伸、跛倚、睇视，不敢唾洟。寒不敢袭，痒不敢搔。不有敬事，不敢袒裼，不涉不撅，亵衣衾不见里。

> 父母唾洟不见。冠带垢，和灰请漱；衣裳垢，和灰请澣；衣裳绽裂，纫箴请补缀。五日，则燂汤请浴，三日具沐。其间面垢，燂潘请靧；足垢，燂汤请洗。

《礼记·曲礼上》亦多言父子之礼。其中，蕴含以礼成孝之意：

> 凡为人子之礼，冬温而夏清，昏定而晨省。在丑夷不争。

> 夫为人子者，三赐不及车马，故州闾乡党称其孝也，兄弟亲戚称其慈也，僚友称其弟也，执友称其仁也，交游称其信也。见父之执，不谓之进不敢进，不谓之退不敢退，不问不敢对，此孝子之行也。

> 夫为人子者，出必告，反必面，所游必有常，所习必有业，恒言不称老。

其中，父母有疾时，子唯此为忧，以依礼尽心侍奉。

《礼记·曲礼下》：

> 父母有疾，冠者不栉，行不翔，言不惰，琴瑟不御，食肉不至

变味，饮酒不至变貌，笑不至矧，怒不至詈。疾止复故。

亲有疾，饮药，子先尝之。医不三世，不服其药。

父母亦非完人，俗云"人非圣贤孰能无过"，儒家尤其看重子女规谏父母之过的方式和态度。

子曰："事父母几谏。见志不从，又敬不违，劳而不怨。"（《论语·里仁》）

子之事亲也，三谏而不听，则号泣而随之。（《礼记·曲礼下》）

父母有过，下气怡色柔声以谏。谏若不入，起敬起孝，说则复谏；不说，与其得罪于乡党州闾，宁孰谏。父母怒、不说，而挞之流血，不敢疾怨，起敬起孝。（《礼记·内则》）

君子事父母，无私乐，无私忧。父母所乐乐之，父母所忧忧之。善则从之，不善则止之；止之而不可，隐而任不可。虽至于死，从之。（《上博简·内礼》）

单居离问于曾子曰："事父母有道乎？"曾子曰："有。爱而敬。父母之行若中道，则从；若不中道，则谏；谏而不用，行之如由己。从而不谏，非孝也；谏而不从，亦非孝也。孝子之谏，达善而不敢争辨。争辨者，作乱之所由兴也。由己为无咎则宁，由己为贤人则乱。孝子无私乐，父母所忧忧之，父母所乐乐之。孝子唯巧变，故父母安之。若夫坐如尸，立如齐，弗讯不言，言必齐色，此成人之善者也，未得为人子之道也。"（《大戴礼记·曾子事父母》）

卢辩注云："达善，谓致其善道于亲。对辨为争，分别为辨。""由己，谓父母用己之谏。无咎，谓咎故不生也。宁，安也。贤，犹胜也。谓争辩求胜也。"[1] 曾子之意：父母之行若不合于道，为人子者就有劝谏的义务，劝谏的目的在于父母"无咎"，若以劝谏父母成就自己的善名则不可，劝谏是成就为人子之道的。曾子此说又与"事亲有隐而无犯"

---

① （清）王聘珍：《大戴礼记解诂》，王文锦点校，中华书局1983年版，第86页。

之论相通。

《礼记·檀弓上》：

> 事亲有隐而无犯，左右就养无方，服勤至死，致丧三年。

隐，即不宣扬父母的过失、过错。犯，即表现出抵触而不顺从的表情。"事亲有隐而无犯"意即"做子女的事奉父母只有隐讳（不宣扬）父母过失的义务，没有犯颜直谏他们的分儿。所以《论语》说'事父母几谏'。不过，这是指父母亲有一般的过失而言，如果父母有大恶，也应当犯言直谏，《孝经》中父有争子，则身不陷于不义的话，说的正是这一点。"①

儒家的父子之礼，体现为事亲以礼与教子以礼两个方面。事亲以礼即可称为"孝"，或者孝即是以礼事亲。

《论语·为政》：

> 孟懿子问孝。子曰："无违。"樊迟御，子告之曰："孟孙问孝于我，我对曰，无违。"樊迟曰："何谓也？"子曰："生，事之以礼；死，葬之以礼，祭之以礼。"

孔子之"无违"即是"无违礼"之省，无违于礼即是："生，事之以礼；死，葬之以礼，祭之以礼。"《孟子·滕文公上》曾子曰："生，事之以礼；死，葬之以礼，祭之以礼，可谓孝矣。"曾子之说，应为述孔子之学。"儒家之所谓事亲之道，在养生方面，除给衣食之养外，必尽力于辞气温情之间，在丧死方面的要求则更为严格，衣食住行皆须自抑、自苦，必至于至诚毁瘠方显其失亲之痛。"②

教子以礼，即《论语·季氏》孔子所言："不学《诗》，无以言"，"不学礼，无以立"之意。《礼记·内则》云："幼子常视毋诳。童子不

---

① 刘方元、刘松来、唐满先：《礼记直解》，江西人民出版社1996年版，第80页。
② 金尚理：《礼宜乐和的文化理想》，巴蜀书社2002年版，第185—186页。

衣裘、裳。立必正方,不倾听。长者与之提携,则两手奉长者之手。负、剑,辟咡诏之,则掩口而对。"孔子以"《诗》、礼"教子,盖即有以此类礼仪规范作为言、行准则之意,后世称为"诗礼传家"。

二 兄弟之礼

兄弟之礼,可称为"悌",经典中通"弟"。悌,《说文解字》:"善兄弟也。"亦可称为"友"。

《仪礼·士冠礼》:

> 兄弟具来,孝友时格。

郑玄注云:"善父母为孝,善兄弟为友。"[1] 兄弟之礼中,不仅是兄与弟之礼,亦包含兄弟与姊妹相处之礼。《礼记·曲礼上》云:"外言不入于梱,内言不出于梱。女子许嫁,缨,非有大故,不入其门。姑姊妹、女子子已嫁而反,兄弟弗与同席而坐,弗与同器而食。"即是兄弟姐妹相处之礼。

兄弟之礼,包含弟事兄之礼。

《大戴礼记·曾子事父母》:

> 单居离问曰:"事兄有道乎?"曾子曰:"有。尊事之以为己望也,兄事之不遗其言。兄之行若中道,则兄事之;兄之行若不中道,则养之。养之内,不养于外,则是越之也;养之外,不养于内,则是疏之也:是故君子内外养之也。"

卢辩注云:"养,犹隐也。"王聘珍云:"'养'读若'中心养养',

---

① (汉)郑玄注,(唐)贾公彦疏:《仪礼注疏》,王辉整理,上海古籍出版社 2008 年版,第 71 页。

忧念也。内谓心，外谓貌。越，疾也。疏，远也。内外养之，谓忧诚于中，形于外，冀感悟之也。"① 卢、王两说，王说为胜。弟事兄之礼，首先要做到尊敬地侍奉兄长，把他看作自己的榜样。把他作为兄长侍奉，不能遗忘他的教诲之言。其次，兄长的行为如果合乎道理，就把他作为兄长侍奉；兄长的行为如果不合乎道理，就为他的行为表现出担忧。担忧既要存于内心，又要显于形色，这样对兄长来说也是一种劝谏。否则只是在内心为他担忧，在形色上不为他担忧，就会有（让他人产生这样的错觉：因疾怨兄长，从而）纵容兄长（继续行为失道，从而自己超越他）之意；在形色上为他担忧，在内心不为他担忧，则有疏远兄长之意。因此，真正的君子，对待行为失道的兄长要在内心和形色上都表现出担忧，以对兄长表现出劝谏，这才是真正的弟道。

兄弟之礼，亦包含兄使弟之礼。

《大戴礼记·曾子事父母》：

> 单居离问曰："使弟有道乎？"曾子曰："有。嘉事不失时也。弟之行若中道，则正以使之；弟之行若不中道，则兄事之。诎事兄之道，若不可，然后舍之矣。"

嘉事，卢辩注云："谓冠娶也。"卢辩又注云："正以使之，以弟道。兄事之者，且以兄礼敬之。"王聘珍注云："诎，尽也。不可，谓不可化也。舍，止也。"② 兄长为弟弟举行冠礼、昏礼，不要错过相应的时间。弟弟的行为如果合乎道理，就以对待弟弟的正礼来指使他。弟弟的行为如果不合乎道理，就以敬待兄长之礼来对待他，通过这种方式以促使弟弟自省，从而改邪归正。尽到了作为兄长的责任，还不能化导他，然后只好作罢。

兄弟之礼，尤其重视嫡长子、嫡长妇或宗子、宗妇在同辈之中的绝

---

① （清）王聘珍：《大戴礼记解诂》，王文锦点校，中华书局1983年版，第86—87页。
② （清）王聘珍：《大戴礼记解诂》，王文锦点校，中华书局1983年版，第87页。

对地位。

《礼记·内则》：

> 适子、庶子祇事宗子、宗妇。虽贵富，不敢以贵富入宗子之家；虽众车徒，舍于外，以寡约入。子弟犹归器、衣服、裘衾、车马，则必献其上，而后敢服用其次也。若非所献，则不敢以入于宗子之门，不敢以贵富加于父兄宗族。若富，则具二牲，献其贤者于宗子，夫妇皆齐而宗敬焉，终事而后敢私祭。

兄弟之礼中，小宗、庶子不可凭在社会上取得富贵，就在家族之内对宗子、宗妇有骄凌之行。祭祀中只有助祭宗子、宗妇之后，才能有私祭。以上内容，一方面是着重强调宗子、宗妇在家族中的支配优势和特权，另一方面是对庶子、小宗顺从意识的培养。

> 孔子曰："孝，德之始也；弟，德之序也。"（《大戴礼记·卫将军文子》）
> 教民亲爱，莫善于孝，教民礼顺，莫善于悌。（《孝经·广要道章》）

"弟，德之序也"即"礼顺"之意，兄弟之间地位、权力的不平衡、不对等即是"顺"的前提，"顺"也就是先后、上下、长幼、尊卑之"序"。而"顺""序"观念正是"尚齿"观念之延伸和发展。

《礼记·祭义》：

> 昔者有虞氏贵德而尚齿，夏后氏贵爵而尚齿，殷人贵富而尚齿，周人贵亲而尚齿。虞、夏、殷、周，天下之盛王也，未有遗年者。年之贵乎天下久矣，次乎事亲也。是故朝廷同爵则尚齿。七十杖于朝，君问则席。八十不俟朝，君问则就之，而弟达乎朝廷矣。行，肩而不并，不错则随，见老者则车、徒辟，斑白者不以其任行乎道路，而弟达乎道路矣。居乡以齿，而老穷不遗，强不犯弱，众不暴

寡，而弟达乎州巷矣。古之道，五十不为甸徒，颁禽隆诸长者，而弟达乎搜狩矣。军旅什伍，同爵则尚齿，而弟达乎军旅矣。孝弟发诸朝廷，行乎道路，至乎州巷，放乎搜狩，修乎军旅，众以义死之而弗敢犯也。

虞、夏、商、周四代均重"尚齿"，"尚齿"则衍生出尊兄，尊兄孝弟之道"发诸朝廷，行乎道路，至乎州巷，放乎搜狩，修乎军旅，众以义死之而弗敢犯也"，即为"义"道之体现。此亦为悌道之所由来、悌道之意义所在。

《礼记·乡饮酒义》：

乡饮酒之礼：六十者坐，五十者立侍以听政役，所以明尊长也。六十者三豆，七十者四豆，八十者五豆，九十者六豆，所以明养老也。民知尊长养老而后乃能入孝弟，民入孝弟出尊长养老而后成教，成教而后国可安也。君子之所谓孝者，非家至而日见之也，合诸乡射，教之乡饮酒之礼，而孝弟之行立矣。

此又言尊长养老与孝弟之关系。"民入孝弟，出尊长养老，而后成教，成教而后国可安也。"民众能够在家庭中做到孝敬父母、尊敬兄长，出外又能尊敬长者、奉养老人，即是"礼顺"，"礼顺"即可谓之"成教"，教化成则国家安。此亦儒家强调孝弟之礼的原因、目的、意义之所在。

三　夫妇之礼

儒家以"人道"源自对"天道"的效法，《礼记·郊特牲》云："天地合，而后万物兴焉。夫昏礼，万世之始也。""天地合，而后万物兴"，即是"昏礼，万世之始"的形上依据，而昏礼即是夫妇配合对"天地合"的效法。昏礼"万世之始"，其意为，有夫妇才有父子，有父子才有父子世及。因此，在此意义上说，昏礼为"万世之始"。

《礼记·昏义》：

敬慎重正而后亲之，礼之大体，而所以成男女之别，而立夫妇之义也。男女有别，而后夫妇有义；夫妇有义，而后父子有亲；父子有亲，而后君臣有正。故曰："昏礼者，礼之本也。"

《礼记·郊特牲》：

男女有别，然后父子亲。父子亲，然后义生。义生，然后礼作。礼作，然后万物安。无别无义，禽兽之道也。

《礼记·曲礼上》：

夫唯禽兽无礼，故父子聚麀。是故圣人作，为礼以教人，使人以有礼，知自别于禽兽。

《礼记·礼运》：

今大道既隐，天下为家，各亲其亲，各子其子，货力为己，大人世及以为礼。城郭沟池以为固，礼义以为纪。

《周易·序卦传》：

有天地然后有万物，有万物然后有男女，有男女然后有夫妇，有夫妇然后有父子，有父子然后有君臣，有君臣然后有上下，有上下然后礼仪有所错。

以上材料说明，其一，"夫妇之礼"是建基于"男女有别"。因此，金景芳先生称"礼是自男女有别开始。"① 因为"无别无义，禽兽之道也"，禽兽自然无礼、义可言。《白虎通》云："古之时，未有三纲六纪，

---

① 金景芳：《知止老人论学》，东北师范大学出版社 1998 年版，第 145 页。

民人但知其母，不知其父……于是伏羲仰观象于天，俯察法于地，因夫妇，正五行，始定人道。"①"知其母不知其父"之时代即禽兽时代，"未有三纲六纪"之时代，即无礼时代。"夫妇之礼"成，人道因之乃定。

其二，有夫妇之伦，才有"父子、君臣、上下"之伦，才有"父子、君臣、上下"之礼。《荀子·大略》云："《易》之咸，见夫妇。夫妇之道，不可不正也，君臣父子之本也。"荀子即以"夫妇之道"为本，"君臣父子"之道以"夫妇之道"为本。

《礼记·昏义》：

> 昏礼者，礼之本也。
>
> 夫礼始于冠，本于昏，重于丧、祭，尊于朝、聘，和于射、乡，此礼之大体也。

此亦为强调昏礼为"礼"之本之意。柳诒徵先生认为："夫妇之伦，父子君臣之礼所由起也，爰有六礼，敬慎重正，夫岂不知男女相悦，出于情欲。所谓发乎情，止乎礼义也。礼之大义，在慎始图终，一与之齐，则终身不改。"② 柳先生此亦申说"昏礼"为六礼之本之意。

其三，通过昏礼合二姓之好，使两个家族得以联结。

《礼记·昏义》：

> 昏礼者，将合二姓之好，上以事宗庙，而下以继后世也，故君子重之。是以昏礼纳采、问名、纳吉、纳徵、请期，皆主人筵几于庙，而拜迎于门外，入，揖让而升，听命于庙，所以敬慎重正昏礼也。

"敬慎重正"昏礼的原因，在于合二姓之好，且上可以事宗庙，下可以育后人接续"事宗庙"。瞿同祖先生说："古代说父母之命，媒妁之

---

① （清）陈立：《白虎通疏证》，中华书局1994年版，第50—51页。
② 柳诒徵：《柳诒徵说文化》，上海古籍出版社1999年版，第271页。

言，媒往来议亲时自是代表婿父的……《礼记·昏义》上说父醮子而命之迎。荀子记醮子之词云：'往迎尔相，承我宗事，隆率以敬先妣之嗣，若则有常。'子再拜答曰：'敢不奉命。'""其次我们不要忽略了祖先对于子孙婚姻的重要性。婚姻既是上以奉宗庙，下以继后世，以祖先崇拜为中心，婚姻于是与家族宗教有关，一切仪式都要在宗庙或家祠中举行，带有宗教性神圣性。"①

《礼记·曾子问》：

> 孔子曰："嫁女之家，三夜不息烛，思相离也。取妇之家，三日不举乐，思嗣亲也。三月而庙见称来妇也，择日而祭于祢，成妇之义也。"

以"庙见"为昏礼之终，昏礼始成，"妇义"亦始成，至此，嫁女之家与娶妇之家通过昏礼联结为一个整体。

其四，通过昏礼，使男女之情得以规范，以防淫辟之罪。

《礼记·经解》：

> 夫礼，禁乱之所由生，犹坊止水之所自来也。故以旧坊为无所用而坏之者必有水败，以旧礼为无所用而去之者必有乱患。故昏姻之礼废，则夫妇之道苦，而淫辟之罪多矣。

男女之情，必经夫妇之礼以节之。无夫妇之礼，男女之情无以范之，如果婚姻之礼废，淫乱邪辟之罪恶就会产生，人就会回到禽兽时代。此外，夫妇之礼强调妇顺之德。

《礼记·昏义》：

> 成妇礼，明妇顺，又申之以著代，所以重责妇顺焉也。妇顺者，顺于舅姑，和于室人，而后当于夫，以成丝麻布帛之事，以审守委

---

① 瞿同祖：《中国封建社会》，上海人民出版社2005年版，第110—111页。

积盖藏。是故妇顺备而后内和理；内和理而后家可长久也，故圣王重之。

妇之德在于"顺"，妇顺，才能室和，内和理才能家长久，正是圣王重视昏礼的原因、意义所在。《礼记·昏义》云："古者天子后立六宫、三夫人、九嫔、二十七世妇、八十一御妻，以听天下之内治，以明章妇顺，故天下内和而家理。"《礼记·郊特牲》云："男先于女，刚柔之义也。天先乎地，君先乎臣，其义一也。""妇当于夫""男先于女"，即强调男主女从、男主女顺之意，亦为对"天先乎地"之义的效法。"男帅女，女从男，夫妇之义由此始也。妇人，从人者也：幼从父兄，嫁从夫，夫死从子。"此即妇女"三从"之说。意即男帅女顺之意。儒家对夫妇之礼亦有具体细节之规范。

《礼记·内则》：

> 礼始于谨夫妇。为宫室，辨外内，男子居外，女子居内。深宫固门，阍寺守之，男不入，女不出。
>
> 男女不同椸枷，不敢悬于夫之楎椸，不敢藏于夫之箧笥，不敢共湢浴。夫不在，敛枕箧，簟席襦器而藏之。少事长，贱事贵，咸如之。
>
> 夫妇之礼，唯及七十，同藏无间。故妾虽老，年未满五十，必与五日之御。将御者，齐，漱，澣，慎衣服，栉，縰，笄，总角，拂髦，衿缨，綦屦。虽婢妾，衣服饮食必后长者。妻不在，妾御莫敢当夕。

夫妇之礼最重要的特点是：强调男女之别、男先女后、男主女从的伦理道德观念。

四 朋友之礼

儒家一向重视交友问题。对于交友的对象选择，即与什么样的人交朋友，儒家的主张可见《论语·子张》：

子夏之门人问交于子张。子张曰:"子夏云何?"对曰:"子夏曰:'可者与之,其不可者拒之。'"子张曰:"异乎吾所闻:君子尊贤而容众,嘉善而矜不能。我之大贤与,于人何所不容?我之不贤与,人将拒我,如之何其拒人也?"

子夏以德行可者为友,而子张则认为无论贤愚任何人都可以交朋友。《论语·学而》中记载子曰:"无友不如己者,过则勿惮改。"《论语·子罕》中子曰:"主忠信,毋友不如己者,过则勿惮改。""如己者"意谓和自己有一样人生追求、人生理想的人,或者说志同道合者。如此看来,子夏之择友观念更接近于孔子,① 再如:

子贡问为仁。子曰:"工欲善其事,必先利其器。居是邦也,事其大夫之贤者,友其士之仁者。"(《论语·卫灵公》)

孔子曰:"益者三友,损者三友。友直,友谅,友多闻,益矣。友便辟,友善柔,友便佞,损矣。"(《论语·季氏》)

孔子以仁者、"直、谅、多闻"之人为友,并认为以贤者、仁者为友也是成就"仁"的重要途径。孔子认为,多交贤者之友对己是有益的快乐。
《论语·季氏》:

孔子曰:"益者三乐,损者三乐。乐节礼乐,乐道人之善,乐多贤友,益矣。乐骄乐,乐佚游,乐晏乐,损矣。"

钱穆先生注此云:"称道人善,则心生慕悦,不惟成人之美,己亦趋于善矣。以此为乐,亦有益。"② 钱穆先生之解说深中肯綮,朋友之间要

---

① 钱穆先生云:"其不可者拒之:此盖子夏守无友不如己者之遗训。又如损者三友,此当拒不与交。"载钱穆《论语新解》,生活·读书·新知三联书店 2002 年版,第 483 页。
② 钱穆:《论语新解》,生活·读书·新知三联书店 2002 年版,第 432 页。

扬友之善名，成友之孝德。称人之善，不仅是成人之美之事，更是源于心悦诚服其善，进而心生向善之心、趋善之行。因此，"乐道人之善"之"乐"，可称为"益者"之"乐"。

《礼记·中庸》：

> 子曰："舜其大知也与！舜好问而好察迩言，隐恶而扬善，执其两端，用其中于民，其斯以为舜乎！"①

《荀子·不苟》：

> 君子崇人之德，扬人之美，非谄谀也。

《孔子家语·困誓》：

> 孔子曰："由，汝志之，吾语汝，虽有国士之力，而不能自举其身，非力之少，势不可矣。夫内行不修，身之罪也，行修而名不彰，友之罪也，行修而名自立。故君子入则笃行，出则交贤，何谓无孝名乎。"

《孔子家语·致思》：

> 孔子将行，雨而无盖。门人曰："商也有之。"孔子曰："商之为人也，甚吝于财。吾闻与人交，推其长者，违其短者，故能久也。"

"隐恶扬善""扬人之美"，皆为君子、圣人之本有之义。"行修而名不彰"，是因为朋友没能做到宣扬其德行之罪、过。与人交往，要推重

---

① 《韩非子》云："不蔽人之美，不言人之恶。"转引自（清）王先慎《韩非子集解》，钟哲点校，中华书局1998年版，佚文，第15页。此与儒家此处所言"隐恶扬善"之意相合。

朋友之优点、长处，避开其缺点、短处，这样的交往才能长久。贾谊《新书·官人》云："内相匡正，外相扬美者，谓之友。"此之意也。"扬善""扬人之美""推其长"与"彰其名"，其义一也。均为成就朋友令德善名之行，亦可以敦己修善。

儒家以"多贤友"为乐，亦与"以友辅仁""相观而善"之意合。

> 曾子曰："君子以文会友；以友辅仁。"（《论语·颜渊》）
> 独学而无友，则孤陋而寡闻。（《礼记·学记》）

即谓：有友多闻，无友寡闻，以文会友，以友辅仁，相观而善。《礼记·儒行》云："儒有合志同方，营道同术，并立则乐，相下不厌，久不相见，闻流言不信，其行本方立义，同而进，不同而退。其交友有如此者。"《论语·公冶长》中记载子曰："老者安之，朋友信之，少者怀之。"亦意在强调，交友要以合志同方、营道同术、相互信任为基础。孔子以得到朋友信任为志向所在。

朋友去世，儒家针对与其亲疏远近关系而有不同哀悼礼仪，通过这些细微差别，可以了解儒家对朋友一伦于人伦关系中的定位。

《礼记·檀弓上》：

> 伯高死于卫，赴于孔子。孔子曰："吾恶乎哭诸？兄弟，吾哭诸庙；父之友，吾哭诸庙门之外；师，吾哭诸寝；朋友，吾哭诸寝门之外；所知，吾哭诸野。于野则已疏；于寝则已重。夫由赐也见我，吾哭诸赐氏。"遂命子贡为之主，曰："为尔哭也来者，拜之；知伯高而来者，勿拜也。"

孔子对于师友的亲疏远近作出了说明，师友之丧均低于兄弟之丧。由重至轻，依次是：父亲的朋友、老师、朋友、泛泛之交。伯高仅是经过学生子贡认识的，其地位介于朋友与泛泛之交之间。因此，孔子以子贡为丧主，哭伯高于子贡。《礼记·檀弓上》曾子曰："朋友之墓，有宿草，而不哭焉。"曾子亦强调为朋友丧哭期年即可，轻于为师心丧三年之制。

《论语·乡党》：

　　朋友死，无所归，曰："于我殡。"

钱穆先生注云：

　　死者殓在棺，暂停宅内以待葬，其柩名曰殡，谓以宾遇之。《礼记·檀弓》："宾客至，无所馆，夫子曰：'生于我乎馆，死于我乎殡。'"此与本节所记当属一事。《檀弓》曰："宾客"，言其来自他乡。本节言："朋友"，言其与孔子有素。当是其人病危，孔子呼而馆之，谓病中馆我处，死亦殡我处。本节特记所重，故单言"于我殡"。然先言死无所归，则若其人已死，已殓，乃呼其柩而殡之，此决无之事。后人乃疑孔子任其殡资，就其所在殡之，不迎于家，然又与"于我乎"三字不合。故知本节文略，必连《檀弓》兼释乃得。此必实有其事，而事出偶然，非孔子时时作此言。《檀弓》所记，若不兼本节合释，亦复难通。读古书，有不可拘而释之者，如此类皆是。此见孔子于朋友，仁至而义尽，然亦非如后世任侠好行其德之比。①

　　《仪礼·丧服》云："朋友皆在他邦，袒免，归则已。朋友麻。"即谓，"朋友们一起在外国，如果有朋友死了，而由活着的朋友为死者主丧，那就要为死者去冠、戴免、肉袒，如果把死者的灵柩送回国，那就不为死者去冠、戴免、肉袒了。为朋友服丧，只服缌麻的绖和带。"②
　　君子之交以全交。
　　《礼记·曲礼上》：

　　博闻强识而让，敦善行而不怠，谓之君子。君子不尽人之欢，

---

①　钱穆：《论语新解》，生活·读书·新知三联书店 2002 年版，第 266 页。
②　杨天宇：《仪礼译注》，上海古籍出版社 2004 年版，第 339 页。

不竭人之忠，以全交也。

郑玄注云："欢，谓饮食。忠，谓衣服之物。"[1] 但是，君子交友，不能总去人家吃饭，不要总要人家的衣服之类的物品，以此成全朋友之交。

朋友之交，不以小嫌遗弃故旧朋友。

《礼记·檀弓下》：

> 孔子之故人曰原壤，其母死，夫子助之沐椁。原壤登木曰："久矣予之不讬于音也。"歌曰："狸首之班然，执女手之卷然。"夫子为弗闻也者而过之。从者曰："子未可以已乎？"夫子曰："丘闻之：亲者毋失其为亲也，故者毋失其为故也。"

交友中应该注意之处。

> 寡妇之子，非有见焉，弗与为友。（《礼记·曲礼上》）
> 子云："寡妇之子，不有见焉，则弗友也，君子以辟远也。故朋友之交，主人不在，不有大故，则不入其门。"（《礼记·坊记》）

其意在强调男女之别，以礼防嫌之意。《礼记·曲礼上》云："入竟而问禁，入国而问俗，入门而问讳。""入门问讳"意在备豫失礼行为发生，以免给朋友之间的交往带来不必要的麻烦。

五　主客之礼

主客之礼主要见之于主人之家，主客之间通过举手投足、饮食居处之间传递出恭敬辞让之情，是礼尚往来的具体环节。

---

① （汉）郑玄注，（唐）孔颖达正义：《礼记正义》，吕友仁整理，上海古籍出版社2008年版，第95页。

《礼记·曲礼上》：

> 凡与客入者，每门让于客。客至于寝门，则主人请入为席，然后出迎客，客固辞，主人肃客而入。主人入门而右，客入门而左；主人就东阶，客就西阶。客若降等，则就主人之阶。主人固辞，然后客复就西阶。主人与客让登，主人先登，客从之，拾级聚足，连步以上。上于东阶，则先右足；上于西阶，则先左足。
>
> 若非饮食之客，则布席席间函丈。主人跪正席，客跪抚席而辞。客彻重席，主人固辞。客践席，乃坐。主人不问，客不先举。
>
> 烛至起，食至起，上客起。
>
> 尊客之前不叱狗。让食不唾。
>
> 客若降等，执食兴辞，主人兴辞于客，然后客坐。主人延客祭，祭食，祭所先进。肴之序，遍祭之。三饭，主人延客食胾，然后辩肴。主人未辩，客不虚口。
>
> 毋抟饭，毋放饭，毋流歠，毋咤食，毋啮骨，毋反鱼肉，毋投与狗骨，毋固获，毋扬饭，饭黍毋以箸，毋嚃羹，毋絮羹，毋刺齿，毋歠醢。客絮羹，主人辞不能亨；客歠醢，主人辞以窭。濡肉齿决，乾肉不齿决。毋嘬炙。卒食，客自前跪，彻饭齐以授相者，主人兴辞于客，然后客坐。

主客之礼是家庭联结社会的重要途径，主客双方在迎接、设席、即席、饮食等礼仪过程中，传递出主敬客让、尊卑有序的和乐效果。如若失礼，轻则遭受"失礼"之讥，重则将使别人误认为是清高、孤傲，从而使自己在人际交往过程中处于被动之势，礼尚往来的过程因此就可能会中断。

六 邻里之礼

邻里关系，是一个人的社会关系中除亲朋好友最重要的社会关系，与一个人的生活密切相关。

《礼记·曲礼上》：

> 邻有丧，舂不相；里有殡，不巷歌。

邻居有丧事，舂米时不要歌唱。邻里有丧事还未葬，不在巷子里唱歌。君子与邻里交接一定要戒惧谨慎。绝不应该在邻里有丧期间，表现出与丧葬礼仪不符的神色、行为。

《礼记·问丧》：

> 亲始死，鸡斯，徒跣，扱上衽，交手哭。恻怛之心，痛疾之意，伤肾乾肝焦肺，水浆不入口，三日不举火，故邻里为之糜粥以饮食之。

在失去父母之时，丧亲者，只有痛苦悲惨的心情，已经无暇顾及自己的饮食，为了避免损伤身体，邻居应该主动为其煮粥，目的就是使其保有力气，助其实现为人子女者之孝道，完成丧葬之礼。

邻里之礼，是建立在相互尊重基础上的，俗云"远亲不如近邻"，正是强调亲厚和睦的邻里关系，甚至可以超过"远亲"血缘关系。儒家向以"里仁"为理想的生活、学习环境，《论语·里仁》中记载子曰："里仁为美。择不处仁，焉得知？""里仁"即是乡邻道里和睦相处、相亲相爱、互帮互助的礼俗，是基层社会民风社俗之追求目标。把邻里关系家族化、血缘化，也是儒家文化的重要特征。邻里关系的和睦和顺，是整个社会良好民风的基础所在。

第三节　治国平天下

礼，作为治国的依据、原则、标准和根本，在先秦社会是较为普遍的认识，例如：

> 礼，国之干也。（《左传·僖公十一年》《左传·襄公三十年》）

礼之可以为国也久矣，与天地并。君令臣共，父慈子孝，兄爱弟敬，夫和妻柔，姑慈妇听，礼也。君令而不违，臣共而不贰，父慈而教，子孝而箴；兄爱而友，弟敬而顺；夫和而义，妻柔而正；姑慈而从，妇听而婉：礼之善物也。（《左传·昭公二十六年》）

　　叔向曰："国家之败，有事而无业，事则不经。有业而无礼，经则不序。有礼而无威，序则不共。有威而不昭，共则不明。不明弃共，百事不终，所由倾覆也。"（《左传·昭公十三年》）

　　礼，王之大经也。（《左传·昭公十五年》）

　　夫礼，国之纪也，国无纪不可以终。（《国语·晋语四》）

　　即以礼为"国之干"、以礼为治国之"大经""纪"。孔子主张"为国以礼""以礼让为国"。《论语·为政》子曰："道之以政，齐之以刑，民免而无耻；道之以德，齐之以礼，有耻且格。""为国"即"治国"。①即强调"礼"对于治国的重要意义。孔子又有以礼治国"如示诸掌"之论，强调"以礼治国"容易取得成效。《论语·八佾》或问禘之说。子曰："不知也。知其说者之于天下也，其如示诸斯乎！"指其掌。《礼记·中庸》子曰："郊社之礼，所以事上帝也。宗庙之礼，所以祀乎其先也。明乎郊社之礼、禘尝之义，治国其如示诸掌乎！"《礼记·仲尼燕居》子曰："明乎郊社之义、尝禘之礼，治国其如指诸掌而已乎！"马一浮先生认为："禘有二：一为时祭，一为大祭。"②且不论时祭抑或大祭之分，祭祀均有报本反始之意。行礼，皆需如《礼记·中庸》中所载，"践其位，行其礼，奏其乐"。③无其位，不得行其礼，奏其乐。鲁君如果能明白这个道理，孔子亦不用为其讳了，治理国家亦如"示诸掌"了。

　　儒家又强调"礼"对于治国之标准与原则之意义。

---

① （清）刘宝楠：《论语正义》，中华书局 1990 年版，第 149 页。

② 马一浮：《复性书院讲录》，江苏教育出版社 2005 年版，第 186 页。

③ 《礼记·中庸》。

《礼记·经解》：

> 礼之于正国也，犹衡之于轻重也，绳墨之于曲直也，规矩之于方圆也。故衡诚县，不可欺以轻重；绳墨诚陈，不可欺以曲直；规矩诚设，不可欺以方圆；君子审礼，不可诬以奸诈。是故隆礼、由礼谓之有方之士，不隆礼、不由礼谓之无方之民，敬让之道也。故以奉宗庙则敬，以入朝廷则贵贱有位，以处室家则父子亲、兄弟和，以处乡里则长幼有序。孔子曰："安上治民，莫善于礼。"此之谓也。

《荀子·王霸》：

> 国无礼则不正。礼之所以正国也，譬之犹衡之于轻重也，犹绳墨之于曲直也，犹规矩之于方圆也，既错之而人莫之能诬也。

《荀子·大略》：

> 礼之于正国家也，如权衡之于轻重也，如绳墨之于曲直也。故人无礼不生，事无礼不成，国家无礼不宁。

礼与治国的关系，犹如秤与轻重、绳墨与曲直、规矩与方圆的关系。隆礼、尊礼、重礼、由礼，是谓"敬让之道"。由礼才能"奉宗庙则敬""入朝廷则贵贱有位""处室家则父子亲兄弟和""处乡里则长幼有序"，才能国存、人生、事成、国宁。因此，孔子说："礼才是治国之最佳选择。"《荀子·议兵》云："隆礼贵义者，其国治；简礼贱义者，其国乱。"此亦强调对礼尊崇或简慢之态度将决定国家之治乱兴衰。

儒家又有提倡礼让治国之思想。

《论语·里仁》：

> 子曰："能以礼让为国乎？何有？不能以礼让为国，如礼何？"

刘宝楠云："让者，礼之实也；礼者，让之文也。先王虑民之有争也，故制为礼以治之。礼者，所整壹人之心志，而抑制其血气，使之咸就于中和也。"① 让，本是礼之重要属性和内涵，或者说，让是礼本有之内容、精神。让，则不争，不争在于礼对心志的整体协调、对血气的抑制，不争才会有中和之气。此为礼让的内在理路。

《左传·襄公十三年》：

> 让，礼之主也。

《左传·昭公二年》：

> 忠信，礼之器也；卑让，礼之宗也。

《左传·昭公十年》：

> 让，德之主也，谓懿德。凡有血气，皆有争心，故利不可强，思义为愈。

敬让，是德之根本，敬让别人，可称为懿德。凡是有血气之物类，都有争夺之心，但是，不可以暴力强取去获得利益，而应该以礼让为最佳原则。得"利"之方式有二：礼让与强争。就效果言，礼让为优。儒家礼论亦多从此处着眼。

《荀子·礼论》：

> "礼起于何也？"曰："人生而有欲，欲而不得，则不能无求，求而无度量分界，则不能不争。争则乱，乱则穷。先王恶其乱也，故制礼义以分之。"

---

① （清）刘宝楠：《论语正义》，中华书局1990年版，第149页。

礼义即"度量分界",其功用在于"分",有分则不争,不争则治;无分则争,争则乱。故马一浮先生说:"《论语》中凡言'不争'者,皆《礼》教义,凡言'无怨'者,皆《乐》教义。"① 礼教之"不争"意,实即"礼让"之同实异名而已。《礼记·乐记》云:"乐至则无怨,礼至则不争。揖让而治天下者,礼乐之谓也。暴民不作,诸侯宾服,兵革不试,五刑不用,百姓无患,天子不怒,如此则乐达矣。合父子之亲,明长幼之序,以敬四海之内,天子如此,则礼行矣。"礼至则不争,即礼让则不争,不争若能推行则天下治。柳诒徵先生说:"欲知吾民族立国数千年,能由部落酋长达此大一统之国家,广宇长宙,雄长东亚,其根本何在,即在循此人类群居之条理,以为立国之本。简言之,即以礼为立国根本。博言之,即以天然之秩叙(即天理)为立国之根本也。"② 柳先生视礼为立国根本的观点,这与儒家礼让治国的思想是契合的。

"治国"之内容,细绎之,可分为以下几个方面。

一 治政

经典中"为政以礼"之类的说法,即把"礼"充当为政之工具手段,"政"作为礼治之对象。

《左传·襄公二十一年》:

> 礼,政之舆也。

舆,即指车,车之功能就是充任运载工具。"礼,政之舆也。"即谓"治理政事,若没有礼则不能推行、实施。"《左传·襄公三十一年》云:"礼之于政,如热之有濯也。濯以救热,何患之有?"意谓:礼对于政事来说,好像天热就得洗澡。用洗澡来消除炎热,有什么可担心害怕的呢?即强调礼对于为政之必要性、重要性。《荀子·富国》云:"必将修礼以齐朝,正法以齐官,平政以齐民。"荀子认为,圣明的君主一定要通过修礼来治理朝政,通过端正法纪来治理官吏,通过平治政事来治理百姓。

---

① 马一浮:《复性书院讲录》,江苏教育出版社 2005 年版,第 72 页。
② 柳诒徵:《柳诒徵说文化》,上海古籍出版社 1999 年版,第 270 页。

《荀子·大略》云："礼者，政之挽也。为政不以礼，政不行矣。"王先谦注云："如挽车然。"① "挽，即引车也，前牵曰挽。"② 礼在处理政事的过程中，其作用犹如挽车，有牵引、导向作用。

《左传·成公十二年》：

> 政以礼成，民是以息。

所谓"政以礼成"，即指政治之推行，必须借助于礼，才可以实现政"治"，百姓才可得以休养生息。而礼之所以作为治政之工具、手段存在，是在于礼具有"定亲疏，决嫌疑，别同异，明是非"③ 的功用。

《礼记·坊记》：

> 子云："夫礼者，所以章疑别微，以为民坊者也。故贵贱有等，衣服有别，朝廷有位，则民有所让。"

以礼"章疑别微"，即以礼分明嫌疑，分别细微，以作百姓之道德伦理规范。《礼记·礼运》云："礼者，君之大柄也，所以别嫌明微，傧鬼神，考制度，别仁义，所以治政安君也。""别嫌明微"与"章疑别微""决嫌疑、别异同"等内容大意可通，均强调礼在治政坊民方面所发挥的功效。

《礼记·乐记》：

> 乐者，音之所由生也，其本在人心之感于物也。是故其哀心感者，其声噍以杀，其乐心感者，其声啴以缓；其喜心感者，其声发以散；其怒心感者，其声粗以厉；其敬心感者，其声直以廉；其爱心感者，其声和以柔。六者非性也，感于物而后动。是故先王慎所

---

① （清）王先谦：《荀子集解》，沈啸寰、王星贤点校，中华书局1988年版，第492页。
② 熊公哲：《荀子今注今译》，重庆出版社2009年版，第577页。
③ 《礼记·曲礼上》。

以感之者。故礼以道其志，乐以和其声，政以一其行，刑以防其奸。礼乐刑政，其极一也，所以同民心而出治道也。

乐，由人心与物相接有所感而生发。哀心、乐心、喜心、怒心、敬心、爱心六者，皆感于物而发，发而为声，其声各异。六者皆非人之本性。基于此，先王谨慎的对待能引起人心所感之事物。所以，以礼导志，以乐和声，以政一行，以刑防奸，礼、乐、政、刑，四者之目的是一致的，都是用来整齐、统一民心从而达到和谐有序的社会秩序。也就是说，礼、乐、政、刑四者，均是"同民心而出治道"之具。同时，"政以一其行"之"政"又须借礼而达之。儒家又有"见礼知政""闻乐知德"之论。

《孟子·公孙丑上》：

> 子贡曰："见其礼而知其政，闻其乐而知其德，由百世之后，等百世之王，莫之能违也。自生民以来，未有夫子也。"

子贡意在强调礼与政、乐与德之关系，通过考察一国对于"礼""乐"之态度，即可以察知其社会政治道德之情状。

儒家政治的实质是人伦政治，亦可称为伦理政治。强调政治秩序之构建，以人伦道德为基础，强调社会中每个人在社会交往过程中均应切实履行相应的人伦角色，或者说每个生活在社会之中的个体都应该扮演好属于自己的社会角色。

《礼记·哀公问》：

> 公曰："敢问何谓为政？"
>
> 孔子对曰："政者，正也。君为正，则百姓从政矣。君之所为，百姓之所从也。君所不为，百姓何从。"
>
> 公曰："敢问为政如之何？"
>
> 孔子对曰："夫妇别，父子亲，君臣严。三者正，则庶物从之矣。"

公曰："寡人虽无似也，愿闻所以行三言之道，可得闻乎？"

孔子对曰："古之为政，爱人为大。所以治爱人，礼为大。所以治礼，敬为大。敬之至矣，大昏为大。大昏至矣。大昏既至，冕而亲迎，亲之也。亲之也者，亲之也。是故君子兴敬为亲，舍敬是遗亲也。弗爱不亲，弗敬不正。爱与敬，其政之本与！"

公曰："寡人愿有言然。冕而亲迎，不已重乎？"

孔子愀然作色而对曰："合二姓之好，以继先圣之后，以为天地、宗庙、社稷之主，君何谓已重乎？"

公曰："寡人固。不固，焉得闻此言也？寡人欲问，不得其辞，请少进。"

孔子曰："天地不合，万物不生。大昏，万世之嗣也，君何谓已重焉！"孔子遂言曰："内以治宗庙之礼，足以配天地之神明；出以治直言之礼，足以立上下之敬。物耻足以振之，国耻足以兴之。为政先礼。礼其政之本与！"

鲁哀公与孔子双方通过一问一答，揭示"何谓为政""如何以礼为政""为政先礼"以及"礼为政之本"的理路所在。孔子认为，为政就是使社会上每个人都能做到"正"。首要的是国君要做到正，国君正，则民众会从之而正。国君所为能够正，民众自然会跟从之正，国君所不为者，民众自然无所从。《论语·颜渊》中季康子问政于孔子。孔子对曰："政者，正也，子帅以正，孰敢不正？"《论语·子路》子曰："苟正其身矣，于从政乎何有？不能正其身，如正人何？"孔子答季康子、哀公所问，内涵意旨一致，均强调为政者先要自"正"。为政者自己不正，百姓当然影从不正。为政者自正，百姓自然不能不正。《论语·子路》子曰："上好礼，则民莫敢不敬；上好义，则民莫敢不服；上好信，则民莫敢不用情。"孔子意谓：为上者具有典范导向作用。为政治国，关键在于利用"上"行"下"效之规律，导民众以礼、义、信而至于"正"。孔子在答哀公所问中，强调了"夫妇别，父子亲，君臣严。三者正，则庶物从之矣。"君"正"民从只是其中之一。

《论语·颜渊》：

> 齐景公问政于孔子。孔子对曰："君君，臣臣，父父，子子。"公曰："善哉！信如君不君，臣不臣，父不父，子不子，虽有粟，吾得而食诸？"

君君、臣臣、父父、子子，意即：君臣父子皆是人伦角色，每个角色都应该按照相应的伦理要求，尽到本伦义务。当然，孔子言外之意还应该有"夫夫、妇妇、兄兄、弟弟"之类伦理德目。社会上每个人尽到自己的角色责任和义务、担当，就能达成"夫妇别，父子亲，君臣严"三者正的效果。

《论语·为政》：

> 或谓孔子曰："子奚不为政？"子曰："书云：'孝乎惟孝，友于兄弟，施于有政。'是亦为政，奚其为为政？"

按照孔子上云"君君、臣臣、父父、子子"的说法，这里强调的是"子子""兄兄""弟弟"，即做子女的尽到孝道，做兄弟的尽到悌道，每个人都能实现好自己的伦理角色，就是在为政。钱穆先生说："孝弟之道，贵能推广而成为通行于人群之大道。"① 由孝弟之道推广而为仁道，由孝弟、亲亲之道推广而为尊尊之道，此即儒家伦理政治之内涵所在。曾国藩说："古之君子之所以尽其心、养其性者，不可得而见；其修身、齐家、治国、平天下，则一秉乎礼。自内焉者言之，舍礼无所谓道德；自外焉者言之，舍礼无所谓政事。"② 其此之谓与。

二　治民

《孝经·广要道章》云："安上治民，莫善于礼。"即把礼作为安上

---

① 钱穆：《论语新解》，生活·读书·新知三联书店 2002 年版，第 7 页。
② 温林编：《曾国藩全集》，京华出版社 2001 年版，第 316 页。

治民之最佳选择。

《礼记·哀公问》：

> 孔子曰："丘闻之，民之所由生，礼为大。非礼无以节事天地之神也，非礼无以辨君臣、上下、长幼之位也，非礼无以别男女、父子、兄弟之亲，昏姻、疏数之交也。君子以此之为尊敬然。然后以其所能教百姓，不废其会节。"

孔子认为：民之所由生，礼最为重要。没有礼，就不能祭神、辨位、别亲、交。因此，君子尊敬礼并以礼教化百姓，使人不废毁其所应当履行的礼节。

《左传·庄公二十三年》：

> 夫礼，所以整民也。

"整"，有"齐""治"之意。礼即被视作"整民"之工具。《左传·襄公二十六年》云："古之治民者，劝赏而畏刑，恤民不倦……三者，礼之大节也，有礼无败。"劝赏、畏刑、恤民，三者皆为治民之礼中之最重要者，遵从三者治理民众，政治就不会失败。《国语·鲁语》云："夫礼，所以正民也。"正，道民正之意。以礼道民之于正。

《论语·为政》：

> 子曰："道之以政，齐之以刑，民免而无耻；道之以德，齐之以礼，有耻且格。"

"之"皆为"民"之意。以礼道民与以礼正民，其意相通。《荀子·大略》云："杀大蚤，朝大晚，非礼也。治民不以礼，动斯陷矣。"祭祀太早，上朝太晚，皆不合于礼。治理百姓不以礼为依据，发动任何政令举措都会陷入绝境。[①]以上，皆强调由礼、以礼治民，则会有积极的效

---

① 一说："杀，猎取禽兽。"参见北京大学《荀子》注释组《荀子新注》，中华书局1979年版，第447页。

果。反之，则会使民众陷入绝境、社会道德败坏。

以礼整民、治民、齐民、正民、道民，在于"礼"本身所具有的
"标准"准则之意。

> 夫礼，天之经也，地之义也，民之行也。天地之经，而民实则
> 之。(《左传·昭公二十五年》)
>
> 水行者表深，表不明则陷；治民者表道，表不明则乱。礼者，
> 表也。非礼，昏世也；昏世，大乱也。故道无不明，外内异表，隐
> 显有常，民陷乃去。(《荀子·天论》)
>
> 水行者表深，使人无陷；治民者表乱，使人无失。礼者，其表
> 也，先王以礼义表天下之乱，今废礼者，是弃表也。故民迷惑而陷
> 祸患，此刑罚之所以繁也。(《荀子·大略》)

礼为天经地义，即谓礼为"天地之经"，礼作为天地运行遵循之规
律，民理应予以遵从。"礼者，表也"，礼是人行事之标准，若无标准可
依，民众百姓就会无所适从，以至陷于不仁不义，从而刑罚加身，如此
反复，刑罚愈繁。

为政治民，统治者尤其应该"好礼""有礼"，百姓才会服从。

《论语·宪问》：

> 子曰："上好礼，则民易使也。"

有学者指出："孔子主张'礼治'的目的，是为了'民易使'。"[1]
然而，就《论语》来看，孔子主张"礼治"的目的，似乎并不仅是为了
"民易使"。就治民来说，还有道民敬、服、用情之说。

《论语·子路》：

> 上好礼，则民莫敢不敬；上好义，则民莫敢不服；上好信，则

---

① 沈善洪、王凤贤：《中国伦理思想史》，人民出版社2005年版，第115页。

民莫敢不用情。

《孟子·离娄上》：

> 上无礼，下无学，贼民兴，丧无日矣。

朱熹注云："上不知礼，则无以教民；下不知学，则易与为乱。"①意在强调为"长、上"者修身以礼，齐家以礼之典范的意义。如果在上位之人不讲求礼，居下位之人则无从学，犯上作乱之民就会兴起，那么亡国的日子就不会太远了。《礼记·经解》中记载："天子者……居处有礼，进退有度，百官得其宜，万事得其序。诗云：'淑人君子，其仪不忒。其仪不忒，正是四国。'此之谓也。"天子即"上"者，天子"居处有礼"，则四方国家就有"是、正"榜样、典范可依从。

《礼记·乡饮酒义》：

> 祭荐祭酒，敬礼也。啐肺，尝礼也。啐酒，成礼也。于席末，言是席之正非专为饮食也，为行礼也，此所以贵礼而贱财也。卒觯，致实于西阶上，言是席之上，非专为饮食也，此先礼而后财之义也。先礼而后财，则民作敬让而不争矣。

《礼记·聘义》：

> 以圭璋聘，重礼也；已聘而还圭璋，此轻财而重礼之义也。诸侯相厉以轻财重礼，则民作让矣。

皆意在强调：诸侯，或者为长上者，能够先礼后财、贵礼轻财，则民众就会效法，作敬、让而不争，不争则顺，顺则治。

---

① （宋）朱熹：《四书章句集注》，中华书局1983年版，第276页。

《礼记·檀弓下》：

> 鲁人有周丰也者，哀公执挚请见之，而曰不可。公曰："我其已夫。"使人问焉，曰："有虞氏未施信于民，而民信之；夏后氏未施敬于民，而民敬之。何施而得斯于民也？"对曰："墟墓之间，未施哀于民而民哀；社稷宗庙之中，未施敬于民而民敬。殷人作誓而民始畔，周人作会而民始疑。苟无礼义、忠信、诚悫之心以莅之，虽固结之，民其不解乎！"

文中借周丰之口，论述君主对待下属、臣民应当以礼义、忠信为本，以赢取民心。周何先生论及于此说："鲁哀公想来拜访周丰，周丰根据士人的礼节，照例应该向尊者辞谢，表示不敢当；如果鲁哀公再度提出拜访的要求，周丰当然只好接受了。但是哀公却说既然如此，那就算了，足见起先所说要来拜访的话，也是毫无诚意，不过说说算了。因此周丰的这段话，实际上就是用以责备鲁哀公缺乏礼义忠信、诚悫之心的。"[①]当然，还有可能是鲁哀公确实对拜访士人之礼缺乏相应的了解。周丰除了责备鲁哀公缺乏礼义忠信诚悫之心，确亦有对于礼义忠信、诚悫之心对治民为政之重要作用的说明与教诲。

以礼治民，其中，尤重视礼对性情的教养矫正，民情民性依礼而发则民治。

《荀子·大略》：

> 不富无以养民情，不教无以理民性。故家五亩宅，百亩田，务其业而勿夺其时，所以富之也。立大学，设庠序，修六礼，明七教，所以道之也。《诗》曰："饮之食之，教之诲之。"王事具矣。

王事治民，以富民、教民为基础，进而养民、理民为目的，养民、理民之具在于"六礼""七教"，通过教之诲之以导之，以养民情，以理

---

① 周何：《儒家的理想国——礼记》，三环出版社1992年版，第123页。

民性。《左传·昭公二十五年》云："民失其性，是故为礼以奉之。"意在以礼纠矫民性之失。二者所言，皆重视礼对民性、民情之修养治理。《论语·卫灵公》中，孔子尤强调知仁行礼以治民之思想，但是，通常标点及译解似乎均未达其意，以较通行之杨伯峻先生译注本为例，其标点为：

> 子曰："知及之，仁不能守之，虽得之，必失之。知及之，仁能守之，不庄以莅之，则民不敬。知及之，仁能守之，庄以莅之，动之不以礼，未善也。"

其译文为：

> 聪明才智足以得到它，仁德不能保持它；就是得到，一定会丧失。聪明才智足以得到它，仁德能保持它，不能用严肃态度来治理百姓，百姓也不会认真［地生活和工作］。聪明才智足以得到它，仁德能保持它，能用严肃的态度来治理百姓，假若不合理合法地动员百姓，是不够好的。①

孙钦善先生的译文：

> 孔子说："智慧足以得到它，仁德不能守住它，即使得到了它，必定会失掉它。智慧足以得到它，仁德能够守住它却不能端庄的仪态来监临它，那么老百姓就不尊敬你。智慧足以得到它，仁德能够守住它，用端庄的仪态来监临它，却不按礼来指使它，那还没有达到尽善的地步。"②

此处仅举例有代表性且影响较大的两家，其他各家注译大致相同。

---

① 杨伯峻：《论语译注》，中华书局 1980 年版，第 169 页。
② 孙钦善：《论语本解》，生活·读书·新知三联书店 2009 年版，第 205 页。

首先，对于译文中的"它"指什么？似乎还有不同的认识。

杨伯峻先生注云：

> "之"字究竟何指，原文未曾说出。以"不庄以莅之""动之不以礼"诸句来看，似是小则指卿大夫的禄位，大则指天下国家。不然，不会涉及临民和动员人民的。①

程树德先生则认为：

> 此章十一之字皆指民言。②

孙钦善先生亦说：

> "之"字都代民，而政权是用来治民的，所以本章讲的是治民之道。③

其他诸说不备引。本章异解颇多的原因，首先在于标点不当。妥帖的标点应该是：

> 知及之仁，不能守之，虽得之，必失之；知及之仁，能守之，不庄以莅之，则民不敬；知及之仁，能守之，庄以莅之，动之不以礼，未善也。

"及"是达到的意思。"知及之仁"，就是智慧足以了解仁。这样的解释，似乎大家不易接受，但就《论语》来看，"仁"是孔门弟子经常向孔子请教的问题，看来孔子的亲炙弟子们对"什么是仁"，还不是很

---

① 杨伯峻：《论语译注》，中华书局1980年版，第169页。
② 程树德：《论语集释》，程俊英、蒋见元点校，中华书局1990年版，第1121页。
③ 孙钦善：《论语本解》，生活·读书·新知三联书店2009年版，第205页。

清楚。就后世学者来说，此亦为儒学、孔子思想等相关问题研究中经常提及讨论的问题。因此，"仁是什么"，到今天仍有进一步研究、探讨的空间，此处不就此问题进一步展开讨论。但《大戴礼记·武王践阼》中的一则材料有助于疏解此处困惑，师尚父曰：

> 且臣闻之：以仁得之，以仁守之，其量百世；不以仁得之，以仁守之，其量十世；以不仁得之，以不仁守之，必及其世。①

卢辩曰："以仁得之，以仁守之；以不仁得之，以仁守之，皆谓创基之君。十百世，谓子孙无咎誉者，于十百之外，天命则有兴改，其废立大节依于此。"及其世，"谓止于其身也。"② 由此可知，师尚父认为：政权以仁得到，并且以仁守之，可以传于百世。以不仁得到政权，但是能够以仁守之，可以维持十世。以不仁的方法得到政权，以不仁守之，勉强维持一世而已。

《礼记·中庸》：

> 或生而知之，或学而知之，或困而知之，及其知也，一也；或安而行之，或利而行之，或勉强而行之；及其成功，一也。

能不能"知之"有三种情况，能不能"行之"也有三种情况。结合二者，仁能否"知之"本身需要"知"，能不能"行之"（即守之），也有两种情况：不行和行。在"知"的前提下，能"行"（或守）的效果又有两种情况。孔子意在强调的是："知"的前提下的"仁礼"结合问题。

《荀子·不苟》：

> 知则明通而类，愚则端悫而法。

---

① 方向东：《大戴礼记汇校集解》，中华书局2008年版，第617页。
② 方向东：《大戴礼记汇校集解》，中华书局2008年版，第627页。

《荀子·儒效》：

> 知通统类，可谓大儒矣。

智慧能够通达统类，就是大儒。也就是说，只有"大儒"才能对儒家思想中仁义礼智之类的精髓意蕴有所体悟和持守。

孔子一贯重视"智"，孔子品人有两个原则，道德原则与智商原则。孔子之所谓"知"在于"知人""知德"，"知德"然后力行即是"为政"，无"知"不足以"知仁"，无知、无勇不足以行仁。孔子这一章所论可分三层，大前提均是"知及之仁"，含义是"智慧足以了解知道'仁'是什么"，全章划分为三层，分别是：

第一层，知及之仁，不能守之，虽得之，必失之；

第二层，知及之仁，能守之，不庄以泣之，则民不敬；

第三层，知及之仁，能守之，庄以莅之，动之不以礼，未善也。

第一层中"不能守之"是指"在明了知道什么是仁之后，不能坚守、坚持为仁"。这样的话，即使你得到了政权和百姓，也必定会失去他们。

第二层中"能守之"即"能守之以仁"，指"在明了知道什么是仁之后，能坚守、坚持为仁"。"不庄以莅之"，语序即"不以庄莅之"，"则民不敬"为当然结果。《论语·为政》云："临之以庄则敬。"临民以庄，则民以敬报之。

第三层中"庄以莅之"，语序即"以庄莅之"，"动之不以礼"，语序即"不以礼动之"，含义即为"颜渊问仁"章之"非礼勿视、非礼勿听、非礼勿言、非礼勿动"之意。"未善也"即"还称不上好"。此层的境界，在孔子看来仍有欠缺。依孔子之意推知，最高的境界应该是：知及之仁，能守之，庄以莅之，动之以礼。

回观《大戴礼记》师尚父之论，意在强调"仁得仁守"与政权稳固之间的可能性，孔子在"仁得仁守"的基础上，加之以"庄"与"礼"，使这种可能性变成现实可行性。此章与《论语·颜渊》"克己复礼为仁"章可相互发明，皆意在强调仁与礼两者内在关联及其对于修身为政治国之重要性。不烦疏解。

以礼治民，非仅指礼对于政治、社会之积极意义，以礼治民，对于民众百姓自身，亦有"寿长"之意义。《孔子家语·贤君》云："敦礼教，远罪疾，则民寿矣。"即谓，通过敦厚礼教以修养身心，知礼、行礼可以使民众远离罪恶、疾困，百姓因此就不至于违法乱纪，从而可以长寿。《荀子·荣辱》云："乐易者常寿长，忧险者常夭折。""民所由生""民寿"与"寿长"意通。民生则寿，不生则不寿。前论礼让治国曾引刘宝楠《论语正义》云："让者，礼之实也；礼者，让之文也。先王虑民之有争也，故制为礼以治之。礼者，所整壹人之心志，而抑制其血气，使之咸就于中和也。"[1] 礼致"中和"，是就礼对人心气质之修养而言，礼让不争则"中和"之气生，"中和"之气生则有助于寿长。此即"寿长""民寿"所言之义理所在。《论语·雍也》云："知者乐，仁者寿。"与此相通。

三　君使臣以礼

《论语·八佾》：

> 定公问："君使臣，臣事君，如之何？"孔子对曰："君使臣以礼，臣事君以忠。"

鲁定公向孔子请教君臣相处之道。孔子答定公以"君使臣以礼"，即强调礼是国君交接大臣的重要方式。

《礼记·射义》：

> 故《诗》曰："曾孙侯氏，四正具举。大夫君子，凡以庶士。小大莫处，御于君所。以燕以射，则燕则誉。"言君臣相与尽志于射以习礼乐，则安则誉也。是以天子制之，而诸侯务焉。此天子之所以养诸侯而兵不用，诸侯自为正之具也。

---

① （清）刘宝楠：《论语正义》，中华书局1990年版，第149页。

天子用来养育诸侯而不动干戈，以及诸侯用来修正自己的重要手段和工具就是射礼。因为在射礼演习过程中，君臣需要共同尽心于射，同时演习礼乐，不但气氛和谐欢乐，而且可以给君臣带来美好的声誉。

《孟子·尽心上》：

> 孟子曰："古之贤王好善而忘势。古之贤士何独不然？乐其道而忘人之势。故王公不致敬尽礼，则不得亟见之。见且由不得亟，而况得而臣之乎？"

孟子之意在于强调，喜好善德同时忘记自己的权势地位是"贤王"的内在属性，而心悦诚服于自己所信仰之道，忘记别人的权势地位也是"贤士"的本有之性。只有忘势才可能平等真诚相处，否则，自恃其势，国君将不得贤士，贤士亦不得诤友。这是前提，在此基础上，王公对贤士致敬尽礼，才可能使他们成为自己的臣下，以辅佐自己治国理政。

《孟子·告子下》：

> 陈子曰："古之君子何如则仕？"孟子曰："所就三，所去三。迎之致敬以有礼，言将行其言也，则就之；礼貌未衰，言弗行也，则去之。其次，虽未行其言也，迎之致敬以有礼，则就之。礼貌衰，则去之。其下，朝不食，夕不食，饥饿不能出门户。君闻之，曰：'吾大者不能行其道，又不能从其言也，使饥饿于我土地，吾耻之。'周之，亦可受也，免死而已矣。"

孟子把士人去就官职的情况分为三种类型：第一种是君主以礼相待，能实行他的主张的则就职，如果实际并不实行则去职；第二种是虽然不能实行自己的主张，但很有礼貌地接待自己，也可以就职，但礼貌衰减就要去职；第三种是在生死之际，国君得知这种情况而且又表示出悔过之意，也可以接受救济，但是不到"饥饿不能出门户"的地步，国君不承认错误，还是不能接受救济的。

《孔子家语·正论解》：

> 孔子在齐，齐侯出田，招虞人以旌，不进，公使执之。对曰："昔先君之田也，旌以招大夫，弓以招士，皮冠以招虞人。臣不见皮冠，故不敢进。"乃舍之。孔子闻之曰："善哉！守道不如守官。君子题之。"

齐侯为国君，虞人为臣，故虞人应该服从齐侯之命，但齐侯召唤虞人不符合君臣之间的相应礼制，因此，虞人循礼而不应召。

《孟子·滕文公下》：

> 孟子曰："昔齐景公田，招虞人以旌，不至，将杀之。志士不忘在沟壑，勇士不忘丧其元。孔子奚取焉？取非其招不往也。"

孔子赞赏虞人的原因即在于"非其招不往"，强调国君使臣、召臣以礼的原则。

《礼记·檀弓下》：

> 卫有大史曰柳庄，寝疾。公曰："若疾革，虽当祭必告。"公再拜稽首请于尸曰："有臣柳庄也者，非寡人之臣，社稷之臣也。闻之死，请往。"不释服而往，遂以襚之，与之邑裘氏与县潘氏，书而纳诸棺曰："世世万子孙，无变也。"

陈澔注云："以衣服赠死者曰襚……庄之疾，公尝命其家，若当疾亟之时，我虽在祭事，亦必入告。及其死也，果当公行事之际，遂不释服而往，因释以襚之，又赐之二邑。此虽见国君尊贤之意，然弃祭事而不终，以诸侯之命服而襚大夫，书封邑之券而纳诸棺，皆非礼矣。"[1] 在国之大事——祭祀与尊贤两者之间，卫献公选择尊贤。尊贤固然可贵，但

---

① （元）陈澔：《礼记集说》，万久富整理，凤凰出版社 2010 年版，第 80 页。

一举两失，首先是祭祀之礼不遂，其次是尊贤之礼又过之，而不可成为常例，以供后人依从。

《礼记·檀弓下》：

> 知悼子卒，未葬。平公饮酒，师旷、李调侍，鼓钟。杜蒉自外来，闻钟声，曰："安在？"曰："在寝。"杜蒉入寝，历阶而升，酌，曰："旷饮斯。"又酌，曰："调饮斯。"又酌，堂上北面坐饮之，降，趋而出。平公呼而进之，曰："蒉！曩者尔心或开予，是以不与尔言。尔饮旷何也？"曰："子卯不乐。知悼子在堂，斯其为子卯也大矣。旷也，大师也，不以诏，是以饮之也。""尔饮调何也"？曰："调也，君之亵臣也，为一饮一食亡君之疾，是以饮之也。""尔饮何也"？曰："蒉也，宰夫也，非刀匕是共，又敢与知防，是以饮之也。"平公曰："寡人亦有过焉，酌而饮寡人。"杜蒉洗而扬觯。公谓侍者曰："如我死，则必无废斯爵也。"至于今，既毕献，斯扬觯，谓之杜举。

通过杜蒉之行，强调君主遭大臣之丧时，饮酒行乐为非礼之事，意在说明君主应该礼敬大臣。

《礼记·杂记下》：

> 卿大夫疾，君问之无算；士壹问之。君于卿大夫，比葬不食肉，比卒哭不举乐。为士，比殡不举乐。

此亦强调君主在卿大夫和士之病、丧之时，应遵之礼。《礼记·丧大记》云："君于大夫疾，三问之；在殡，三往焉。士疾，壹问之，在殡，壹往焉。"此说与上引礼节不同，孔颖达认为：案《丧大记》："'君于大夫疾，三问之。'此云'无算'，谓有师保恩旧之亲，故问之无算。或可《丧大记》云'三问'者，谓君自行；此云'无算'，谓遣使也。"①

---

① （汉）郑玄注，（唐）孔颖达正义：《礼记正义》，吕友仁整理，上海古籍出版社2008年版，第1669页。

儒家认为："为旧君反服"与否，取决于国君对于臣下是否有礼。

> 穆公问于子思曰："为旧君反服，古与？"子思曰："古之君子进人以礼，退人以礼，故有旧君反服之礼也。今之君子，进人若将加诸膝，退人若将队诸渊，毋为戎首，不亦善乎！又何反服之礼之有？"（《礼记·檀弓下》）

> 孟子告齐宣王曰："君之视臣如手足，则臣视君如腹心；君之视臣如犬马，则臣视君如国人；君之视臣如土芥，则臣视君如寇雠。"王曰："礼，为旧君有服，[①] 何如斯可为服矣？"曰："谏行言听，膏泽下于民；有故而去，则君使人导之出疆，又先于其所往；去三年不反，然后收其田里：此之谓三有礼焉。如此则为之服矣。今也为臣，谏则不行，言则不听；膏泽不下于民；有故而去，则君搏执之，又极之于其所往；去之日，遂收其田里：此之谓寇仇。寇仇，何服之有？"（《孟子·离娄下》）

孟子云"三有礼为之服"，在于说明君主进退人才应遵循一定之礼节，且两处皆述及为旧君服丧之事。子思之意：如果国君对臣下进退以礼，那么，臣下就要为旧君服丧礼。但是，当下国君不能对臣下进退以礼，又怎能要求臣下返回来服丧礼呢？孟子之意：臣下对国君之态度取决于国君对臣下的态度。子思、孟子在君臣关系上都注重君臣以礼相待，尤其是君主的主导作用，而大臣对君主的态度取决于君主对大臣的态度。同时，大臣对君主的态度也将促使君主适当限制自己恣意妄为，否则，必将导致身亡国破。这也是儒家对大臣人格的高度张扬，与后世一味强调臣事君以绝对忠诚的单向非对称之君臣关系大不相同。

《礼记·檀弓下》：

> 仕而未有禄者：君有馈焉曰献，使焉曰寡君。违而君薨，弗为

---

① "礼，为旧君有服"，吕友仁先生标点为"《礼》，为旧君有服"。参见吕友仁《〈礼记〉研究四题》，中华书局 2014 年版，第 20 页。

服也。

此言曾仕而无禄者离国后不为国君服丧之礼。未有禄，即未真正形成实质上的君臣关系，因此，就不为国君服丧。

四　臣事君以礼

先秦儒家认为，君子出仕，可以成人伦，行道义，洁身不仕，则废不义、乱大伦。

《论语·微子》：

> 子路曰："不仕无义。长幼之节，不可废也；君臣之义，如之何其废之？欲洁其身，而乱大伦。君子之仕也，行其义也。道之不行，已知之矣。"

朱熹对此作注，"子路述夫子之意如此。盖丈人之接子路甚倨，而子路益恭，丈人因见其二子焉。则于长幼之节，固知其不可废矣，故因其所明以晓之。伦，序也。人之大伦有五：父子有亲，君臣有义，夫妇有别，长幼有序，朋友有信是也。仕所以行君臣之义，故虽明知道之不行而不可废。然谓之义，则事之可否，身之去就，亦自有不可苟者。是以虽不洁身以乱伦，亦非忘义以殉禄也。"[1] 子路"不仕无义"之论，有二意。其一，既然长幼之节不可废，那么君臣之义就不可废，既然君臣之义不可废，那么隐居不仕就是不义。"义"与"不义"在于能否出仕成就君臣之伦。君臣之伦居五伦之一，是治国理政之实现通道。没有君臣关系之建立，也就没有政兴民和。其二，君子作为道德典范之化身，有出仕弘道的社会责任。

既然君子有出仕之义，则君臣之伦由此以立。君子为臣，尤重以礼事君。《礼记·曲礼》中多处述及臣事君之礼，从中亦可窥见臣事君之恭敬之心。

---

① （宋）朱熹：《四书章句集注》，中华书局1983年版，第185页。

《礼记·曲礼上》：

> 大夫、士出入君门，由闑右，不践阈。
>
> 为天子削瓜者副之，巾以絺；为国君者华之，巾以绤；为大夫累之。
>
> 君命召，虽贱人，大夫、士必自御之。
>
> 乘君之乘车不敢旷左，左必式。
>
> 御国君，则进右手，后左手而俯。国君不乘奇车。
>
> 大夫士下公门，式路马。乘路马，必朝服，载鞭策，不敢授绥，左必式。步路马，必中道。以足蹙路马刍，有诛；齿路马，有诛。
>
> 赐果于君前，其有核者怀其核。御食于君，君赐余，器之溉者不写，其余皆写。
>
> 凡为君使者，已受命，君言不宿于家。君言至，则主人出拜君言之辱；使者归，则必拜送于门外。若使人于君所，则必朝服而命之；使者反，则必下堂而受命。

作为臣下，出入君门、进献受赐、御君乘车皆应遵礼而行。其中，尊君以礼，不仅是对君之本人而言，亦包含对君之马、君之使者亦须有礼。

《礼记·曲礼下》：

> 凡奉者当心，提者当带。执天子之器则上衡，国君则平衡，大夫则绥之，士则提之。凡执主器，执轻如不克。执主器，操币、圭、璧，则尚左手，行不举足，车轮曳踵。
>
> 天子，视不上于袷，不下于带；国君，绥视；大夫，衡视；士，视五步。凡视，上于面则敖，下于带则忧，倾则奸。

《礼记·玉藻》：

> 凡侍于君，绅垂，足如履齐，颐霤，垂拱，视下而听上，视带

以及袼，听乡任左。

奉，同"捧"。臣下凡是捧持提操国君之器物，于手容、足趋、目视等须依礼而行。

《礼记·曲礼下》：

> 大夫士见于国君，君若劳之，则还辟，再拜稽首。君若迎拜，则还辟，不敢答拜。大夫士相见，虽贵贱不敌，主人敬客，则先拜客；客敬主人，则先拜主人。凡非吊丧，非见国君，无不答拜者。大夫见于国君，国君拜其辱；士见于大夫，大夫拜其辱……君于士，不答拜也；非其臣，则答拜之。大夫于其臣，虽贱，必答拜之。
>
> 君劳之，则拜；问其行，拜而后对。

君臣相答拜之礼中，尤以臣敬君为主，体现君尊臣卑之义。《论语·子罕》中记载子曰："拜下，礼也。今拜乎上，泰也，虽违众，吾从下。""拜下"，是指臣与君行礼，当先拜于堂下，君辞之，然后升堂再拜。拜于堂下，是正礼。"拜上"，就是省去堂下之拜，直接拜于堂上，是"今"礼。孔子认为，拜君于堂上，臣就失之于骄泰，因此，"拜下"虽违背今所行之礼，仍遵从拜下之礼。

《孟子·离娄上》：

> 《诗》曰："天之方蹶，无然泄泄。"泄泄犹沓沓也。事君无义，进退无礼，言则非先王之道者，犹沓沓也。故曰：责难于君谓之恭，陈善闭邪谓之敬，"吾君不能"谓之贼。

泄泄、沓沓均是嘈杂多言随声附和之意。事君不问做的是否符合"义"，进退不讲求礼法，开口便诋毁先王之道，这种人与"沓沓"者是一样没有益处。所以说，向君主提出正确的意见和批评才叫作恭，向君主陈说善道、阻塞邪念才叫作敬，如果不责难也不陈善闭邪就说我的君主不能行善道，就叫作贼。礼的本质即在于行礼过程中"敬"的传达，对君主没有恭敬，就是不尊行礼之表现。《荀子·君道》中，"请问为人臣？曰：以礼侍君，忠顺而不懈。"做臣子的能够遵从礼义之道去责难于君、陈善闭邪即可谓之忠顺，也就是恭敬，也就是以礼事君。"忠顺"亦非指不分是非、不辩道理谨照君命而为，而是有守道持义以谏君失的责任。孟子、荀子之意同。

《孟子·尽心下》：

> 孟子曰："无礼义，则上下乱。"

《左传·僖公十一年》：

> 不敬则礼不行，礼不行则上下昏，何以长世？

不遵礼、行礼，则无法分辨何者为君，何者为臣，君臣上下关系就会混乱，君臣关系混乱，国家则不会长治久安。

就个别细微之礼节而言，儒家礼论仍有相当内容用于处理君臣关系，其中尤为所重是对为人臣者的礼仪规范。果真在这些内容上都能践行，似乎亦有"谄媚"之嫌。《论语·八佾》中记载子曰："事君尽礼，人以为谄也。"孔子之意，尽事君之礼是为臣之本分，只不过，在他人看来似乎有谄媚之嫌而已。

五 治军

治军之礼亦可称为军礼，就是与军事有关之礼，先秦儒家重视以礼治军。

《礼记·曲礼上》：

> 班朝治军，莅官行法，非礼威严不行。

军队不威则不武，因此，据礼整治军事，可以使军队之威严得以彰显。

治军以礼，首先表现在军事训练以礼。

> 季春出火，为焚也。然后简其车赋而历其卒伍，而君亲誓社，以习军旅，左之右之，坐之起之，以观其习变也。而流示之禽，而盐诸利，以观其不犯命也。求服其志，不贪其得。故以战则克，以祭则受福。(《礼记·郊特牲》)
>
> 有发，则命大司徒教士以车甲。(《礼记·王制》)

军事训练应在大司徒之教命下，顺时而为，季春三月，通过行田猎之礼训练军队，使士兵增强斗志、服从命令。

治军以礼，其次表现在军事战争以礼。

> 曾子问曰："古者师行无迁主，则何主？"孔子曰："主命。"问曰："何谓也？"孔子曰："天子、诸侯将出，必以币帛皮圭告于祖祢，遂奉以出，载于齐车以行。每舍，奠焉而后就舍。反必告，设奠，卒，敛币玉，藏诸两阶之间，乃出。盖贵命也。"(《礼记·曾子问》)
>
> 天子将出征，类乎上帝，宜乎社，造乎祢，祃于所征之地，受命于祖，受成于学。出征执有罪，反，释奠于学，以讯馘告。(《礼记·王制》)

军队出征前有请主命、行军时祭主命、返回时藏主命、释奠于学之礼，以表达对主命之尊崇，亦有祈福、报功、复命之意。先秦儒家认为：战争之中，杀人有礼。

《礼记·檀弓下》：

> 工尹商阳与陈弃疾追吴师，及之。陈弃疾谓工尹商阳曰："王事也，子手弓而可。"手弓。"子射诸"。射之，毙一人，韔弓。又及，谓之，又毙二人。每毙一人，掩其目。止其御，曰："朝不坐，燕不与，杀三人亦足以反命矣。"孔子曰："杀人之中，又有礼焉。"

军队战败之后哭、报有礼。以示不甘失败，矢志报仇之意。《礼记·檀弓下》云："军有忧，则素服哭于库门之外，赴车不载橐韔。"在先秦时期，戎礼或军礼绝非可有可无的摆设。《左传·成公十三年》云："国之大事，在祀与戎。"治军以礼正是治国平天下的应有之义。

六 卫国

军队对于保卫国家的意义是不言而喻的，但是，先秦儒家认为礼义道德对于卫国之功效要优于军队之作用，甚至可以取代军队。

《礼记·儒行》：

> 儒有忠信以为甲胄，礼义以为干橹；戴仁而行，抱义而处；虽有暴政，不更其所。其自立有如此者。

"干橹"，郑玄注云："小盾、大盾也。"孔颖达疏云："甲胄干橹，所以御其患难。儒者以忠信礼义亦御其患难。谓有忠信礼义，则人不敢侵侮也。"[1] 通常观之，"礼义以为干橹"，似有迂腐之嫌。然而，就以礼治国言之，礼确有"干橹"卫国之用。

《礼记·檀弓下》：

> 阳门之介夫死，司城子罕入而哭之哀。晋人之觇宋者反报于晋侯曰："阳门之介夫死，而子罕哭之哀，而民说，殆不可伐也。"孔子闻之曰："善哉觇国乎！《诗》云：'凡民有丧，扶服救之。'虽微晋而已，天下其孰能当之。"

宋国公卿子罕为一普通卫士之死而致丧礼，民众百姓因此皆心受感动。对于这样一件小事，晋国谍报人员却敏锐意识到子罕之行的意义：宋国有如此仁爱百姓之治国大臣，老百姓必然感动，假如有别的国家攻

---

① （汉）郑玄注，（唐）孔颖达正义：《礼记正义》，吕友仁整理，上海古籍出版社2008年版，第2223页。

打宋国，人民必然舍身捍卫，所以"殆不可伐"。孔子也对此事予以评论，他认为晋国谍报人员能察于微眇，明其大义，孔子大加赞赏："虽微晋而已，天下其孰能当之"，意思是说：不但是晋国，就是天下比晋国更强大的国家，谁又能有资格与宋国为敌呢？因此，司城子罕"入而哭之哀"之行，确有"干橹"之用。

《孔子家语·五仪解》：

> 哀公问于孔子曰："寡人欲吾国小而能守，大则攻，其道如何？"孔子对曰："使君朝廷有礼，上下相亲，天下百姓皆君之民，将谁攻之？苟违此道，民畔如归，皆君之仇也，将与谁守？"公曰："善哉！"于是废山泽之禁，驰关市之税，以惠百姓。

哀公问政孔子：寻求使国家在弱小时能防守，国家在强大时能攻伐的办法。孔子认为：如果国君朝廷有礼，君臣上下相敬相亲，天下的百姓就都是国君的臣民，谁还会来攻伐呢？如果违反这一原则，百姓就会归之别国，成为您的仇敌，谁还会与您一起防守呢？此处孔子之论似有发明于司城子罕之行。司城子罕"入而哭之哀"即寓"朝廷有礼，上下相亲"之意。

《荀子·王霸》：

> 上莫不致爱其下，而制之以礼。上之于下，如保赤子。政令制度，所以接下之人百姓，有不理者如豪末，则虽孤独鳏寡必不加焉。故下之亲上欢如父母，可杀而不可使不顺。君臣上下，贵贱长幼，至于庶人，莫不以是为隆正。然后皆内自省以谨于分，是百王之所同也，而礼法之枢要也。

上、下之意，可指君臣、臣民、尊卑、长幼言。荀子意谓：上爱下而使之以礼，则下亲上如父母。君臣上下、贵贱长幼以至于众庶百姓，都以礼作为最高准则，然后皆内心省察自己，谨守自己的职分，这是百代君王所相同的做法，也是尊行礼法之关键所在。司城子罕之行亦即

"父母"保"赤子"之爱，上尊礼以爱下，下则谨其职分卫上，礼在其中正起到"干橹"护卫之功用。

《荀子·议兵》：

> 礼者，治辨之极也，强固之本也，威行之道也，功名之总也。王公由之，所以得天下也；不由，所以陨社稷也。故坚甲利兵不足以为胜，高城深池不足以为固，严令繁刑不足以为威，由其道则行，不由其道则废。

礼可以作为"干橹"之用，自然可以卫国、固国。王公行之，自然可以得天下。"坚甲利兵""高城深池""严令繁刑"之于卫国，其效用远不及礼之功效。

《孟子·离娄上》：

> 城郭不完，兵甲不多，非国之灾也；田野不辟，货财不聚，非国之害也。上无礼，下无学，贼民兴，丧无日矣。

国家兴亡，不在于城郭、甲兵、田野、财货之多寡，而在于"上"是否有礼，上有礼，则下效行，上行下效，风靡之矣。又《孟子·梁惠王上》开篇即载梁惠王问孟子"以利吾国"之方，孟子答之以"仁义而已"四字，亦强调仁义之于卫国之功用。作为孟子核心思想之"仁政"学说的代表，"仁义"正是礼之精神内涵，孔子谓"克己复礼为仁"，亦意在阐明仁礼关系，礼为仁之载体，仁为礼之内容。

《孟子·梁惠王上》：

> 孟子对曰："地方百里 而可以王。王如施仁政于民，省刑罚，薄税敛，深耕易耨 。壮者以暇日修其孝悌忠信，入以事其父兄，出以事其长上，可使制梃以挞秦楚之坚甲利兵矣。彼夺其民时，使不得耕耨以养其父母，父母冻饿，兄弟妻子离散。彼陷溺其民，王往而征之，夫谁与王敌？故曰：'仁者无敌。'王请勿疑！"

127

《荀子·王制》：

> 彼王者不然，仁眇天下，义眇天下，威眇天下。仁眇天下，故天下莫不亲也。义眇天下，故天下莫不贵也。威眇天下，故天下莫敢敌也。以不敌之威辅服人之道，故不战而胜，不攻而得，甲兵不劳而天下服，是知王道者也。

孟子主张施行仁政，使百姓生活富足，利用闲暇修孝悌忠信。既富之养之又教之，国家有难，百姓自然可以"使制梃以挞秦楚之坚甲利兵"。反之，不施仁政，夺民时，则是陷溺其民。王者之师征之，战无不胜。荀子认为：称王之人仁、义、威眇天下，天下之人自然亲之、贵之，天下没有敢与之敌。就礼为"干橹"说来看，礼之所以起到"干橹"之功效，正是"仁"之精神灌注所成。

《论语·颜渊》：

> 子贡问政。子曰："足食，足兵，民信之矣。"子贡曰："必不得已而去，于斯三者何先？"曰："去兵。"

孔子之所以选择"去兵"，就在于治国为政的过程中，没有兵力军备，可以通过礼义诚信来弥补，礼义诚信可以起到兵力军备的功用，亦即"干橹"之用。由此看来，儒家孔子、孟子、荀子对礼之"干橹"之用有着一致的认识。回观《儒行》"礼义以为干橹"之说，"礼义"不但对国家来说有"干橹"之用，"礼义"对于个人来说即有"庇身"之用。《左传·成公十五年》楚申叔时云："信以守礼，礼以庇身。"正是在这个意义上说，礼对于个人与国家均有"庇护"之用。《儒行》所论毫无"迂腐"之嫌。

第四节　天下、国家的内涵

《礼记·大学》集中阐释了儒家关于修身、齐家、治国、平天下四者之间内在的逻辑关系。其中"国"与"天下"两者内涵应该怎样理解，还有一些不同认识。

匡亚明先生说：

> 孔子对于已经和将要从政的士、君子的修养提出了三个不同层次的要求，这就是……三句话，第一句是"修己以敬"，第二句是"修己以安人"，第三句是"修己以安百姓"。这三句话就其含义讲，第一句指的是"修身"，第二句指的是'齐家'，第三句指的是"治国平天下"。①

程树德《论语集释·宪问》引《刘氏正义》中语："修己者修身也……安人者齐家也，安百姓则治国平天下也。"相传西汉初年儒生根据曾子所传而辑成的《大学》一书，把修身、齐家、治国、平天下分为为政的四个层次，看来很可能是从孔子的"修己以敬""修己以安人""修己以安百姓"这三句话引申而来的，但把"修己以安百姓"分为"治国""平天下"两个层次。由于"治国"和"平天下"作为两个层次界限不很分明，故本书仍按原意分为"修身""齐家""治国平天下"三个层次。②

其中，程树德把治国平天下理解为安百姓。匡亚明认为"治国"与"平天下"作为两个层次的界限不很分明，因此把"治国平天下"作为一个层次。但是，"不分明"之所在如何？则仍有待"分明"。

钱穆先生说：

> 中国人的教育不是要教你做国民，而是要教你做个人。这叫做修身、齐家、治国、平天下。……中国人讲国，仅指一个政治组织。一个国，必有一政府。中国人讲天下，指一个社会，一个人生。政治不能包括尽了全社会，全人生。社会还是永远在政府之上。这是

---

① 匡亚明：《孔子评传》，南京大学出版社 1990 年版，第 165 页。
② 匡亚明：《孔子评传》，南京大学出版社 1990 年版，第 166 页注 1。

中国人的旧观念。天下是指整个的社会，整个的人生。政治是只能管到人生中间的一部分。①

钱先生认为"教育人做人"就是"修身、齐家、治国、平天下"。但其所云"天下"似乎包涉范围过大，仅就先秦时期儒家的"天下"来看，似乎又不能指实为"社会、人生"。如《大学》所谓修身、齐家、治国、平天下四者具有一种内在联系，且后者应包括前者，前者为后者之基础之意。如果按照钱先生所论，《大学》修身齐家治国平天下四个层次就变成了修身齐家治国治社会人生，似有不类。首先，家庭或家族在当时本身就是一个小社会，国就不用说了，因此，治社会人生与前面齐家治国内容有重复；其次，人生是就个人来说的，对家庭和国家来说似又不合。因此，钱先生之说似仍有不可通之处。

吕文郁先生说：

> 在春秋时代以前，用来表示国家这一概念的词汇没有或很少有等级色彩。无论是王朝、盟主，还是诸侯、方国，都可以用邦、国、家、邑来称呼。正如王国维所说"自殷以前，天子诸侯君臣之分未定也，周初亦然。"因此，反映当时国家政权的概念也就没有等级差别。周公"制礼作乐"以后，在制度上开始强调等级名分，王朝与诸侯国有了君臣上下之分。制度的变革必定使沿用已久的某些概念逐步产生某些变化。这一变化的总趋势是使本来没有等级色彩的概念逐步"等级化"，变成专门称呼某一级国家政权的概念。如"天下"成了周王朝统治区域的代称。"邦""国"则逐渐用来专门称呼诸侯国。"都""邑""家"等概念则专门用来称呼卿大夫的采邑。……直到春秋初期，这些概念"等级化"的过程才基本完成。②

吕师之意，天子之王朝、诸侯之邦国与卿大夫之都、邑、家三者是

---

① 钱穆：《人生十论》，广西师范大学出版社 2004 年版，第 99 页。
② 吕文郁：《周代的采邑制度》（增订版），社会科学文献出版社 2006 年版，第 177 页。

在春秋以来逐步"等级化"的产物。这种等级化其中就有"范围"之等级化，即王朝、邦国、都邑家三者范围之大小、广狭之等级化。这与先秦典籍中的相关记载是相契合的。《韩非子·外储说右上》引孔子之言曰："夫礼，天子爱天下，诸侯爱境内，大夫爱官职，士爱其家。过其爱曰侵。"[①] 天子、诸侯、大夫、士各有其所爱之范围，天子所爱之范围即是"天下"。"天下"概念与"天子"概念是相对应的一对匹合概念。[②] 诸侯与"境内"也是一对匹合概念，"境内"即是诸侯所主之国，即如周公之鲁国、太公之齐国等。[③]

《礼记·明堂位》：

> 武王崩，成王幼弱，周公践天子之位，以治天下。

由此可知，周公践天子之位，后来还政成王，成王即是"天子"，亦即周王朝之王，即是"天子"，"以治天下"，也就是说，周天子所统治之区域范围即是"天下"，而诸侯统治之区域范围即是"国"，卿大夫所统治区域即是"家"。就其实质来说，周天子与诸侯之间均可称"王"，只是存在等级差异，"天下"与"国"实质上均可称"国"。二者所不同在于等级、地理范围广狭。因此，就礼治之对象"天下"这部分就同"治国"这部分内容重叠，故不再单独述及。

---

① （清）王先慎：《韩非子集解》，钟哲点校，中华书局1998年版，第314页。

② 柳肃先生认为：在上古社会，统一国家尚未形成固定的疆域。"天子"所统治的地区就是整个华夏民族的活动范围，统称"天下"。至于这"天下"究竟有多大，也只是一个大概的数字。于是王便把自己的兄弟亲友作为诸侯封到各地，各自统治一块地域，这就是"国"。参见柳肃《礼的精神——礼乐文化与中国政治》，吉林教育出版社1990年版，第16—17页。

③ 《墨子·天志中》云："且夫天子之有天下也，辟之无以异乎国君、诸侯之有四境之内也。"也是以天子与"天下"，国君、诸侯与"四境"匹合。

第四章　礼治的实现方式

礼治的实现方式，是指"礼"在实现"治"的过程中的具体化内容，也可以说是"礼治"——"以礼致治"过程中，"礼"的具体内涵或方式。从先秦儒家礼论的相关文献中，我们可以归纳为，礼制、礼仪、礼器、礼辞等几种主要方式。

第一节　礼制

何谓礼制？《礼记·礼运》云："故天子有田以处其子孙，诸侯有国以处其子孙，大夫有采以处其子孙，是谓制度。"此处"制度"意为"制定度数"之意。学者通常认为："礼上升为制度规程，就是礼制。"[①]或曰"所谓'礼制'，就是指礼的制度化。"[②]《说文解字》云："制，裁也。"制就是依照其可以裁定事物是非，以作为取舍依据的标准、规范。"制"中应含有"度"。

《左传·隐公元年》：

> 祭仲曰："都城过百雉，国之害也。先王之制：大都不过参国之一；中五之一；小九之一。今京不度，非制也，君将不堪。"

祭仲所说乃都城之制，先王即有此制。"今京不度，非制也"，不合

---

① 陈戍国：《中国礼制史》（先秦卷），湖南教育出版社 2002 年版，第 18 页。
② 鲁士春：《先秦容礼研究》，天工书局 1998 年版，第 1 页。

数度，即不合于先王之"制"。制、度两者之间的关系：制中有度，度必依制。度，合于制即是，不合于制即为非；合于制则可取，不合于制则应舍。

《荀子·王霸》：

> 若夫贯日而治平，权物而称用，使衣服有制，宫室有度，人徒有数，丧祭械用皆有等宜，以是周挟于万物，尺、寸、寻、丈，莫得不循乎制度数量然后行，则是官人使吏之事也，不足数于大君子之前。

"等宜""制度数量"皆可谓制，此为先秦文献经常使用的互文见义之法。"制度数量"，指人的身份地位、等级权限不同，则衣服的色彩、图案、材质、形制各有标准，宫室的多少、大小、形制亦各有标准，可供驱使的仆役人数亦有标准，丧祭所用之器物种类、数量、质料、形制等亦有标准，贵贱、亲疏、长幼皆不可逾制。

《礼记·曲礼下》：

> 国君死社稷，大夫死众，士死制。

郑玄注云："制，谓君教令所使为之。"[1] "士死制"是指士应该忠于职守，忠于君王。但是，从另一个角度看，"制"，根据为制者的身份地位、等级权限不同，受制者或受制范围亦不同，周王之制，通行于天下，诸侯之制，通行于一国，卿大夫之制，通行于一家。并且，低一级之制受制于高级之制，下级之制受制于上级之制。

就礼制之性质来说，"制度之礼本身就是法"。[2] 因为，遵守礼制即是守法，违反礼制则应受罚。"礼制，作为执礼的根据，限定了行礼的

① （汉）郑玄注，（唐）孔颖达正义：《礼记正义》，吕友仁整理，上海古籍出版社 2008 年版，第 163 页。

② 王启发：《礼学思想体系探源》，中州古籍出版社 2005 年版，第 114 页。

范围、规模、程序、仪态以及大致具体的言行。不容许礼物和礼仪违反礼制的规程，否则就不能表达应有的礼意。不妨说，礼制是具有法律效力的，在这个意义上可以把礼制看作典章制度。"① 因此，各级统治者通过礼制分配等级权利和义务，调整平衡等级之间及等级内部的利益分配，维护政权的稳固与社会的和顺有序。

关于礼制与礼俗的关系，有学者指出：

> 在礼制研究方面，还包括礼俗的研究。②

即认为礼俗是礼制之部分内容。但亦有学者提出不同意见，认为：

> "俗"可以被视为不分化的、原生性的规范形态；但周代之"礼"，已经不尽同于"乡俗"。这因为周之封建国家，早已不是小型的或原生的乡土亲缘共同体了。它已是个较为发达的政权系统，具有了相当的公共行政和政治强权性质。相应地，周礼也因而具有了政制的方面。常金仓指出"礼"与"俗"之区别，在于礼是习俗发展到一定阶段上的产物，是最高政权控制范围内统一规定的法则，并具有严格的等级精神。对于这种"礼"，我们不妨称之为"礼制"，而与"乡俗"有所区别。③

就常识来说，礼与俗之间的区别，在于实施应用范围不同，俗具有地域性，而礼具有通用性。但是，具有普遍性的流行于上层达贵之间的非规则性社交"潜规则"该如何界定？此现象应该与地域性没有关系。后世《礼记·内则》之类的"家礼""家规"应界定为"制"还是"俗"？这些问题似有进一步探讨的空间。但就鄙意来说，礼制与礼俗还是应该有所区别的。礼制具有权威性和强制性。礼制有相对明确的制定

---

① 陈戍国：《中国礼制史》（先秦卷），湖南教育出版社 2002 年版，第 18 页。
② 张岂之主编：《中国思想史论集》（第一辑），广西师范大学出版社 2000 年版，第 89 页。
③ 阎步克：《士大夫政治演生史稿》，北京大学出版社 1996 年版，第 82 页。

主体及受众，且对违制行为有强制性惩罚措施，从而保障礼制的实施及效果。礼制，作为礼治的方式，对于"礼治"的实现具有制度保障的作用，先秦儒家礼治思想在礼制方面，有丰富的内容，仅择其要者粗述如下：

王者、诸侯禄爵之制。

> 王者之制禄爵，公、侯、伯、子、男，凡五等。诸侯之上大夫卿、下大夫、上士、中士、下士，凡五等。（《礼记·王制》）

天子、诸侯之官制。

> 天子三公、九卿、二十七大夫、八十一元士。（《礼记·王制》）
> 大国三卿，皆命于天子，下大夫五人，上士二十七人。次国三卿，二卿命于天子，一卿命于其君，下大夫五人，上士二十七人。小国二卿，皆命于其君，下大夫五人，上士二十七人。（《礼记·王制》）

爵命之制。

> 制，三公一命卷，若有加，则赐也，不过九命。次国之君不过七命。小国之君不过五命。大国之卿不过三命，下卿再命，小国之卿与下大夫一命。（《礼记·王制》）

诸侯朝聘天子之制。

> 诸侯之于天子也，比年一小聘，三年一大聘，五年一朝。（《礼记·王制》）

天子巡守诸侯之制。

> 天子五年一巡守，岁二月东巡守，至于岱宗，柴而望祀山川，

觐诸侯，问百年者就见之。命大师陈诗，以观民风；命市纳贾，以
观民之所好恶，志淫好辟；命典礼，考时月，定日、同、律、礼、
乐、制度、衣服，正之。山川神祇有不举者为敬，不敬者君削以地。
宗庙有不顺者为不孝，不孝者君绌以爵；变礼易乐者为不从，不从
者君流；革制度衣服者为畔，畔者君讨。有功德于民者，加地进律。
五月南巡守，至于南岳，如东巡守之礼。八月西巡守，至于西岳，
如南巡守之礼。十有一月北巡守，至于北岳，如西巡守之礼。归假
于祖祢，用特。（《礼记·王制》）

天子、诸侯设立学校以及学校名称之制。

天子命之教，然后为学。小学在公宫南之左，大学在郊。天子
曰辟雍，诸侯曰頖宫。（《礼记·王制》）

田猎之制。

天子诸侯无事则岁三田，一为乾豆，二为宾客，三为充君之庖。
无事而不田曰不敬。田不以礼曰暴天物。天子不合围，诸侯不掩群。
天子杀则下大绥，诸侯杀则下小绥，大夫杀则止佐车，佐车止则百
姓田猎。獭祭鱼，然后虞人入泽梁。豺祭兽，然后田猎。鸠化为鹰，
然后设罻罗。草木零落，然后入山林。昆虫未蛰，不以火田。不麛，
不卵，不杀胎，不殀夭，不覆巢。（《礼记·王制》）

天子、诸侯至庶人立庙之制。

天子七庙，三昭三穆与大祖之庙而七；诸侯五庙，二昭二穆与
大祖之庙而五；大夫三庙，一昭一穆与大祖与庙而三；士一庙；庶
人祭于寝。（《礼记·王制》）
天子七庙，诸侯五，大夫三，士一。（《礼记·礼器》）

天子、诸侯、大夫、士祭祖之制。

> 礼不王不禘。王者禘其祖之所自出，以其祖配之。诸侯及其大祖。大夫士有大事省于其君，干祫及其高祖。（《礼记·大传》）

食器之制。

> 天子之豆二十有六，诸公十有六，诸侯十有二，上大夫八，下大夫六。（《礼记·礼器》）

丧葬之制。

> 天子崩七月而葬，五重八翣；诸侯五月而葬，三重六翣；大夫三月而葬，再重四翣。（《礼记·礼器》）

冕服之制。

> 天子龙衮，诸侯黼，大夫黻，士玄衣纁裳。天子之冕朱绿藻十有二旒，诸侯九，上大夫七，下大夫五，士三。（《礼记·礼器》）

以上内容涉及天子、诸侯、大夫、士、庶人之礼制规范，大要为爵禄、官制、朝聘、巡狩、学校、田猎、宗庙、饮食、衣服、丧葬、祭祀等内容。对于礼制的实质，姜广辉先生认为：

> 所谓"礼制"，其实质就是等级秩序。①

"等级秩序"即为先秦儒家礼治思想之目的所在。

---

① 姜广辉：《王启发〈礼学思想体系探源〉序》，载王启发《礼学思想体系探源》，中州古籍出版社 2005 年版，第 3 页。

《礼记·礼运》：

> 今大道既隐，天下为家，各亲其亲，各子其子，货力为己，大人世及以为礼，城郭沟池以为固，礼义以为纪；以正君臣，以笃父子，以睦兄弟，以和夫妇，以设制度，以立田里，以贤勇知，以功为己。故谋用是作，而兵由此起。禹、汤、文、武、成王、周公，由此其选也。此六君子者，未有不谨于礼者也。以著其义，以考其信，著有过，刑仁讲让，示民有常。如有不由此者，在势者去，众以为殃，是谓小康。

此段大意：三代以来，五帝时代"公天下"的大道已经隐退消失，父传位于子，变成"家天下"，在上者"家天下"，在下者争相效尤，只知道有私而不知道有公，因此，各亲其亲，各子其子，藏货以富私家，出力为利己私。三代以父子相传、兄终弟及为礼。"私"念盛行，则以城郭沟池固卫，以礼义为人伦纲纪。用以端正君臣关系、笃厚父子关系、和睦兄弟关系、和顺夫妻关系。以礼义为原则依据设置各种礼仪制度，划分出农作区和居住区。以有智有谋之人为贤，所为功业皆在为己之私，于是，阴谋兴起，兵事亦由此而发起。禹、汤、文、武、成王、周公，皆"家天下"时代以礼成教之英杰。六位圣贤，均为谨于推行礼治之人。目的在于：彰显人伦之义，促成诚信，彰显过失，成就仁道，讲究辞让，向民众昭示常轨——礼，使他们自觉恪守。如有不遵礼行事者，虽在富贵权势之位，也将予以罢黜。因为，有权势者是民众效法的典范，如果不以礼为"常"，不行礼、不守礼，就是自乱"常法"，结果就会破坏正常的社会秩序，最后遭殃的只会是民众。因此，就称以礼为纲纪的社会为小康社会。

文中孔子就"小康"社会揭示了这样几个问题：礼起源的时间、原因、礼的实质、功用、目的、意义及礼与礼制的关系。

孔子认为：礼起源于"家天下"的三王之世；礼是调控"私"欲的产物；礼的功用及目的在于维护协调人伦关系；礼的意义在于礼是"小康"社会标志，五帝时代"公天下"建基于德，不需要礼，三王时代

"家天下"为私，则需要礼来作为"纲纪"以"分"以"和"，因此，礼是"大同"与"小康"之界限区分之际；礼与礼制的关系在于，礼制是"礼"的具体化，也是礼的工具化体现。礼制的实质，其实就是处理人伦关系的纲纪，纲纪自然蕴含等级的精神。当然，孔子还论及礼具有"刑仁讲让"的作用，这与孔子"克己复礼为仁"的观点是一致的。因此，大同、小康之说，应该是孔子的观点，这是不应该怀疑的。①

当然，就礼制之功用来看，礼制亦为礼教之重要途径。柳诒徵先生认为"周之尚文，即一饮一食之微，亦必寓其意焉。后人但斥其繁琐无谓，而不悉心研究其思想制度之所以发生，则用心粗犷之过也。欲知其意，宜先读《乐记》之言。《乐记》：'夫豢豕为酒，非以为祸也，而狱讼益繁，则酒之流生祸也。是故先王因为酒礼，一献之礼，宾主百拜，终日饮酒而不得醉焉，此先王所以备酒祸也。'则知周人于饮食，既求其美备，复防其恣肆，非徒诏人以口腹之欲，亦非徒限人以阶级之制也。"② 总之，正是发挥制度之礼的工具性特点，使"礼治"有了可操作的凭依和制度性保障。同时，礼制也是儒家礼学思想见诸现实的重要方式。

第二节　礼仪

礼与仪之关系，在春秋后期已成为士君子探讨话题，代表了礼学、礼论发展的深入，及对礼与仪两者关系认识的深化。

《左传·昭公五年》：

> 公如晋，自郊劳至于赠贿，无失礼。晋侯谓女叔齐曰："鲁侯不亦善于礼乎？"对曰："鲁侯焉知礼！"公曰："何为？自郊劳至于赠贿，礼无违者，何故不知？"对曰："是仪也，不可谓礼。礼，所以

---

① 陈澔认为："大同小康之说，非夫子之言。"参见（元）陈澔《礼记集说》，万久富整理，凤凰出版社 2010 年版，第 169 页。

② 柳诒徵：《中国文化史》，上海古籍出版社 2001 年版，第 188 页。

守其国，行其政令，无失其民者也。今政令在家，不能取也。有子家羁，弗能用也。奸大国之盟，陵虐小国。利人之难，不知其私。公室四分，民食于他。思莫在公，不图其终。为国君，难将及身，不恤其所。礼之本末将于此乎在，而屑屑焉习仪以亟。言善于礼，不亦远乎？"

《左传·昭公二十五年》：

　　子大叔见赵简子，简子问揖让、周旋之礼焉。对曰："是仪也，非礼也。"简子曰："敢问何谓礼？"对曰："吉也闻诸先大夫子产曰：'夫礼，天之经也。地之义也，民之行也。'天地之经，而民实则之……"简子曰："甚哉，礼之大也！"对曰："礼，上下之纪，天地之经纬也，民之所以生也，是以先王尚之。故人之能自曲直以赴礼者，谓之成人。大，不亦宜乎！"

女叔齐、子大叔所云"是仪也，不可谓礼"。并非不是认为"仪"不是"礼"，而是说，仪只是礼的部分内容，部分不可代替整体，因而仪不能代表礼的整个内涵。揖让周旋进退之"仪"只可称为礼之"末"，礼之"本"在于"守国、行政、治民"。礼兼包本末、文质，而"仪"只是"礼"之末，或称"礼之文"，只是"礼"之部分内容，不能代表"礼"之本或"礼"之质。女叔齐、子大叔强调的是部分不能代表整体，对部分内容掌握得再好，于整体来说也是不够的。此与儒家礼论主张是一致的。《论语·阳货》中子曰："礼云礼云，玉帛云乎哉？乐云乐云，钟鼓云乎哉？"此处，孔子亦以玉帛、钟鼓为礼之末节，非谓行礼乐可以忽略玉帛、钟鼓。结合《论语》中孔子所为，尤能明孔子对仪之重视。

《论语·乡党》：

　　孔子于乡党，恂恂如也，似不能言者。其在宗庙朝廷，便便言，唯谨尔。

朝，与下大夫言，侃侃如也。与上大夫言，誾誾如也。君在，踧踖如也，与与如也。

君召使摈，色勃如也，足躩如也。揖所与立，左右手，衣前后，襜如也。趋进，翼如也。宾退，必复命，曰："宾不顾矣。"

入公门，鞠躬如也，如不容。立不中门。行不履阈。过位，色勃如也，足躩如也，其言似不足者。摄齐升堂，鞠躬如也，屏气似不息者。出降一等，逞颜色，怡怡如也。没阶，趋进，翼如也。复其位，踧踖如也。

执圭，鞠躬如也，如不胜。上如揖，下如授，勃如战色，足蹜蹜如有循。享礼，有容色。私觌，愉愉如也。

此类，皆女叔齐、子大叔所谓"仪"者，亦为孔子所重者。《孟子·尽心下》中孟子曰："动容周旋中礼者，盛德之至也。""动容周旋"即属"仪"，能"中礼"就是说"动容周旋"能够符合"礼仪"的标准，就是"盛德"的体现。由此可知，儒家对礼之态度，是本末兼重，文质并尊。对于礼来说，缺少任何一部分都不完整，但就本末、文质来说，"本""质"重于"文""末"。

"仪"，即礼之仪。仪为礼之具体形态，是礼意、礼制等具体内容的外在表现形式。没有礼仪，礼之意、礼之制则无所措置，可以说没有礼仪，再好的礼制、礼意均是空中楼阁。仪之表现，为行礼过程中有序的行为举止、容态语气、程式节奏。礼仪，作为礼治的方式，是"礼治"的实现过程，先秦儒家礼治思想在礼仪方面，事无巨细，亦择其尤细者条述如下：

侍食于长者之礼仪。

燕侍食于君子，则先饭而后已，毋放饭，毋流歠，小饭而亟之，数噍，毋为口容。(《礼记·少仪》)

肃拜之礼仪。

妇人，吉事虽有君赐肃拜；为尸坐则不手拜，肃拜；为丧主则

不手拜。(《礼记·少仪》)

肃拜,拜低头也。手拜,手至地也。妇人以肃拜为正,凶事乃手拜耳。为尸,为祖姑之尸也。《士虞礼》曰:'男,男尸;女,女尸。'为丧主不手拜者,为夫与长子,当稽颡也。其余亦手拜而已。虽,或为'唯'。或曰丧为主则不手拜,肃拜也。①

脱履、著履之礼仪。

凡祭于室中、堂上无跣,燕则有之。(《礼记·少仪》)

凡在堂上及室中行祭礼,均不脱履。

户外有二屦,言闻则入,言不闻则不入。(《礼记·曲礼上》)

燕居则脱履。

侍坐于长者,履不上于堂,解屦不敢当阶。就屦,跪而举之,屏于侧。乡长者而屦,跪而迁屦,俯而纳屦。(《礼记·曲礼上》)

排阖说屦于户内者,一人而已矣。有尊长在则否。(《礼记·少仪》)

凡脱履,在室内则脱于户外,唯尊者一人可脱履于户内;在堂上则脱于阶下,唯尊者一人可脱履于户内。《礼记·玉藻》云:"礼已三爵而油油以退。退则坐取屦,隐辟而后屦,坐左纳右,坐右纳左。"凡鞋有鞋带者,脱履、著履皆不当阶。

为尊者盥之礼仪。

进盥,少者奉槃,长者奉水,请沃盥,盥卒,授巾。(《礼记·

---

① (汉)郑玄注,(唐)孔颖达正义:《礼记正义》,吕友仁整理,上海古籍出版社2008年版,第1395页。

内则》)

执玉与龟筮之礼仪。

> 执玉、执龟筴不趋。(《礼记·少仪》)
> 执玉不趋。(《礼记·曲礼上》)

天子、诸侯祭舞之礼仪。

> 及入舞，君执干戚就舞位，君为东上，冕而揔干，率其群臣，以乐皇尸。(《礼记·祭统》)

以上仅是礼仪规范中很少的一部分，其中涉及饮食、脱履、著履、盥洗、饮食、祭舞、执器步趋等内容，皆为表达礼之诚敬恭顺之意，又为相关礼制之具体落实过程。可以说："是仪也，皆礼也。"

此外，礼仪亦为劝谏、批评之方式，以礼仪充任礼教之形式。

> 司寇惠子之丧，子游为之麻衰，牡麻绖。文子辞曰："子辱与弥牟之弟游，又辱为之服，敢辞。"子游曰："礼也。"文子退，反哭。子游趋而就诸臣之位。文子又辞曰："子辱与弥牟之弟游，又辱为之服，又辱临其丧，敢辞。"子游曰："固以请。"文子退，扶适子南面而立，曰："子辱与弥牟之弟游，又辱为之服，又辱临其丧，虎也敢不复位。"子游趋而就客位。(《礼记·檀弓上》)

由于司寇惠子生前废嫡立庶，所以其嫡长子虎不在治丧主人之位。子游两次拒不从司寇惠子之弟文子之命之后，文子发觉了子游这样做的意图：是为了讽刺惠子生前废嫡立庶之非礼行为。文子明白了子游礼仪行为的礼意之后，亲自扶嫡子虎复位，表示接受了子游的劝谏，同时，又表达了对子游的尊敬和礼制的遵从。子游看到自己所讽劝的行为，主人已经改正了，所以便依礼趋就客位。此事，子游通过本身"违礼"的方式，提醒引起主人对"非礼"行为的反思，最终司寇惠子废嫡立庶之举因而得到改正。在此过程中礼仪充任了劝谏的方式，是为儒家礼教方式的扩展。

礼仪，又被视为生死存亡征兆之寄托所在。

> 春，邾隐公来朝。子贡观焉。邾子执玉高，其容仰；公受玉卑，其容俯。子贡曰："以礼观之，二君者，皆有死亡焉。夫礼，死生存亡之体也。将左右周旋，进退俯仰，于是乎取之；朝祀丧戎，于是乎观之。今正月相朝，而皆不度，心已亡矣。嘉事不体，何以能久？高、仰，骄也，卑、俯，替也。骄近乱，替近疾。君为主，其先亡乎！"（《左传·定公十五年》）

儒家强调以礼存心，礼为人内心情感、志趣之体现，"行礼时头的俯仰，手的高低，粗看不过仪节上的疏忽而已，略作探究，却反映着政治的现实。春秋之末，鲁国本已很衰弱，依靠晋国庇护（晋顷公自己也朝不保夕），而且三家大夫擅权，国君如同傀儡，因此邾君虽然例行朝见，心底却实在看不起鲁君；出于同样原因，鲁定公有自卑感也是很自然的了"。① 作为诸侯国君，个人之生死存亡与国家政治之治乱兴衰有着密切的联系，国君已失行礼之诚敬恭悫，死亡指日可待，政权衰亡亦不远矣。

第三节　礼器

"礼器"一词之内涵如何理解？《礼记·礼器》篇首陈澔云：

> 器有二义，一是学礼者成德器之美；一是行礼者明用器之制。②

---

① 李学颖：《仪礼·礼记：人生的法度》，上海古籍出版社 2008 年版，第 21 页。
② （元）陈澔：《礼记集说》，万久富整理，凤凰出版社 2010 年版，第 185 页。

陈澔认为"器"有"德器""用器"之分,"德器"在学,"用器"在行,"德器"可使人"美","用器"有"制"。陈澔所谓"学礼者成德器之美",可由孔子对子贡之评价来理解。

> 子贡问曰:"赐也何如?"子曰:"女,器也。"曰:"何器也?"曰:"瑚琏也。"(《论语·公冶长》)

子贡想得到老师的评价,孔子认为,他可以称得上是宗庙祭祀时使用的祭器——瑚琏。瑚琏是一种祭祀时使用的用以盛黍稷的器皿。可见,孔子对子贡的评价是很高的。也就是说,孔子认为,子贡学礼修身已经成"德器"。

陈澔所谓"行礼者明用器之制",是就行礼过程中所使用之器物而言的。学者亦有称为"礼具"者。

黄侃云:

> 何谓礼具?《周礼》一经数言辨其名物,凡吉凶礼乐自非物曲固不足以行之,是故祭有祭器,丧有丧器,射有射器,宾有宾器。及其辨等威,成节文,则宫室车旗衣服饮食皆礼之所寓,虽玉帛钟鼓非礼乐之至精,舍之则礼乐亦无所因而见。故曰德俭而有度,登降有数,文物以纪之,声明以发之。知此之义也,则三《礼》名物必当精究,辨是非而考异同,然后礼意可得而明也。今夫堂庭房室,古宫室之制不与今同者也;冠弁带绂,古衣服之制不与今同者也;饮羞珍酱,古饮食之制不与今同者也;几席尊彝,古器用之制不与今同者也。考之未明,则礼文触处窒碍矣。①

学者亦有称为"礼物"者。

---

① 黄侃:《礼学略说》,载陈其泰、郭伟川、周少川编《二十世纪中国礼学研究论集》,学苑出版社1998年版,第27页。

姚伟钧先生说：

> 体现差别的器物统称之为"礼物"。①

准确把握"礼器"的含义，首要应该对《礼记·礼器》篇首一段话有准确的标点和理解。

《礼器》：

> 礼器，是故大备。大备，盛德也。礼释回，增美质，措则正，施则行。

郑玄注云："礼器，言礼使人成器，如耒耜之为用也。'人情以为田，修礼以耕之'，此是也。大备，自耕至于食之而肥。"② 郑注为陈澔说之所本。但是，这样的标点是有问题的。

杨雅丽先生认为：

> "礼器"实际上是一个判断句，"器"是名词充当判断句的谓语。"礼器"当标点为："礼，器。"该句应理解为："礼是器具。"这种分析符合上古汉语判断句不用动词作谓语，而用名词、代词或名词性短语直接作谓语的语法规则。③

即认为应该标点为："礼，器。是故大备。"这个观点是正确的。意为：礼为器（以礼为修身齐家治国平天下之器），可以称为"大备"。《周易·系辞传上》云："形而上者为之道，形而下者谓之器。"礼即为"形而下者"之"器"，金景芳先生说："器就是可以用感觉器官认识的

① 姚伟钧：《中国传统饮食礼俗研究》，华中师范大学出版社1999年版，第34页。
② （汉）郑玄注，（唐）孔颖达正义：《礼记正义》，吕友仁整理，上海古籍出版社2008年版，第955页。
③ 杨雅丽：《礼记研究》，三秦出版社2002年版，第121页。

事物。"① 即就礼之形下之"器"的特点而言的。"是故大备"是建立在对礼的修齐治平的功能和作用而言的。

《礼记·祭统》:

> 凡治人之道,莫急于礼。

《礼记·哀公问》:

> 孔子曰:"丘闻之,民之所由生,礼为大。"

《郭店简·尊德义》:

> 德者,且莫大乎礼乐。

礼"为大","莫急于礼""莫大乎礼乐",均是"大备"之意。"大备,盛德也。"即真正能做到以礼为器去修齐治平,就可以呈现最好的社会状态,实现这种状态就可以称为"盛德"。"礼释回,增美质,措则正,施则行。"是说"礼可以消除困惑,增加美的内涵,只要是礼被措之于身,身就会正,只要施用来治事,就能行通于世。""增美质"即孔子品评子贡"瑚琏"之谓。

《礼记·礼运》:

> 礼义以为器,人情以为田。

郑玄注云:"器,所以操事。"② 孔颖达疏云:"上既有法象为先,故可执礼义为器用,如农夫之执耒耜也。""人情以为田",孔颖达疏云:"用礼义以为器,可耕于人情,人情得礼义之耕,如田得耒耜之耕也。"③

---

① 金景芳讲述,吕绍纲整理:《周易讲座》,广西师范大学出版社 2005 年版,第 58 页。

② (汉)郑玄注,(唐)孔颖达正义:《礼记正义》,吕友仁整理,上海古籍出版社 2008 年版,第 929 页。

③ (汉)郑玄注,(唐)孔颖达正义:《礼记正义》,吕友仁整理,上海古籍出版社 2008 年版,第 930 页。

即谓以礼作为"使人成器"之具。文献中，以道德细目作为成德成器之具者多见，例如：

> 忠信，礼之器也。卑让，礼之宗也。(《左传·昭公二年》)
>
> 发号出令而民说谓之和，上下相亲谓之仁。民不求所欲而得之谓之信，除去天地之害谓之义，义与信，和与仁，霸王之器也。有治民之意而无其器，则不成。(《礼记·经解》)
>
> 申叔时曰："德、刑、详、义、礼、信，战之器也。德以施惠，刑以正邪，详以事神，义以建利，礼以顺时，信以守物。"(《左传·成公十六年》)

义、信、和、仁，成就霸道与王道之器。此与"形而上者为之道，形而下者谓之器"是一致的，礼、义、信、和、仁的性质是相同的。"德、刑、详、义、礼、信"，是征战致胜之器。此类道德细目均可以理解为"道"之器。

此外，就礼与礼物、礼具内涵之"礼器"之间的关系，也可以"道器论"来理解，礼源于道之说，正说明礼本身就是道的体现，道寓于礼，那么，礼相对于礼物、礼具内涵之礼器，就具有"道"的本体性、本源性，礼物、礼具内涵之"礼器"就具有"器"之性质。侯外庐先生说：

> "器"表示古代的专政制度，"道"表示统治者的权力思想。"道""器"一源，"道"更在"器"中。①

其所云"专政制度"，即可认为是人伦道德制度，表示统治者权利思想之"道"即"人道"，"'道''器'一源"之"道"即"天道"，或"形而上者"之"道"。但是，侯外庐先生又认为："《易传》把'道'和'器'区别为形上和形下，实在是臆说。"②此说则又不敢苟

---

① 侯外庐、赵纪彬、杜国庠：《中国思想通史》(先秦卷)，人民出版社1957年版，第78页。

② 侯外庐、赵纪彬、杜国庠：《中国思想通史》(先秦卷)，人民出版社1957年版，第78页。

同。陈澔所揭“礼器”有“德器”“用器”两层含义，正说明“道器”观念，在儒家传统礼论中体现为两层“道器”体系。就形上形下来说，礼为器；就礼具、礼物内涵之“礼器”来说，礼本身承载着“道”，要借助于“礼器”传达儒家附着于“器物”之上的礼意。此又有“道器”关系存在于其中。

就通常言之，礼具、礼物、礼器三者，“礼器”作为行礼过程中所使用之器物的内涵是被普遍接受的。李学勤先生认为，礼器“是专用于一定礼仪的器物”。①

常金仓先生说：

仪式是行礼者的动作，要通过动作表达思想，还要借助于器物，常用器物，饮食器如鼎、俎、笾、豆、簋、鉶、簠、筥、爵、觯、觚、斝、尊、甒、匕、柶等，所盛食物如牲牢脯羞、黍稷稻粱、醯醢酒醴、鱼腊羹菹等；此外日常用器尚有衣服、车旗、宫室、棺椁等。这些器物皆按爵命等级陈列，就是《郊特牲》所谓“陈其数”。②

李、常两先生所说，皆就“道器”关系第二层次之中“礼器”而言的。但是，此“礼器”一定是参与了行礼的过程，并在礼仪过程中起到传达礼意、配合礼仪的作用，否则，“器”只能是“器物”，不能称作“礼器”。《礼记·乐记》云：“故钟鼓管磬，羽籥干戚，乐之器也。屈伸俯仰，缀兆舒疾，乐之文也。簠簋俎豆，制度文章，礼之器也。”乐器，亦为“礼器”之一种，钟鼓管磬、羽籥干戚、簠簋俎豆等只有参与礼的过程才可以称得上“礼器”。文献中所见之礼器，依类述列于下。

葬器。

子柳之母死，子硕请具。（《礼记·檀弓上》）

---

① 李学勤：《失落的文明》，上海文艺出版社1997年版，第89页。

② 常金仓：《周代礼俗研究》，黑龙江人民出版社2004年版，第6页。

郑玄注云："具，葬之器用。子柳，鲁叔仲皮之子，子硕兄。"①
酒器。

　　五献之尊门外缶，门内壶，君尊瓦甒。（《礼记·礼器》）

乐器。

　　拊搏、玉磬、揩击、大琴、大瑟，中琴、小瑟，四代之乐器也。
（《礼记·明堂位》）
　　夏后氏之鼓足，殷楹鼓，周县鼓。（《礼记·明堂位》）

祭器。

　　鼎俎奇而笾豆偶，阴阳之义也。笾豆之实，水土之品也。不敢
用亵味而贵多品，所以交于旦明之义也。（《礼记·郊特牲》）

　　儒家在礼器使用原则上，强调"名位不同，礼亦异数"。即在行礼
过程中，强调礼器之多少、大小、高下、文素、形制、材质之差异，凸
显礼器使用者之身份、地位之等级差异，此乃等级观念之体现与落实。
《礼记·礼器》：

　　礼有以多为贵者：天子七庙，诸侯五，大夫三，士一。天子之
豆二十有六，诸公十有六，诸侯十有二，上大夫八，下大夫六。诸
侯七介、七牢，大夫五介、五牢。天子之席五重，诸侯之席三重，
大夫再重。天子崩，七月而葬，五重八翣；诸侯五月而葬，三重六
翣；大夫三月而葬，再重四翣。此以多为贵也。
　　有以少为贵者：天子无介，祭天特牲。天子适诸侯，诸侯膳以

---

　　① （汉）郑玄注，（唐）孔颖达正义：《礼记正义》，吕友仁整理，上海古籍出版社2008
年版，第297页。

犊。诸侯相朝，灌用郁鬯，无笾豆之荐。大夫聘，礼以脯醢。天子一食，诸侯再，大夫、士三，食力无数。大路繁缨一就，次路繁缨七就。圭璋特，琥璜爵。鬼神之祭单席。诸侯视朝，大夫特，士旅之。此以少为贵也。

有以大为贵者：宫室之量，器皿之度，棺椁之厚，丘封之大。此以大为贵也。

有以小为贵者：宗庙之祭，贵者献以爵，贱者献以散；尊者举觯，卑者举角。五献之尊，门外缶，门内壶，君尊瓦甒。此以小为贵也。

有以高为贵者：天子之堂九尺，诸侯七尺，大夫五尺，士三尺。天子、诸侯台门。此以高为贵也。

有以下为贵者：至敬不坛，扫地而祭。天子诸侯之尊废禁，大夫士棜、禁。此以下为贵也。

礼有以文为贵者：天子龙衮，诸侯黼，大夫黻，士玄衣纁裳。天子之冕朱绿藻，十有二旒，诸侯九，上大夫七，下大夫五，士三。此以文为贵也。

有以素为贵者：至敬无文，父党无容，大圭不琢，大羹不和，大路素而越席，牺尊疏布鼏，椫杓。此以素为贵也。

以上所强调之"贵"者，即礼的本质——"敬"的体现，贵大、小、多、少、高、下、文、素，即贵君、贵上、贵父之名，亦即贵君、贵上、贵父之位。强调贵贱不逾，名位相符。贱者、卑者逾制用尊者、贵者之礼，即孔子一贯所谴责者。《论语·八佾》孔子谓季氏："八佾舞于庭，是可忍也，孰不可忍也?"孔子所不可忍者即在于季氏以卑逾贵，所行与其名位不符。

《左传·成公二年》：

既，卫人赏之以邑，辞，请曲县、繁缨以朝。许之。仲尼闻之，曰："惜也，不如多与之邑。唯器与名，不可以假人，君之所司也。名以出信，信以守器，器以藏礼，礼以行义，义以生利，利以平民，政之大节也。若以假人，与人政也。政亡，则国家从之，弗可止也已。"

孔子所云："唯器与名，不可以假人""器以藏礼"，皆与礼器、"名位"相一致的原则相符，礼器皆应与相应之等级名位对应匹配使用。因此，器就是名之代表，天子所用之器，即天子之名的体现，用天子之器者，必应天子之名，必居天子之位，否则，即为僭越，因此，器不可假人。且礼器之使用，有行礼教之实之效。

《礼记·礼器》：

> 礼也者，反本修古，不忘其初者也。故凶事不诏，朝事以乐；醴酒之用玄酒之尚，割刀之用鸾刀之贵，莞簟之安而稿鞂之设：是故先王之制礼也，必有主也。故可述而多学也。

此即谓：醴酒、割刀、玄酒、鸾刀、莞簟、稿秸之于祭礼过程中的使用，在于教人不忘人之生活本初之不易与艰辛，反本修古以敦俭成教，此"可述而多学"之谓。

《礼记·经解》：

> 天子者，与天地参，故德配天地，兼利万物，与日月并明，明照四海而不遗微小。其在朝廷则道仁圣礼义之序，燕处则听《雅》《颂》之音，行步则有环佩之声，升车则有鸾和之音。居处有礼，进退有度，百官得其宜，万事得其序。《诗》云："淑人君子，其仪不忒。其仪不忒，正是四国。"此之谓也。

即谓：君子燕处、行步、升车有《雅》《颂》之音、环佩之声、鸾和之音相配合，居处有礼，进退有度，以成就君子之仪，进而孕育生发出典范教化效应，使"百官得其宜，万事得其序"，成就天子之德，与天地参。

儒家礼治思想，必凭借礼器之施用配合，礼制、礼仪之成效才可得以落实，礼意所蕴含之道才可以彰明，舍此不能成"治"。

第四节 礼辞

"礼辞是在不同行礼场合使用的一套特殊语言。"① 礼辞，是行礼传达礼意过程中必不可少的内容，如果没有礼辞，那么礼仪活动、礼仪行为就是不完整的，甚至无法实现礼仪交接的目的。可以说，无辞不成礼。不成礼就不可能达成"治"的效果。

《礼记·表记》：

> 子曰："无辞不相接也，无礼不相见也，欲民之毋相亵也。"

《礼记·礼器》：

> 君子曰："故作事不以礼，弗之敬矣。出言不以礼，弗之信矣。"

《礼记·冠义》：

> 凡人之所以为人者，礼义也。礼义之始，在于正容体、齐颜色、顺辞令。容体正、颜色齐、辞令顺，而后礼义备。

"辞""辞令"即礼辞。"无辞不相接""出言不以礼"，皆强调礼辞在行礼过程中的重要作用。体态端正，表情神色庄重，言辞和顺，而后礼义才称得上齐备。儒家向以注重在人际交往过程中的言辞修养。

《论语·先进》：

> 德行：颜渊、闵子骞、冉伯牛、仲弓；言语：宰我、子贡；政

---

① 常金仓：《周代礼俗研究》，黑龙江人民出版社 2004 年版，第 5 页。

事：冉有、季路；文学：子游、子夏。

孔子以德行、言语、政事、文学等四个科目教授弟子，其中，"言语"即有礼辞存焉。①

《论语·泰伯》：

> 曾子言曰："君子所贵乎道者三：动容貌，斯远暴慢矣；正颜色，斯近信矣；出辞气，斯远鄙倍矣。笾豆之事，则有司存。"

君子所贵之礼道有三：容貌、颜色和辞气。"辞，言语。气，声气也。"②"辞气"即指行礼过程中的言辞及声调语气。礼辞在内容上即是"辞"与"气"两者的结合，或者说，礼辞是"言辞与声调语气"的结合，而并非仅指"辞"。辞气顺，则远离粗俗和乖戾，辞气亦关乎礼意之准确传达，以及礼仪过程实施之畅达。

因礼的制度化、礼仪的程序化，相应地礼辞，亦有固定之格式。兹就《礼记·曲礼》《礼记·少仪》等篇中之礼辞次叙如下：

丧祭卜筮之辞。

> 凡卜筮日，旬之外曰"远某日"，旬之内曰"近某日"。丧事先远日，吉事先近日。曰："为日，假尔泰龟有常。""假尔泰筮有常。"（《礼记·曲礼上》）

国君、大夫、士去国而臣民劝止、**挽留**之辞。

> 国君去其国，止之曰："奈何去社稷也！"大夫，曰："奈何去宗庙也！"士，曰："奈何去坟墓也！"（《礼记·曲礼下》）

问天子、国君、大夫、士及庶人之子的年龄及应答之辞。

---

① （清）刘宝楠：《论语正义》，中华书局1990年版，第441—442页。
② 程树德：《论语集释》，程俊英、蒋见元点校，中华书局1990年版，第522页。

问天子之年，对曰："闻之始服衣若干尺矣。"问国君之年，长，曰"能从宗庙社稷之事矣。"幼，曰"未能从宗庙稷社之事也。"问大夫之子，长，曰"能御矣。"幼，曰"未能御也。"问士之子，长，曰"能典谒矣。"幼，曰"未能典谒也。"问庶人之子，长，曰"能负薪矣。"幼，曰"未能负薪也。"（《礼记·曲礼下》）

问国君之子长幼，长，则曰"能从社稷之事矣"；幼，则曰"能御"，"未能御"。问大夫之子长幼，长，则曰"能从乐人之事矣"；幼，则曰"能正于乐人"，"未能正于乐人"。问士之子长幼，长，则曰"能耕矣"；幼，则曰"能负薪"，"未能负薪"。（《礼记·少仪》）

宗庙祭祀所用礼物之辞。

凡祭宗庙之礼，牛曰"一元大武"，豕曰"刚鬣"，豚曰"腯肥"，羊曰"柔毛"，鸡曰"翰音"，犬曰"羹献"，雉曰"疏趾"，兔曰"明视"，脯曰"尹祭"，槁鱼曰"商祭"，鲜鱼曰"脡祭"，水曰"清涤"，酒曰"清酌"，黍曰"芗合"，粱曰"芗萁"，稷曰"明粢"，稻曰"嘉蔬"，韭曰"丰本"，盐曰"咸鹾"，玉曰"嘉玉"，币曰"量币"。（《礼记·曲礼下》）

父为子取名之辞。

三月之末……妻以子见于父，贵人则为衣服，自命士以下皆漱浣，男女夙兴，沐浴，衣服，具视朔食。夫入门，升自阼阶，立于阼，西乡；妻抱子出自房，当楣立，东面，姆先，相曰："母某敢用时日只见孺子。"夫对曰："钦有帅。"父执子之右手，咳而名之。妻对曰："记有成。"遂左还授师，子师辩告诸妇、诸母名。妻遂适寝。夫告宰名，宰辩告诸男名，书曰："某年某月某日某生"而藏之。（《礼记·内则》）

赠物送行之辞。

> 君将适他，臣如致金玉货贝于君，则曰"致马资于有司"。敌者，曰"赠从者"。（《礼记·少仪》）

宾主相问饮食、论道之辞。

> 问品味，曰"子亟食于某乎?"问道艺，曰"子习于某乎?""子善于某乎?"（《礼记·少仪》）

有关昏礼之辞。

> 既内自尽，又外求助，昏礼是也。故国君取夫人之辞曰："请君之玉女与寡人共有敝邑，事宗庙社稷。"（《礼记·祭统》）

此为国君娶夫人时向女方之父所致之辞。

> 亲迎之礼：父南乡而立，子北面而跪，醮而命之："往迎尔相，成我宗事，隆率以敬先妣之嗣，若则有常。"子曰："诺，唯恐不能，敢忘命矣!"（《荀子·大略》）

此为父亲在儿子娶妇亲迎前对儿子的劝诫之辞，以及儿子的应答之辞。

> 孟子曰："子未学礼乎? 丈夫之冠也，父命之；女子之嫁也，母命之，往送之门，戒之曰：'往之女家，必敬必戒，无违夫子!'以顺为正者，妾妇之道也。"（《孟子·滕文公下》）

此言母对嫁女之诫勉之辞。
蜡祭之辞。

古之君子，使之必报之。迎猫，为其食田鼠也。迎虎，为其食田豕也。迎而祭之也。祭坊与水庸，事也。曰"土反其宅，水归其壑，昆虫毋作，草木归其泽。"（《礼记·郊特牲》）

天子即位，上中下三卿所上三策劝勉之辞。

天子即位，上卿进曰："如之何忧之长也！能除患则为福，不能除患则为贼。"授天子一策。中卿进曰："配天而有下土者，先事虑事，先患虑患。先事虑事谓之接，接则事优成。先患虑患谓之豫，豫则祸不生。事至而后虑者谓之后，后则事不举。患至而后虑者谓之困，困则祸不可御。"授天子二策。下卿进曰："敬戒无怠，庆者在堂，吊者在闾。祸与福邻，莫知其门。豫哉！豫哉！万民望之。"授天子三策。（《荀子·大略》）

文献中似乎更关注于"辞"，而于"气"似乎仍要以合于礼以致敬为原则。礼辞皆为行礼过程中主、摈相及宾三者，问答、自称或叙陈之辞。内容涉及卜筮、挽留君长去国、答问年龄、祭物称谓、纳女于君长、赠物送行、宾主饮食、嫁女娶妇父母诫勉、蜡祭礼、天子即位三卿劝勉之辞等等。

称谓之辞是礼辞中重要的内容，仅就《礼记》中称谓之辞撮略在下。

《礼记·曲礼下》：

国君不名卿老、世妇，大夫不名世臣、侄娣，士不名家相、长妾。君大夫之子，不敢自称曰"余小子"。大夫、士之子不敢自称曰"嗣子某"，不敢与世子同名。

君天下曰"天子"。朝诸侯，分职、授政、任功，曰"予一人"。践阼临祭祀，内事曰"孝王某"，外事曰"嗣王某"。临诸侯，畛于鬼神，曰"有天王某甫"。崩，曰"天王崩"。复，曰"天子复矣"。告丧，曰"天王登假"。措之庙，立之主，曰"帝"。天子未除丧，曰"予小子"。生名之，死亦名之。

五官之长曰伯，是职方。其摈于天子也，曰"天子之吏"。天子同姓，谓之"伯父"。异姓，谓之"伯舅"。自称于诸侯，曰"天子之老"，于外曰"公"，于其国曰"君"。九州之长，入天子之国，曰"牧"。天子同姓，谓之"叔父"；异姓，谓之"叔舅"。于外曰"侯"，于其国曰"君"。其在东夷、北狄、西戎、南蛮，虽大曰"子"，于内自称曰"不榖"，于外自称曰"王老"。庶方小侯，入天子之国，曰"某人"，于外曰"子"，自称曰"孤"。

诸侯见天子，曰"臣某侯某"。其与民言，自称曰"寡人"。其在凶服，曰"适子孤"。临祭祀，内事曰"孝子某侯某"，外事曰"曾孙某侯某"。死曰"薨"，复曰"某甫复矣"。既葬见天子，曰"类见"，言谥曰"类"。诸侯使人使于诸侯，使者自称曰"寡君之老"。

天子之妃曰"后"，诸侯曰"夫人"，大夫曰"孺人"，士曰"妇人"，庶人曰"妻"。公侯有夫人，有世妇，有妻，有妾。夫人自称于天子，曰"老妇"；自称于诸侯，曰"寡小君"；自称于其君，曰"小童"。自世妇以下，自称曰"婢子"。子于父母则自名也。列国之大夫，入天子之国，曰"某士"；自称曰"陪臣某"。于外曰"子"，于其国曰"寡君之老"。使者自称曰"某"。

《礼记·玉藻》：

凡自称：天子曰"予一人"，伯曰"天子之力臣"。诸侯之于天子曰"某土之守臣某"；其在边邑，曰"某屏之臣某"；其于敌以下，曰"寡人"。小国之君曰"孤"，摈者亦曰"孤"。上大夫曰"下臣"，摈者曰"寡君之老"。下大夫自名，摈者曰"寡大夫"。世子自名，摈者曰"寡君之适"。公子曰"臣孽"。士曰"传遽之臣"，于大夫曰"外私"。大夫私事使，私人摈则称名，公士摈则曰"寡大夫""寡君之老"。

礼辞称谓中明显体现出自卑尊人的观念，此乃礼的本质——敬的体现，亦为礼的应有之义。《礼记·曲礼上》云："夫礼者，自卑而尊人。"所卑者是自己，所尊者是长上，这就是礼的尊卑有别，长幼有序等级观念的体现。《礼记·坊记》中子云："天无二日，土无二王，家无二主，尊无二上，示民有君臣之别也。《春秋》不称楚、越之王丧，礼，君不称天，大夫不称君，恐民之惑也。"郑玄注云："臣者天君，称天子为天王，称诸侯不言天公，辟王也。大夫有臣者称之曰主，不言君，辟诸侯也。此者，皆为使民疑惑，不知孰者尊也。"[1]"无二"即主一之谓，突出唯一性、至尊性。

与人交往在过程中，礼辞方面所应该注意之事项。

《礼记·曲礼上》：

> 吊丧弗能赙，不问其所费；问疾弗能遗，不问其所欲；见人弗能馆，不问其所舍。赐人者不曰来取，与人者不问其所欲。

问与不问，皆准于礼，目的是要不使自己难堪，也不使人难堪。朱氏曰："此三事不能，则皆不问者，以徒问为可愧也。君子有守，必将之以礼，故不曰来取；小人无厌，必节之以礼，故不问其所欲。"[2] 朱氏所谓"徒问"，是问完之后不能帮忙，徒问容易使人感到虚情假意，没有真情，有违于礼之精神，故不问。

礼辞有协调、控制礼仪进程的作用。

《礼记·投壶》：

> 投壶之礼。主人奉矢，司射奉中，使人执壶。主人请曰："某有枉矢、哨壶，请以乐宾。"宾曰："子有旨酒嘉肴，某既赐矣，又重以乐，敢辞。"主人曰："枉矢、哨壶不足辞也，敢固以请。"宾曰：

① （汉）郑玄注，（唐）孔颖达正义：《礼记正义》，吕友仁整理，上海古籍出版社 2008 年版，第 1958 页。

② （元）陈澔：《礼记集说》，万久富整理，凤凰出版社 2010 年版，第 18 页。

"某既赐矣，又重以乐，敢固辞。"主人曰："枉矢、哨壶不足辞也，敢固以请。"宾曰："某固辞不得命，敢不敬从。"宾再拜受，主人般还，曰辟；主人阼阶上拜送，宾般还，曰辟。已拜，受矢，进即两楹间，退反位，揖宾就筵……请宾曰："顺投为入，比投不释，胜饮不胜者。正爵既行，请为胜者立马，一马从二马。三马既立，请庆多马。"请主人亦如之。命弦者曰："请奏《狸首》，间若一。"大师曰："诺。"……卒投，司射执算曰："左右卒投，请数。"二算为纯，一纯以取，一算为奇。遂以奇算告，曰："某贤于某若干纯。"奇则曰"奇"，钧则曰"左右钧"。命酌，曰："请行觞。"酌者曰："诺。"当饮者皆跪奉觞，曰："赐灌。"胜者跪曰："敬养。"……庆礼曰："三马既备，请庆多马。"宾主皆曰"诺"。正爵既行，请彻马。

此为"投壶礼"的主要内容，流程是：主人请宾参加投壶礼；宾与主人受矢、送矢，然后司射告宾、主投壶的法则；司射命乐工为投壶礼奏乐；投壶完毕司射数算和宣告胜负；胜者酌酒饮不胜者；最后和胜方饮庆酒之礼。宾、主、司射之礼辞，在这个过程起到控制投壶之节奏流程，协调、控制参与者礼仪进程的作用，是投壶礼顺利进行的重要保障。

礼辞，可以充实厚积君子之德。

《礼记·表记》：

> 是故君子服其服则文以君子之容，有其容则文以君子之辞，遂其辞则实以君子之德。是故君子耻服其服而无其容，耻有其容而无其辞，耻有其辞而无其德，耻有其德而无其行。

即强调礼服、礼容及礼辞对于成就君子之德行的重要性。"耻有其德而无其行"，郑玄注云："无其行，谓不行其德。"[1] 孔颖达疏云："德在

---

[1] （汉）郑玄注，（唐）孔颖达正义：《礼记正义》，吕友仁整理，上海古籍出版社2008年版，第2065页。

于内，行接于外，内既有德，当须以德行之于外，以接于人民。若有德无行，是君子所耻，故云'耻有其德而无其行'也。"① 就是说，礼服、礼容及礼辞皆是礼之"文"，而"德"则是礼之"实"，或称礼之"质"，礼本来就应该是文质兼备，缺其"文"则"质"不章，"质"不章则礼不行。此处强调的是礼服、礼容、礼辞与德要一致，任何一方面的不协调、不合适，都将导致"礼不行"。同时，无其"质"，则徒具其"文"，更为儒家一向所反对者。因此，礼辞是"德"之凭藉所在，没有礼辞，则德不章、礼不行。

关于礼辞的表达方式或表现方式，邹昌林先生说：

> 古人行礼，有辞，有乐，有仪，三者配合而不分。《诗》是古人行礼的辞的部分。如《诗》中的《雅》《颂》，都是宗庙礼仪和贵族礼仪活动表达感情的文辞。这种文辞都是配以乐的。②

许兆昌先生亦认为：

> 仪礼活动中的用词，很多会以乐歌的形式说唱出来。③

就礼仪活动过程来说，这是正确的。礼辞中称谓礼辞之类，即不必配乐说唱出来。《论语·述而》中记载"子所雅言：《诗》《书》执礼，皆雅言也。"执礼，即赞礼、相礼，或者主持礼。④ 如上引"投壶礼"司射所掌，即应以"雅言"说出且间有奏乐配合行礼。

总之，礼辞是礼治思想落实于礼仪实践的重要内容，礼仪活动的过

---

① （汉）郑玄注，（唐）孔颖达正义：《礼记正义》，吕友仁整理，上海古籍出版社 2008 年版，第 2068 页。

② 邹昌林：《中国礼文化》，社会科学文献出版社 2000 年版，第 22 页。

③ 许兆昌：《先秦乐文化考论》，黑龙江人民出版社 2010 年版，第 244 页。

④ 黄生释"执礼"："《论语》：'《诗》《书》、执礼，皆雅言也。'《诗》《书》之言无所不通，礼则各因其人，如与人子则言事父之礼，与人臣则言事君之礼，各因其所执者为言，故曰执礼。"参见（清）黄生、黄承吉合按《字诂义府合按》，中华书局 1984 年版，第 129—130 页。黄生释"执礼"从"礼"的内容处着眼，与"皆雅言"之表现形式不合，故不取其说。

程正是礼辞、礼容、礼仪配合以乐的综合过程，缺少其中任何一项，皆可称为"不备"。不备则不顺，不顺则礼不行，礼不行则人不立、事不成、国不治、天下不平。因此，儒家礼治思想是通过礼制、礼仪、礼器、礼辞等方式的落实最终实现的。

第五章　礼治的实现机制

先秦儒家礼治思想的逻辑起点是社会个体的道德内化，终点是社会整体的秩序化。或者说，借助礼的形式使社会个体成为道德个体，从而使社会整体实现道德化。也可以说，通过社会个体的道德化，成人、成君子，进而成圣，从而实现整个社会的道德化。社会的道德化，即社会的"治"，或者说社会的秩序化。这种借助"礼"实现"治"的设想即是"礼治思想"。前面谈到礼治的实现过程是修身、齐家、治国平天下的过程，礼的具体化方式是礼制、礼仪、礼器、礼辞等，本章将揭示先秦儒家礼治实现的实现机制。礼治的实现机制，即指"礼"如何落实为"治"的过程，或者说，如何通过"礼"实现"治"的效果。根据先秦儒家的相关论述，礼治的实现机制可以归结为内在实现机制和外在实现机制两种途径和过程。

第一节　内在实现机制

内在实现机制，即是个体道德内化的过程，即个体在对礼的价值、观念的接纳基础上，通过学习、训练而自觉成为其本能的价值观念、行为规范的过程。内化过程包含对礼的价值认可的过程、学习训练的过程，进而自觉成为以礼为价值选择依据和行为规范的过程。内化过程借用经典中的语言可以表述为：包含自诚明、自明诚的过程，以及循礼化性起伪的过程。两个过程是统一的过程。

为什么一定要强调自诚明、自明诚的过程，以及循礼化性起伪的过程呢？为此需要先对"诚"的内涵以及儒家有关性善、性恶的认识作一番解释。

一 "诚"之内涵

（一）诚与信的关系

诚、信可以互释。《说文解字》云："诚，信也。"段玉裁注无进一步解释。《说文解字》又云："信，诚也。"可知诚、信二字可以互释。那么诚、信两者可以互释的依据究竟何在？

《论语·学而》：

> 有子曰："信近于义，言可复也。恭近于礼，远耻辱也。因不失其亲，亦可宗也。"

皇侃云："信，不欺也。"[①]"不欺"有二意，不自欺和不欺人。《礼记·大学》云："所谓诚其意者，毋自欺也，如恶恶臭，如好好色。"可知，"诚""信"并非仅指言行一致、说到做到，不欺人，诚心诚意而不自欺亦是"诚""信"。《荀子·王霸》云："故用国者，义立而王，信立而霸，权谋立而亡。"就是说，国君在治国理政过程中遵循"义"可以王天下，遵循信可以霸天下，遵循权谋立国则会灭亡。因为，此处的"信"即使是既"不自欺"亦"不欺人"，但未必是合于"义"之信，所以说"信立而霸"。"诚"亦如此。"诚""信"或只是成为双方共同得利的手段，如双方商定一起去攻打别国。这样的"信"即使是"不自欺"亦"不欺人"，是否符合"义"则仍有待考察。[②]《郭店简·性自命出》中有载："未言而信，有美情者也。"所谓"未言而信"，就是指的"诚信"。只有这样的"信"才会有"美情"的效果。"诚、信"互释强调的正是一定要由中而发，诚心诚意，既不自欺亦不欺人。

（二）诚与道的关系

诚，是天道之体现或表现。天道为真，诚亦为真，所以有天真、真

---

① 程树德：《论语集释》，程俊英、蒋见元点校，中华书局 1990 年版，第 51 页。

② 对于"信"与"义"关系的理解参见郭胜团、葛志毅《〈论语·学而〉"信近于义"章辨析》，《中华文化论坛》2013 年第 4 期。

诚之说。

《礼记·中庸》：

> 诚者，天之道也。

就是说，"诚"，是天道之表现。天道是以自然而然的状态存在，非人力、外力所为，故曰"真"。诚，亦如此。天道之"真"与"诚"之"真"两者可通。俗云"天真""真诚"即在此处得解。

胡适先生曾云：

> 中国自古以来的哲学家都崇拜"天然"过于"人为"。老子、孔子、墨子、庄子、孟子都是如此。大家都以为凡是"天然的"，都比"人为的"好。后来渐渐的把一切"天然的"都看作"真的"，一切"人为的"都看作"假的"。所以后来"真"字竟可代"天"字。①

"诚"为真，"天之道"亦为真，因此，诚之真，与天之真相通。"诚"为天之道的表现。"诚"不具有善、恶之别，只具有真、假之分，更没有真理性。

吴世昌先生在《论学术道德》一文中说：

> 中国文化史上有一件平凡的事实，说出来大家也许要惊诧，六经中没有西洋人所谓"真""善""美"或"真理"的"真"字！《说文》给"真"字所下的定义是："仙人变形而登天也。"（！）连先秦诸子所谓"真"，也没有真理的观念。庄子所谓"谨守而勿失，是谓反其真"，"真者精诚之至也。"都不是客观的真理之真，其他"真人""真君""真宅"，更是玄之又玄。"真相""真如""真言"，又都是佛教中语，亦与西人所谓真理不同。因为真理观念之薄

---

① 胡适：《中国哲学史大纲》，东方出版社 1996 年版，第 243 页。

弱，甚至影响到是非观念。①

吴先生的观点是正确的。真，与假相对，是对事物性质、状态的描述，没有真理性含义。诚，亦如此，不但没有真理性，更没有道德善恶之别。

（三）诚与心的关系

诚由心发。

《郭店简·性自命出》：

> 凡学者求其心为难，从其所为，近得之矣。不如乐之速也。虽能其事，不能其心，不贵。

此处的"心"也可以理解为"中"。

《礼记·中庸》：

> 喜怒哀乐之未发谓之中，发而皆中节谓之和。

"喜怒哀乐之未发"即"喜怒哀乐"之情存于其心的状态。《性自命出》所云"求其心为难"，即因为"喜怒哀乐"处于未发的状态，别人很难知道"心"是怎么想的。因此，要想知道"心"是怎么想的，必须借助于"形诸外"的"所为"，即"从其所为"之意。但是，《性自命出》下云"近得之矣"，而不云"必得之矣"，就在于"形诸外"的"所为"，未必一定是由"真心""诚心"而发。故《性自命出》其下又云："求其心有伪也，弗得之矣。人之不能以伪也，可知也。不过十举，其心必在焉。察其见者，情焉失哉？"虽然见诸外的所为是"伪"，但仍可考知其心、察知其情。凡人之所为，有发于真心诚意，亦有迫于利害之虚情假意。故《性自命出》云："虽能其事，不能其心，不贵。"就是说，虽然做了某事，但不是"诚"心所为，因此，不予以推崇提倡，所

---

① 韦政通：《中国的智慧》，岳麓书社 2003 年版，第 7 页。

以说"不贵"。由此可推而知之，"所贵"者，即"既能其事，又能其心"。

（四）诚与质的关系

诚、质相通。

《礼记·乐记》：

中正无邪，礼之质也。

郑玄注云："质，犹本也。"① 孔颖达疏云："谓内心中正，无有邪僻，是礼之本质也。"②

《论语·雍也》：

子曰："质胜文则野，文胜质则史。文质彬彬，然后君子。"

"文质彬彬"之"质"与《乐记》"礼之质也"之"质"，内涵都可从"诚"之意去理解。要成就"君子"，首要的是，要"诚"，要"中"。否则即是"虚伪"，虚伪于礼之精神不符。"中正无邪"是强调，行礼要在诚的基础上，既要发自内心，又能"正""无邪"。不是诚心发自内心的礼，只能是虚礼，行虚礼则失去礼之意义。行礼最紧要处，就是要诚心施敬，至于形式仪节，则谓之文。《论语》中孔子所谓"文质彬彬"也正是从此处着眼而发，强调文质彬彬才可称得上是君子。孔子之意：只是注重从内心诚意出发而忽视外在文饰仪节，则易遭受粗野之讥；只是注重从文饰仪节出发而忽视内心诚意，则易流于禽兽之行；只有诚心诚意由中而发又能注重外在仪节程式，才能够做到文质彬彬，相得益彰，才可以称得上是"君子"。

---

① （汉）郑玄注，（唐）孔颖达正义：《礼记正义》，吕友仁整理，上海古籍出版社2008年版，第1478页。

② （汉）郑玄注，（唐）孔颖达正义：《礼记正义》，吕友仁整理，上海古籍出版社2008年版，第1479页。

（五）诚与直的关系

诚、直相通。"德"字的古文即作"悳"，意在强调，德必须从自"直""心"而出。直，即是诚。

《论语·雍也》：

> 子曰："人之生也直，罔之生也幸而免。"

刘宝楠云：

> 盖直者，诚也。诚者，内不以自欺，外不以欺人。《中庸》云："天地之道，可一言而尽也。其为物不贰，则其生物不测。"不贰者，诚也，即直也。天地以至诚生物，故《系辞传》言乾之大生，静专动直。专直，皆诚也，不诚则无物，故诚为生物之本。人能存诚，则行主忠信，而天且助顺，人且助信，故能生也。①

刘宝楠训"直"为"诚"似有推测不定之意。但征之文献，诚、直两者含义可通。

《论语·为政》：

> 哀公问曰："何为则民服？"孔子对曰："举直错诸枉，则民服。举枉错诸直，则民不服。"

钱穆先生认为"此章孔子论政，仍重德化。人君能举直而置之枉之上，不仅直者服，即枉者亦服。故他日又曰：'能使枉者直'。盖喜直恶枉，乃人心共有之美德。人君能具此德，人自服而化之。然则私人道德之与政治事业，岂不如影随身，如响随声？此亦古今通义，非迂阔之言。"②

---

① （清）刘宝楠：《论语正义》，中华书局1990年版，第234—235页。
② 钱穆：《论语新解》，生活·读书·新知三联书店2002年版，第44页。

《论语·颜渊》:

> 樊迟问仁。子曰:"爱人。"问知。子曰:"知人。"樊迟未达。子曰:"举直错诸枉,能使枉者直。"樊迟退,见子夏,曰:"乡也,吾见于夫子而问知,子曰:'举直错诸枉,能使枉者直。'何谓也?"子夏曰:"富哉言乎!舜有天下,选于众,举皋陶,不仁者远矣。汤有天下,选于众,举伊尹,不仁者远矣。"

孔子所言之"直",均强调由中而发,自诚而为,不假伪饰,强调性情自然而发,不尚虚伪。

《帛书·五行》:

> 直也者,直其中心也。

即谓:直,就是指一定要由心而发,自诚而为。质言之,直,就是怎么想的就怎么做。因此,直也就是诚。枉,即邪曲。直,虽未必合于礼,但终究要优于邪曲虚伪之人。"举直错诸枉",意在以"直"者为表率和典范引导"枉"者,"直"者起表率示范作用,激发"枉"者的上进心、道德感。

《论语·泰伯》:

> 子曰:"直而无礼则绞。"

《论语·阳货》:

> 子曰:"好直不好学,其蔽也绞。"

对应可知,"直而无礼"与"好直不好学"后果是一样的,都是绞。亦可知,所学之内容即为"礼"。孔子所欣赏的是"好直且好学、好礼""直而有礼"者。

《左传·昭公二十五年》子大叔云：

> 故人之能自曲直以赴礼者，谓之成人。

"自"有"由""从"之意，强调人能"主动从""自觉从"之意。"曲"，段玉裁注云："不直曰曲"。子大叔之意：人如果能无论是否出于诚心诚意去做某事都合于礼，那么这个人就可以称为"成人"了。

结合孔子与子大叔所论，直心、诚心所为，都有不合于礼的情况，这时就应该主动赴礼。"自曲直以赴礼者"与"文质彬彬"意通，都强调既能自诚而发，又能依礼而行，并且权衡得当。且此处"成人"是就"道德"言，而"成年"则仅就"年龄"言，成人与成年不可混淆。

《礼记·中庸》：

> 诚者不勉而中，不思而得，从容中道，圣人也。

意思是说，真正的"诚"，不是迫于外因、外力勉强地从心中生出，不是在思虑之后才发而见诸行。能够做到自然而然、不假人为且合于道就是圣人。此处的"道"，可作"矩"解，亦可作"礼"解。

《论语·为政》：

> 子曰："吾十有五而志于学，三十而立，四十而不惑，五十而知天命，六十而耳顺，七十而从心所欲不逾矩。"

就是说，孔子认为自己在七十岁时，做任何事既能自诚心、诚意而发，又能使自己的行为合乎规矩。"从心所欲"就是"诚"的体现，"不逾矩"就是合于"礼"的要求，也是合于"道"的体现。孔子之所以被称为"圣人"就在于能"从心所欲不逾矩"，此与上引《中庸》"不勉而中，不思而得，从容中道"意思正合。此种境界亦比子大叔所谓"自曲直以赴礼"者的"成人"为高，所以称为"圣人"。

（六）诚与"慎独"的关系

慎，即诚。"独"，是就"诚"的存在形式的特点和性质而言的，意为"有且只有"或"唯一"。仅就寓目所及之文献而言，经典中没有"慎独"一词。"慎独"一词是学者对"慎其独"的约定俗成的概括性或习惯性说法。经典中通常都写作"慎其独"，"慎""独"两字中间还有一"其"字，这个"其"字似不可忽略。仅就通常观点言之，把"慎独"解为"诚独"，虽未完全准确，但大意可以接受。慎即诚。

《尔雅》：

慎，诚也。

从字形上看，"慎"字，由"真""心"两部分构成，而诚亦强调真心自然，可知慎、诚意合相通，与上文所及"诚与道的关系"所论相合。

就诚的形式及内容来说，诚只关乎真、假，或者说，诚只关乎真、伪。有真诚即率性，有假诚即虚伪。诚不关乎"善""恶"，诚善、诚恶，均是"诚"。也就是说，诚的内容，或者说"所诚"则有善、恶之分。上文所言"诚与信的关系"中曾论及：诚、信，均有不合于"义"之可能，联系此处"所诚"有善恶之分，则会更容易理解、接受。

《礼记·礼运》：

人藏其心，不可测度也。美恶皆在其心，不见其色。

"美恶皆在其心"，也就是说，美恶或善恶均存在于人心，这是自然而然的事，也是道的体现。"不见其色"，即"美恶"未发存于心、中，人又极易伪装其恶，别人就很难判断其善恶。亦可证"诚"本身无关乎"善恶"，而诚的内容却有善恶之分，"善恶"即此处所云之"美恶"。

《礼记·乐记》：

人生而静，天之性也，感于物而动，性之欲也。物至知知，然后好恶形焉。好恶无节于内，知诱于外，不能反躬，天理灭矣。夫物之感人无穷，而人之好恶无节，则是物至而人化物也。人化物也者，灭天理而穷人欲者也。于是有悖逆诈伪之心，有淫泆作乱之事。是故强者胁弱，众者暴寡，知者诈愚，勇者苦怯，疾病不养，老幼孤独不得其所。此大乱之道也。

即是说：人生而静，感于物而心动见诸行动，好恶得以形见，此为人之天性，是自然而然的，也是真、诚的体现。但是，好恶无节不能反躬，则天道、天理灭矣。对好恶之"节"，则是强调人"为"的因素在其中。好恶必待自"诚"而形、发，然后可辨可察"好恶"之善恶，即好恶可以是善，也可以是恶，关键看"人"之所"为"。

《礼记·大学》：

> 小人闲居为不善，无所不至，见君子而后厌然掩其不善而著其善。

"小人闲居为不善"，是"诚"的体现、表现，尽管所"为"不善。"见君子而后厌然掩其不善而著其善"，则是"伪"的表现，或称为"不诚"的表现。亦可证，诚本身并无善恶，诚的内容则有善恶。通俗言之，"某人想去抢劫"，"抢劫"是他的真实想法，是诚，但诚的内容——"抢劫"却是恶的。

《郭店简·性自命出》：

> 凡人情为可悦也。苟以其情，虽过不恶；不以其情，虽难不贵。苟有其情，虽未之为，斯人信之矣。

也是强调人情为信、为真、为诚的重要性。为人处世，首先要诚，至于是否有"过"，则是另一回事。孔子所谓"从心所欲"之"欲"，其中自有善恶之分，但孔子能够做到扬善化恶"不逾矩"，亦可从此处得解。

既然，诚的内容有善恶之分，那为什么儒家还强调、重视"诚"呢？因为，诚的反面是虚伪，而虚伪在孔子、儒家看来是可耻的事，无益于道德社会的构建。

《论语·公冶长》：

> 子曰："巧言令色足恭，左丘明耻之，丘亦耻之。匿怨而友其人，左丘明耻之，丘亦耻之。"

"巧言令色足恭""匿怨而友其人"皆是虚伪之行，左丘明、孔子对此深以为耻。《礼记·乐记》云："著诚去伪，礼之经也。"[①] "著诚"就是彰显"诚"，"去伪"就是化去"虚伪""诈伪"。"礼之经也"，即强调"著诚去伪"是礼的核心功能、作用及目的。

《礼记·中庸》：

> 喜怒哀乐之未发，谓之中；发而皆中节，谓之和。中也者，天下之大本也；和也者，天下之达道也。致中和，天地位焉，万物育焉。

郑玄注云："中为大本者，以其含喜怒哀乐，礼之所由生，政教自此出也。"[②] 以中为大本、以心为大本，亦即以诚为大本之意。"天下"是人参与其中之"天下"，天下之事均是人事，可以说人为天下之本，而"中"又为人之本，因此，"中"为天下之"大本"。也可以说，天下之事如何处理关键在人，而如何做人关键在"中"，因此，"中"为天下之"大本"。郑玄注所云有二义：其一，喜怒哀乐发而为善，即喜怒哀乐发而皆中节、中道则为圣人；其二，喜怒哀乐发而为不善，则须制礼、依礼教之以使之合节中道，此即"礼之所由生，政教自此出也"之意。

---

① 按：又见于《荀子·乐论》。
② （汉）郑玄注，（唐）孔颖达正义：《礼记正义》，吕友仁整理，上海古籍出版社2008年版，第1988页。

"天地位焉，万物育焉"，是揭示"致中和"之意义。是说，既能够由中而发，又能发而中节合道，则天地位焉，万物育焉，此乃"礼治"社会的呈现。放下诚的内容有善恶之分不言，做人首要在诚。

《孟子·离娄上》：

> 孟子曰："居下位而不获于上，民不可得而治也。获于上有道，不信于友，弗获于上矣。信于友有道，事亲弗悦，弗信于友矣。悦亲有道，反身不诚，不悦于亲矣。诚身有道，不明乎善，不诚其身矣。"

《礼记·中庸》：

> 在下位不获乎上，民不可得而治矣。获乎上有道，不信乎朋友，不获乎上矣。信乎朋友有道，不顺乎亲，不信乎朋友矣。顺乎亲有道，反诸身不诚，不顺乎亲矣。诚身有道，不明乎善，不诚乎身矣。

《孟子》《中庸》两者均意在强调，"信"一定要建立在"诚"的基础之上，既不自欺，又不欺人。否则，即有"不顺乎亲""不信乎朋友""不获乎上""民不可得而治"之弊。郑玄注云："言知善之为善，乃能行诚。"① 亦即"自明诚"之义理所在。也是说明"诚"对于在下位之人或者任何一个人所具有的积极意义。人们首先应该认识到"诚"之善，认识到了"诚"之善，就应该"诚意"，"诚意"之后，才能谈到"正心"，即《大学》所云"欲正其心者先诚其意"之原因所在。儒家学者正是在此认识的基础上，构建伦理道德修养的思想观点和学说。

"慎独"何以可以解释为"诚独"，"诚独"又是何意？以上所言是对"诚"的认识，以下则辨"独"之意。

---

① （汉）郑玄注，（唐）孔颖达正义：《礼记正义》，吕友仁整理，上海古籍出版社 2008 年版，第 2020 页。

学者对于"慎独"的研究，偏重于"慎"字的争论较多，但是，对于"独"字之分析、解释相对较少。① 这一现状对于认识、理解"慎独"的含义是不利的。"独"字的含义，孔颖达疏《礼记·礼器》"是故君子慎其独也"云：

　　　　独，少也。既外迹应少，故君子用少而极敬慎也。②

《礼记·中庸》孔颖达疏解为：

　　　　"故君子慎其独也"者，以其隐微之处，恐其罪恶彰显，故君子之人，恒慎其独居。言虽曰独居，能谨慎守道也。③

朱熹注《礼记·大学》"慎独"云：

　　　　独者，人所不知而己所独知之地也。④

　　以上诸家似乎均非正解。"独"字之意，借用数学的语言可以表述为"有且只有"或"唯一"，"独"是用来揭示"诚"的存在形式的特点、性质的。上文已言，"诚"有真假或真伪之分，即是说，"诚""有且只有"一种存在形式或表现形式，不诚，则有多种存在形式或表现形式。以"有且只有"一种存在形式或表现形式的为真"诚"，除此之外的其他多种存在形式或表现形式的则为假"诚"或伪"诚"。比如，某人装饰成"仁人"可以有多种形式，但是，无论如何装饰，都是不仁。而真正的"仁人"，"有且只有"一种表现形式，即"爱人"。凡与"爱

<hr />

　　① 关于"慎独"研究的学术史回顾，参见廖名春《"慎独"本义新证》，载廖名春《中国学术史新证》，四川大学出版社 2005 年版，第 73—85 页。
　　② （汉）郑玄注，（唐）孔颖达正义：《礼记正义》，吕友仁整理，上海古籍出版社 2008 年版，第 979 页。
　　③ （汉）郑玄注，（唐）孔颖达正义：《礼记正义》，吕友仁整理，上海古籍出版社 2008 年版，第 1989 页。
　　④ （宋）朱熹：《四书章句集注》，中华书局 1983 年版，第 7 页。

人"不同的"仁人"都是假的"仁人"。"独"又可以解释为"唯一"，此"唯一"是没有参照对象的"唯一"，具有不可分性，亦即"有且只有"之意。与"道生一"中的"一"性质相同。

《荀子·尧问》：

> 尧问于舜曰："我欲致天下，为之奈何？"对曰："执一无失，行微无怠，忠信无倦，而天下自来。执一如天地，行微如日月，忠诚盛于内，贲于外，形于四海，天下其在一隅邪！夫有何足致也！"

王先谦注云："执一，专意也。行微，行细微之事也。言精专不怠而天下自归，不必致也。"郝懿行认为"微者，隐也。《劝学》篇云：'行无隐而不形。'隐微，人所不见，而行之无怠心。下云：'行微如日月。'盖日月之行，人之所不见也。"①郝、王两说，都可以接受。但是，似乎应该更明确地指出："执一"之"一"就形式来说，就是"独"；就内容来说，就是"诚"。王先谦以"专意"释之，亦可通。"隐微"之意，即可以《礼记·中庸》所云："莫见乎隐，莫显乎微"释之。因此，《尧曰》中，舜答尧之问，意在阐明"诚"对于"为政"之重要意义，这与《荀子·不苟》所言："夫诚者，君子之所守也，而政事之本也"之意相合。

《荀子·不苟》：

> 君子养心莫善于诚，致诚则无它事矣，唯仁之为守，唯义之为行。诚心守仁则形，形则神，神则能化矣；诚心行义则理，理则明，明则能变矣。变化代兴，谓之天德。天不言而人推其高焉，地不言而人推其厚焉，四时不言而百姓期焉。夫此有常，以至其诚者也。君子至德，嘿然而喻，未施而亲，不怒而威。夫此顺命，以慎其独者也。善之为道者，不诚则不独，不独则不形，不形则虽作于心，见于色，出于言，民犹若未从也，虽从必疑。天地为大矣，不诚则

---

① （清）王先谦：《荀子集解》，沈啸寰、王星贤点校，中华书局1988年版，第547页。

不能化万物，圣人为知矣，不诚则不能化万民，父子为亲矣，不诚则疏；君上为尊矣，不诚则卑。夫诚者，君子之所守也，而政事之本也，唯所居以其类至，操之则得之，舍之则失之。操而得之则轻，轻则独行。独行而不舍，则济矣。济而材尽，长迁而不反其初，则化矣。①

"君子养心莫善于诚"，梁启雄先生说："诚，即《大学》'诚其意'之'诚'。"② 这是正确的，即是说"君子养心的方法最好的就是诚"。"致诚则无它事矣"，梁启雄说："谓不用从事于其他养心术，唯守仁行义已足矣。此冒下文言之"。此解则不敢苟同。此句之意应该是说"君子应该以致诚为唯一之事。"故下文又云"惟仁之为守，惟义之为行。"在"以致诚为唯一之事"的基础上，进而要做到"惟仁之为守，惟义之为行"。上文已言及"诚、信"有不合于"义"之"诚、信"。因此，"诚心"与"守仁行义"是两事，非谓"守仁行义"是"致诚"之方法。故下文又云"诚心守仁则形""诚心行义则理"，亦可见以"诚心守仁"和"诚心行义"为两阶，"诚心守仁则形"和"诚心行义则理"，是说诚心且守仁则形，诚心且行义则理。结合孔子所言"从心所欲而不逾矩"亦可知，"从心所欲"是一事，"不逾矩"亦为一事。此处，"诚心"是一事，相当于"从心所欲"之意。"惟仁之为守，惟义之为行"是一事，相当于"不逾矩"之意。因此，梁启雄说不可从。"形"，梁启雄认为"即《中庸》'诚则形'之'形'。"这是正确的。又引朱熹注《中庸》云："形者，积中而发外。"这也是正确的。"天不言而人推其高焉，地不言而人推其厚焉，四时不言而百姓期焉。夫此有常，以至其诚者也。""天、地、四时皆不言"，即谓天道就是自然而然，非人力可限

① 李涤生："此云《中庸》'诚则形，形则著，著则明，明则动，动则变，变则化，唯天下至诚为能化'之义同。"载（唐）杨倞注《荀子》，东方朔导读，王鹏整理，上海古籍出版社2010年版，第24页。熊公哲云："荀子所谓诚心守仁则形，形则神，神则能化矣；诚心行义则理，理则明，殆即《中庸》致曲之义。"参见熊公哲《荀子今注今译》，重庆出版社2009年版，第44页。梁启雄《荀子简释》亦据《大学》《中庸》以解此段文字。

② 梁启雄：《荀子简释》，中华书局1983年版，第29页。本节下引梁启雄说皆见于此，不再别注。

可变，故曰"有常"，这都是天道之真、诚的体现。"君子至德，嘿然而喻，未施而亲，不怒而威。夫此顺命，以慎其独者也。"此段文字的解读对理解"慎独"之意至关重要，故具引王先谦注及其引他说如下：

> 人所以顺命如此者，由慎其独所致也。慎其独，谓戒慎乎其所不睹，恐惧乎其所不闻。至诚不欺，故人亦不违之也。郝懿行曰：此语甚精，杨氏不得其解，而以谨慎其独为训。今正之云：独者，人之所不见也。慎者，诚也；诚者，实也。心不笃实，则所谓独者不可见。《劝学》篇云："无冥冥之志者，无昭昭之明；无惛惛之事者，无赫赫之功。"此惟精专沉默，心如槁木死灰，而后仿佛遇焉。口不能言，人亦不能传，故曰独也。又曰"不独则不形"者，形非形于外也，（杨注误。）形即形此独也。又曰"不形则虽作于心，见于色，出于言"，三句皆由独中推出，此方是见于外之事。而其上说天地四时云"夫此有常，以至其诚者也"；说君子至德云"夫此顺命，以慎其独者也"。顺命，谓顺天地四时之命。（杨注尤误。）言化工默运，自然而极其诚；君子感人，嘿然而人自喻，惟此顺命以慎其独而已。推寻上下文意，慎，当训诚。据《释诂》云"慎，诚也"，非慎训谨之谓。《中庸》"慎独"与此义别。杨注不援《尔雅》而据《中庸》，谬矣。"慎"字古义训诚，《诗》凡四见，毛、郑俱依《尔雅》为释。《大学》两言"慎独"，皆在《诚意》篇中，其义亦与《诗》同。惟《中庸》以"戒慎""慎独"为言，此别义，乃今义也……王念孙曰：《中庸》之"慎独"，"慎"字亦当训为诚，非上文"戒慎"之谓。（"莫见乎隐，莫显乎微"，即《大学》"十目所视，十手所指"，则"慎独"不当有二义。陈硕甫云："《中庸》言慎独，即是诚身。"）故《礼器》说礼之以少为贵者曰："是故君子慎其独也。"郑注云："少其牲物，致诚悫。"是慎其独即诚其独也。慎独之为诚独，郑于《礼器》已释讫，故《中庸》《大学》注皆不复释。孔冲远未达此旨，故训为谨慎耳。凡经典中"慎"字，与"谨"同义者多，与"诚"同义者少。训谨训诚，原无古今之异，（慎之为谨，不烦训释。故传注无文。非诚为古文而谨

178

为今义也。）唯"慎独"之"慎"则当训为诚，故曰："君子必慎其独"，又曰"君子必诚其意"。《礼器》《中庸》《大学》《荀子》之"慎独"，其义一而已矣。[1]

诸说大体可从，但尚有待于疏解的内容。"君子养心莫善于诚……谓之天德"与"君子至德，嘿然而喻，未施而亲，不怒而威"其中的"天德"与"至德"，可与《礼记·中庸》中的"诚者，不勉而中，不思而得，从容中道，圣人也"对照考虑。"天德"强调的是"诚心守仁行义"的效果，"至德"为君子之德的至称。《礼记·中庸》所说的"圣人"，是就圣人的本有属性而言的，总之，都与"从心所欲不逾矩"之境界相合，亦与"至诚"的成德方式相通。"顺命"之"命"，可以理解为"天命之谓性"的"性"，"顺命"就是顺天命之性，[2] 也就是"自明诚"的意思。"不诚则不独"是就"不诚"的表现形式说的，也就是说，不诚可以表现为多种形式，诚则"有且只有"一种形式，也可以说，除了这"有且只有"的"唯一"形式，体现为其他任何形式的都是不诚。"不诚则不独，不独则不形"，可采郝懿行说，"形即形此独也"。"诚心守仁则形"与"不诚则不独，不独则不形"从正反两处申述。故下文又云："不形则虽作于心，见于色，出于言，民犹若未从也，虽从必疑。天地为大矣，不诚则不能化万物，圣人为知矣，不诚则不能化万民，父子为亲矣，不诚则疏；君上为尊矣，不诚则卑。""不形"，即"诚""不形"，是说不能由"诚"而为，"作于心，见于色，出于言"，也是就"不诚"来说的，尽管违心行于言色，但是民不从其教，不从其政。即使勉强而从，也还是会怀疑。因此，如果这样为政立人的话，是不会有"化"民的效果的。这与《礼记·中庸》中的"自诚明谓之性，自明诚谓之教"正相合。《不苟》中这段文字正解释了自诚明与自明诚的两

① （清）王先谦：《荀子集解》，沈啸寰、王星贤点校，中华书局1988年版，第46—47页。
② 《孟子·尽心上》：孟子曰："尽其心者，知其性也。知其性，则知天矣。存其心，养其性，所以事天也。夭寿不贰，修身以俟之，所以立命也。"孟子所云"存其心，养其性，所以事天也"，即有顺天之意，"夭寿不贰，修身以俟之，所以立命也"，即是顺天而立命，与此处"致诚则无它事矣，惟仁之为守，惟义之为行"相合。

个互动过程。此处，自诚明是对君子、为上者而言的，自明诚是对民、居下位者而言的。只有"上"自诚明，才有"下"可能自明诚。"济而材尽，长迁而不反其初，则化矣。"其中"材尽"，熊公哲先生释为"谓尽其材性；《礼论篇》：'性恶者本始材朴也。'"① 以"性"解"材"，是正确的。因为，荀子的学说是建立在人性恶的基础之上的，所以才谈得上"不反起初"之"恶"。学者多引《礼记·中庸》释解此段内容。

《礼记·中庸》：

> 其次致曲，曲能有诚。诚则形，形则著，著则明，明则动，动则变，变则化，唯天下至诚为能化。

此段中"其次致曲，曲能有诚。"通常标点作"其次致曲。曲能有诚，"今不从，修正如上，因为《中庸》中此段是接上文"至诚"谈"诚"的另一个实现途径、方式的，可以概括为"曲诚"，即《中庸》下文所云"自明诚"。郑玄注云："其次，谓自明诚者也。"孔颖达疏云："此一经明贤人习学而致至诚"。② 此解释是正确的。然而，对于"曲"的含义的解释郑玄则云："曲，犹小小之事也。"③ 孔颖达从其说。

徐复观先生亦说：

> 曲者，乃指局部之善而言。任何人皆有局部之善。"致曲"，即是推拓局部之善。朱元晦"曲，一偏也"，似不妥。④
>
> "曲"是局部之善，局部之明；"致"是用力加以推扩，即是博学，审问，慎思，明辨，笃行。⑤

---

① 熊公哲：《荀子今注今译》，重庆出版社 2009 年版，第 43 页。
② （汉）郑玄注，（唐）孔颖达正义：《礼记正义》，吕友仁整理，上海古籍出版社 2008 年版，第 2024 页。
③ （汉）郑玄注，（唐）孔颖达正义：《礼记正义》，吕友仁整理，上海古籍出版社 2008 年版，第 2024 页。
④ 徐复观：《中国人性论史》（先秦篇），上海三联书店 2001 年版，第 133 页注。
⑤ 徐复观：《中国人性论史》（先秦篇），上海三联书店 2001 年版，第 137 页。

上引诸说均未达"曲"义。曲，即"不直"之义，已如上"诚与直关系"中所言。"曲能有诚"，是因为未能"自诚"，未能主动从"诚"出发，因此需要"习学而致至诚"，也就是"自明诚"之意。这与子大叔所云"自曲直以赴礼者"相合。

"慎其独"中的"其"字指"这个"（"诚"），或者指"内心"（自然而然的"诚"），"慎其独"，是指真心诚谨对待这个以"有且只有"为表现形式的"诚"。"慎其独"是强调对以"独"为表现形式的"诚"的态度的，要"诚"，慎即是诚。从这个意思上看，以"诚"释"独"、以"诚独"释"慎独"也是可以接受的，只不过缺乏对"独"字含义的深入考察。

二　"自诚明"与"自明诚"之内涵

《礼记·中庸》：

> 自诚明，谓之性。自明诚，谓之教。诚则明矣，明则诚矣。

《礼记·中庸》：

> 唯天下至诚，为能尽其性；能尽其性，则能尽人之性；能尽人之性，则能尽物之性；能尽物之性，则可以赞天地之化育；可以赞天地之化育，则可以与天地参矣。
>
> 其次致曲，曲能有诚。诚则形，形则著，著则明，明则动，动则变，变则化，唯天下至诚为能化。

这两段话分别是解释"自诚明，谓之性"和"自明诚，谓之教"的。"自诚明，谓之性"，郑玄注云："自，由也。由至诚而有明德，是圣人之性也。"[1] 借用子大叔的话，即是"自直以赴礼者"。"自明诚，谓之教"，郑玄注云："由明德而有至诚，是贤人学以成之也。"[2] 借用子大

---

① （汉）郑玄注，（唐）孔颖达正义：《礼记正义》，吕友仁整理，上海古籍出版社 2008 年版，第 2023 页。

② （汉）郑玄注，（唐）孔颖达正义：《礼记正义》，吕友仁整理，上海古籍出版社 2008 年版，第 2023 页。

叔的话，即"自曲以赴礼者"。"诚则明矣，明则诚矣"，这两句是说诚与明两者之间关系的。由诚可以达致明，由明也可以达致诚。对于"自诚明，谓之性。自明诚，谓之教"，郑玄注："有至诚则必有明德，有明德则必有至诚。"① 孔颖达疏云："此一经显天性至诚，或学而能，两者虽异，功用则相通。"② 其意是：由诚而显发为德，是自然而然的事，与性的属性是相通的。由学习而至于诚，是后天的习化所致，与教的性质相通。这也是儒家以礼为教的必要性和可能性的理论根源所在，虽然达致"至诚"有两途，但即便是圣人孔子也是经由七十年的修身才能"从心所欲而不逾矩"，可见，成就君子、圣人只剩下"自明诚"一途，这也是儒家提倡道德教化必要性和可能性的理论依据。

三　先秦儒家性论相通

（一）孟子性善论

《孟子·滕文公上》：

> 孟子道性善，言必称尧舜。

孟子明确提出"性善"一词。

《孟子·告子上》：

> 公都子曰："告子曰：'性无善无不善也。'或曰：'性可以为善，可以为不善；是故文、武兴，则民好善；幽、厉兴，则民好暴。'或曰：'有性善，有性不善；是故以尧为君而有象；以瞽瞍为父而有舜；以纣为兄之子，且以为君，而有微子启、王子比干。'今曰'性善'，然则彼皆非与？"

---

① （汉）郑玄注，（唐）孔颖达正义：《礼记正义》，吕友仁整理，上海古籍出版社 2008 年版，第 2023 页。

② （汉）郑玄注，（唐）孔颖达正义：《礼记正义》，吕友仁整理，上海古籍出版社 2008 年版，第 2023 页。

公都子以其他两种人性说质疑孟子的"性善"说。可见孟子主张"性善"。孟子对公都子的质疑给予回应。

> 孟子曰："乃若其情，则可以为善矣，乃所谓善也。若夫为不善，非才之罪也，恻隐之心，人皆有之。羞恶之心，人皆有之。恭敬之心，人皆有之。是非之心，人皆有之。恻隐之心，仁也。羞恶之心，义也。恭敬之心，礼也。是非之心，智也。仁义礼智，非由外铄我也，我固有之也，弗思耳矣。故曰，'求则得之，舍则失之。'或相倍蓰而无算者，不能尽其才者也。《诗》曰：'天生蒸民，有物有则。民之秉夷，好是懿德。'孔子曰：'为此诗者，其知道乎！故有物必有则；民之秉夷也，故好是懿德。'"① （《孟子·告子上》）

其中"非才之罪"中的"才"即"性"，可参上文熊公哲先生解《荀子·不苟》"材尽"，才、材相通，即性。孟子认为，善与不善，不是"性"的过错，关键是人对"才""性"的认识及态度。首先要"思"，"求则得之，舍则失之。"《孟子·告子下》又云："心之官则思，思则得之，不思则不得也。"就是说，能思就能认识性之善，不思则不能认识性之善。孟子云："恻隐之心，仁也。羞恶之心，义也。恭敬之心，礼也。是非之心，智也。仁义礼智，非由外铄我也，我固有之也。"又云："恻隐之心，人皆有之。羞恶之心，人皆有之。恭敬之心，人皆有之。是非之心，人皆有之。"可见恻隐、羞恶、恭敬、是非之心，即仁、义、礼、智不但是我所固有，且人所共有。故此，人性善。

（二）荀子性恶论

荀子认为，人之性恶，是自古以来圣人的共识。《荀子·性恶》云：

① "翟灏《孟子考异》引《四书辨疑》云：'下文二才字与此情字上下相应，情乃才字之误。'适按：孟子用情字与才字同义。告子篇'牛山之木'一章中云：'人见其濯濯也，以为未尝有材焉，此岂山之性也哉。'可以为证。"参见胡适《中国哲学史大纲》，上海古籍出版社1997年版，第209页。其实，"情"不必是"才"字之误。从"性发为情"的角度看，胡适所说，才、情同义是对的。才、性、情三者可通。

"古者圣王以人之性恶，以为偏险而不正，悖乱而不治，是以为之起礼义、制法度，以矫饰人之情性而正之，以扰化人之情性而导之也。使皆出于治，合于道者也。"荀子亦多处申述性恶之论。

《荀子·性恶》：

> 人之性恶，其善者伪也。
>
> 今人之性，生而有好利焉，顺是，故争夺生而辞让亡焉；生而有疾恶焉，顺是，故残贼生而忠信亡焉；生而有耳目之欲，有好声色焉，顺是，故淫乱生而礼义文理亡焉。然则从人之性，顺人之情，必出于争夺，合于犯分乱理而归于暴……用此观之，然则人之性恶明矣。
>
> 今人之性恶，必将待师法然后正，得礼义然后治。
>
> 今人之性，饥而欲饱，寒而欲暖，劳而欲休，此人之情性也。今人饥，见长而不敢先食者，将有所让也；劳而不敢求息者，将有所代也。夫子之让乎父，弟之让乎兄；子之代乎父，弟之代乎兄；此二行者，皆反于性而悖于情也。然而孝子之道，礼义之文理也。故顺情性则不辞让矣，辞让则悖于情性矣。用此观之，人之性恶明矣。

《荀子·荣辱》：

> 人之情，食欲有刍豢，衣欲有文绣，行欲有舆马，又欲夫余财蓄积之富也，然而穷年累世不知足，是人之情也。
>
> 人之生固小人，无师、无法，则唯利之见耳。

荀子认为，"情"包含"好、恶、喜、怒、哀、乐"，"情"是"性"的体现。

> 性之好、恶、喜、怒、哀、乐谓之情。(《荀子·正名》)
> 性者，天之就也；情者，性之质也；欲者，情之应也。(《荀子·正名》)

荀子又认为，礼义生于圣人之伪，非生于人性，也就是说，善在于人为。

> 问者曰："人之性恶，则礼义恶生？"应之曰："凡礼义者，是生于圣人之伪，非故生于人之性也。"（《荀子·性恶》）

荀子认为，人之所以为善，就因为人性恶。

> 凡人之欲为善者，为性恶也。夫薄愿厚，恶愿美，狭愿广，贫愿富，贱愿贵，苟无之中者，必求于外；故富而不愿财，贵而不愿势，苟有之中者，必不及于外。用此观之，人之欲为善者，为性恶也。今人之性，固无礼义，故强学而求有之也；性不知礼义，故思虑而求知之也。然则生而已，则人无礼义，不知礼义。人无礼义则乱，不知礼义则悖，然则生而已，则悖乱在己。用此观之，人之性恶明矣，其善者伪也。（《荀子·性恶》）

荀子认为，人之性恶，善在于人为。

（三）《礼记》中的性论

《礼记·中庸》：

> 天命之谓性，率性之谓道，修道之谓教。

郑玄注云："天命，谓天所命生人者也，是谓性命……率，循也。循性行之之谓道。修，治也。治而广之，人仿效之，是曰教。"[1] 上文已言，诚与道相通，此处"天命之谓性"，意谓：天所给予人者就是性，[2]

---

① （汉）郑玄注，（唐）孔颖达正义：《礼记正义》，吕友仁整理，上海古籍出版社 2008 年版，第 1987 页。

② 《孟子·尽心上》中记载孟子曰："尽其心者，知其性也。知其性，则知天矣。存其心，养其性，所以事天也。夭寿不贰，修身以俟之，所以立命也。"孟子之所以说"知其性，则知天矣"，就在于"性"乃是天所给予人者。

但天所给予人的性，要通过人"率性"而为予以显发，显发之后才能有善、恶之分。此亦与上论"诚只有真假，没有善恶"相合。率性为善则性善，率性为恶则性恶。

《礼记·中庸》：

> 自诚明，谓之性。

即善恶首先要由"自"，要由"诚"显发出来。否则"喜怒哀乐之未发"，存于"中"，则不能辨性之善恶。也可以说，诚与性相通，都是自然而然，都是天然的存在、反映，未发、未率性则不能辨其善恶。

《礼记·中庸》：

> 唯天下至诚，为能尽其性。

何谓"至诚"，郑玄、孔颖达无解。

《礼记·中庸》：

> 道也者，不可须臾离也，可离非道也。

"至诚"即"不可须臾离"之诚，也就是无时无刻不诚，哪怕有一时一刻、一丝一毫之不诚，都不是"至诚"。"至诚"也就是"尽诚"。因此，"唯天下至诚，为能尽其性"。也就是说，"尽诚"才能"尽性"，人为因素不在此列。故有学者指出："《礼记》不用孟荀的'善'或'恶'的概念来定义人性，而是以人性的'未发'和'已发'来判断人性的属性。"[1] 人性之善恶表现，有待于以诚独的方式予以"形"（显发），在未"形"（显发）之前，无所谓善恶，必待"形"（显发）之后，才可察其善恶。当然，这种"形"，不是一次、两次，必待"至诚""尽诚"。

---

[1] 苏志宏：《秦汉礼乐教化论》，四川人民出版社1991年版，第93—94页。

（四）孔子的性论

孔子论性处不多。子贡曰："夫子之文章，可得而闻也。夫子之言性与天道，不可得而闻也。"（《论语·公冶长》）

《论语·阳货》：

> 子曰："性相近也，习相远也。"

钱穆先生云："《论语》唯本章言及性字，而仅言其相近。"[1] 张岱年先生论及于此说：

> 孔子所谓性，乃与习相对的。孔子不以善恶讲性，只认为人的天性都是相近的，所谓的相异，皆由于习。孔子又说过："唯上智与下愚不移。"于是有人认为孔子乃主张性有三品。不过既讲"性相近"，则非有三品可知。所谓上智下愚，原非论性，而是讲才智的差别，性本不可以知愚来说。在《论语》中，这实是相离的两章，未可并为一谈。[2]

钱、张两说是正确的。孔子所说的"近"是就人性的"同"处着眼，所说的"远"是就习的效果之"异"处着眼。其实"远"字即可以理解为相差很远，亦即有"善""恶"的天壤之别。孔子这句话的含义就是：人性本来相近（心性相同，体性则各异，有高矮胖瘦之别，但是总体上是相近），但是经过习、化之后则有善恶之分。这样的理解是建立在对孔子整个生命历程的角度上说的。

《论语·尧曰》：

> 子曰："不知命，无以为君子也。"

可见，孔子认为，君子必须知命。

---

① 钱穆：《论语新解》，生活·读书·新知三联书店2002年版，第444页。
② 张岱年：《中国哲学大纲》，中国社会科学出版社1982年版，第183页。

《论语·为政》：

> 子曰："吾十有五而志于学，三十而立，四十而不惑，五十而知
> 天命，六十而耳顺，七十而从心所欲不逾矩。"

可知，孔子自命在五十岁时就已知"天命"，可以称"君子"之名。《论语·里仁》子曰："富与贵，是人之所欲也，不以其道，得之不处也。贫与贱，是人之所恶也，不以其道，得之不去也。君子去仁，恶乎成名？君子无终食之间违仁。造次必于是，颠沛必于是。"综合以上可知，孔子认为，人对于富贵之欲、贫贱之恶的态度是相同的。"不同"之处在于，以"道"处、以"道"去。以"道"处、以"道"去则为君子，言外之意，不以"道"处、不以"道"去则为"小人"。富贵之欲、贫贱之恶即就"近"处言，"君子"和"小人"之名、实是就"远"处言。"七十而从心所欲不逾矩"，即"自明诚"之结果。言外之意是孔子在七十岁之前，还没有达到"从心所欲不逾矩"，也有"欲"与"矩"的纠结与矛盾。这也是孔子与其他人在人性上相"近"的体现。"君子去仁，恶乎成名？"即意谓"君子"以"仁"立。可见，孔子自认为，五十岁可以称得上是"仁人"，至七十岁可以成就"圣人"之名，达到"从心所欲不逾矩"，这就是"习相远"的体现。

《荀子·富国》：

> 人伦并处，同求而异道，同欲而异知，生也。

王念孙云："生读为'性'。"[1]"同求而异道"，王先谦注云："谓或求为善，或求为恶。此人之性也"。[2]荀子此论正合孔子对富贵"欲"和贫贱"恶"的处、去之论，这就是性。

---

[1] 梁启雄：《荀子简释》，中华书局1983年版，第118页。
[2] （清）王先谦：《荀子集解》，沈啸寰、王星贤点校，中华书局1988年版，第175页。

《荀子·正名》：

> 情然而心为之择谓之虑。心虑而能为之动谓之伪。虑积焉、能习焉而后成谓之伪。

"伪"即"人为"，① 而"习"即是"伪"的重要方式和途径。《荀子·荣辱》：

> 凡人有所一同……可以为尧禹，可以为桀跖……在注错习俗之所积耳。

"一同"即是"近"，"可以为尧禹，可以为桀跖"即是"远"。

因此，孔子所云"性相近也，习相远也"，是说，性之善恶，在于人之取舍是否以道"处""去"，这就是"习"的结果，也就是人为的结果。可见，孔子之性中亦有善、恶，而善、恶在人之"习"，在人之"为"，习善则善，习恶则恶。为善则善，为恶则恶。

（五）《郭店简》中的性论

《郭店简》中记述人性是相同的，但在接受教育、学习之后却大不相同。

《郭店简·性自命出》②：

> 凡人虽有性，心无定志，待物而后作，待悦而后行，待习而后定。
>
> 善、不善，性也。
>
> 四海之内，其性一也。其用心各异，教使然也。

---

① 参见余嘉锡《余嘉锡文史论集》，岳麓书社1997年版，第641—643页。

② 陈来先生认为《郭店简·性自命出》的内容，亦见于《上博简·性情论》，二者是章序不同的不同传本，由于《上博简·性情论》残损多于《郭店简·性自命出》，所以以郭店简文本为优。参见陈来《郭店楚简〈性自命出〉与上博藏简〈性情论〉》，《孔子研究》2002年第2期。

即是说，性有善、有不善，或者说，性有善有恶，善恶是教育和习化的结果。《性自命出》："养性者，习也。""习也者，有以习其性也。"此处的"习"与《论语·阳货》中孔子所云："性相近也，习相远也"之"习"字意同。"习"有主观选择、取向并进而接受之意，与上面提到的"其用心各异，教使之然也"相合。《新书·保傅》中记载孔子曰："少成若天性，习惯如自然。"这与《性自命出》所记"待习而后定"是一致的。"定"即"自然"，均是对"状态"的描述。《国语·齐语》云："少而习焉，其心安焉，不见异物而迁焉，是故其父兄之教不肃而成，其子弟之学不劳而能。""心安"和"成性"均是"教""习"的结果。也就是说，教、习、用心于善，则可能善，教、习、用心于恶，则可能恶。之所以强调"可能性"是因为"教育的作用真的是有限的，教育果能教后必从，那社会就好了，就真的能和谐了。由此看来，对教育的作用不能过分估计。教育终抵不过'利益'的诱惑或者人的食色本能。"[1]

（六）孟子性善论与荀子性恶论相通

孟子、荀子于人性论一言性善、一言性恶，似乎有不可调和之势。张岱年先生说：孔子以后，孟子乃以善言性；于是性之是善是恶，遂成为以后论性的主要争点了。孟子讲性善，荀子讲性恶，适相对垒。不过孟子所谓性与荀子所谓性，实有大异。孟子言性善，乃谓人之所以为人的特质是仁义礼智四端。荀子言性恶，是说人生而完具的本能行为中并无礼义；道德的行为皆必待训练方能成功。孟子所谓性，与荀子所谓性，实非一事。孟子所注重的，是性须扩充；荀子所注重的，是性须改造。虽然一主性善，一主性恶，其实亦并非完全相反。究竟言之，两说未始不可以相容；不过两说实有很大的不同。[2]

张先生说：孟子、荀子性论"有很大的不同"，是因孟子、荀子两者所言之"性"有"大异"，并说"两说未始不可以相容"，这是正确的，但究竟如何相容，相通之处又在哪？蒋伯潜先生对此给予深刻的阐释：

---

① 梁漱溟：《中国文化要义》，上海世纪出版集团2005年版，第62页。
② 张岱年：《中国哲学大纲》，中国社会科学出版社1982年版，第183、192页。

《性恶篇》又说："涂之人可以为禹，曷谓也？曰：凡禹之所以为禹者，以其为仁义法正也。然则仁义法正，有可知可能之理。然而涂之人也，皆有可以知仁义法正之质，皆有可以能仁义法正之具。然则其可以为禹，明矣。""可以知仁义法正之质"，似即孟子所谓"良知"；"可以能仁义法正之具"，似即孟子所谓"良能"。"涂之人可以为禹"，亦即《孟子》中"人皆可以为尧舜"之说。孟子说"性善"，不过说人性皆有"善端"，皆有"良知""良能"，而扩充四端，发展良知良能，亦尚有待于后天人为之修养。故戴震《孟子字义疏证》说："此与性善之说，不惟不相悖，而且若相发明。"《正名篇》说："情然而心为之择，谓之虑。心虑而能为之动，谓之伪。"又说："欲不待可得，而求者从所可。欲不待可得，受乎天也；求者从所可，受乎心也。天性有欲，心为之节制（此九字，据久保爱所据宋本增）。……故欲过之而动不及，心止之也。……欲不及而动过之，心使之也。"是荀子认为天性中有欲，而所以节欲者为心。心何以能节欲？因"心"能"虑"，而"能"为之动故。

《解蔽》篇又说："何谓衡？曰：道。……人何以知'道'？曰：'心'。"《正名篇》亦说："道者，古今之正权也。离道而内自择，则不知祸福之所托。""内自择"，即所谓"情然而心为之择"。心何以能择？以能"虑"故。心之"虑"，心之"择"，盖以"道"为权衡故能无所蔽。孟子所谓"耳目之官不思而蔽于物""心之官则思"，其理正与此同。《礼论》说："无性，则伪之无加；无伪，则性不能自美。"性之所以成为"美"者，固赖有人为的工夫；但"伪之"而"有所加"，则性中非绝无善端可知已。我认为，荀子所说的人之性生而有"好利""疾恶"及好声色之耳目之欲与饥欲饱、寒欲暖、劳欲休……孟子亦未尝认为性中绝对没有，不过这些都是人与禽兽所同具的食色之性之类；孟子所说"大者""贵者"之能"思"的心，以及"良知""良能"，荀子亦未尝认为性中绝对没有，不过孟子以为人之所以异于禽兽者即在此，故特别重视之。故孟子所谓"性"，仅指人之所以异于禽兽之"性"；荀子所谓"性"，则兼包人与禽兽同具之"性"。一主性善，一主性恶，实因他们所谓

"性"者内涵外包不同之故。①

蒋先生说，孟子所谓"性"，仅指人之所以异于禽兽之"性"；荀子所谓"性"，则兼包人与禽兽同具之"性"。这是对孟子、荀子"性"的内涵外包的不同的辨析，是正确的。至于其对孟子、荀子性论相通之处的论述更是深刻精当的。如果稍有续貂之论的话，就是孟子的性善论是排除了人的自然性，强调了人的社会性，孟子认为以自然性为人性的话，将使人与禽兽无别。而荀子则认为，自然性与社会性均是人性的组成，自然性是人的本能，因此，必须对人的自然性予以"伪""化"，以成就人的社会性。

（七）先秦儒家性论相通：即孔子、孟子、荀子、《礼记》和《郭店简》中的性论相通

上面已论及孔子的人性论，所谓"性相近"其实就包含善、恶两端。② 孟子亦有大体、小体之论。

《孟子·尽心下》：

> 口之于味也，目之于色也，耳之于声也，鼻之于臭也，四肢之于安佚也，性也，有命焉，君子不谓性也。仁之于父子也，义之于君臣也，礼之于宾主也，智之于贤者也，圣人之于天道也，命也，有性焉，君子不谓命也。

《孟子·告子上》：

> 公都子问曰："钧是人也，或为大人，或为小人，何也？"孟子曰："从其大体为大人，从其小体为小人。"曰："钧是人也，或从其大体，或从其小体，何也？"曰："耳目之官不思，而蔽于物。物

---

① 蒋伯潜：《诸子学纂要》，首都经济贸易大学出版社 2017 年版，第 90—91 页。
② 王斐弘先生认为："孔子这里的'性'是中性的，无所谓善恶的。"参见王斐弘《儒学正源》，厦门大学出版社 2011 年版，第 40 页。与此处所论有异。

交物，则引之而已矣。心之官则思，思则得之，不思则不得也。此天之所与我者，先立乎其大者，则其小者弗能夺也，此为大人而已矣。"

小体，即指口目耳鼻等人体感官，亦即人的肉体，对味色声臭的欲望即指人与禽兽相同之自然性。而"大体"则指"人之所以为人者"。[①]《孟子·公孙丑上》孟子曰："人皆有不忍人之心……无恻隐之心，非人也；无羞恶之心，非人也；无辞让之心，非人也；无是非之心，非人也。恻隐之心，仁之端也；羞恶之心，义之端也；辞让之心，礼之端也；是非之心，智之端也。人之有是四端也，犹其有四体也。有是四端而自谓不能者，自贼者也。"孟子之意是人无恻隐、羞恶、辞让、是非四心即非人，而四心又为仁、义、礼、智四端，"人之有是四端也，犹其有四体也"，仁、义、礼、智四端，对人来说，即四体，四体即"其大者"，亦即大体。大体，即指仁、义、礼、智。因此，大体是就道德性而言的，指人之所以为人者，亦即人的社会性。

其实，荀子所论之"性"亦不包含善恶。

《荀子·正名》：

> 生之所以然者谓之性。性之和所生，精合感应，不事而自然谓之性。
>
> 性者，天之就也。

《荀子·性恶》：

> 不可学，不可事，而在人者，谓之性。

可见，荀子所说的"性"，也是指人天生的不可学、不可事者，没有善恶之分。荀子又曾多次论及"其善者伪也"，也就是说，善恶在

---

① 张岱年：《中国哲学大纲》，中国社会科学出版社 1982 年版，第 185 页。

人为。

《礼记》中所论之"性"亦不包含善恶。

《礼记·中庸》：

> 天命之谓性，率性之谓道，修道之谓教。

天命之性也无善恶，善恶在于人于率性而为之后方能发、形、显，而修、教即是人为之而致善之途径。

《郭店简·性自命出》记载："四海之内，其性一也。其用心各异，教使然也。"陈来先生认为，《性自命出》继承了孔子"性相近，习相远"的思想。[①] 整理者认为《性自命出》中的："性自命出，命自天降，道始于情，情生于性"与《中庸》首句"天命之谓性"相近。结合上述关于"诚"的内涵的探讨可知，天所赋予人的性，即是天性，天性，即是自然而然。善恶要通过对物的取舍来判断，故《性自命出》云："凡性为主，物取之也……人之虽有性心，弗取不出。"这与《礼记·乐记》的"人心之动，物使之然也"和"感于物而动，性之欲也，物至知知，然后好恶形焉"是相一致的。

综上所言，先秦儒家孔子、孟子、荀子、《礼记》和《郭店简》中所论之人性，皆指天生之自然而然的状态，无善恶之分，善恶在人的以诚"独"的形式"形""发""显"之后予以辨察。简言之，人性有善有恶，或者说，人性可善可恶，善恶在人为。借用孟子的"端"的概念，则可归之为：引其善端则形为善，发其恶端则形为恶。

四　内化的理路及过程

人性论并非儒家思想的核心，也可以说，儒家不是一个以探讨人性为旨归的学派。人性论只是儒家道德教化思想的理论基点，是为了阐明伦理道德之根源性和道德修养之必要性，进而为道德修养之可能性提供

---

① 陈来：《荆门竹简之〈性自命出〉篇初探》，载《中国哲学》编辑部编《郭店楚简研究》，辽宁教育出版社 1999 年版，第 298 页。

理论支撑。因此，儒家之学，本质上说是道德之学，而非知识技艺之学。

李景林先生说：

> 儒学六艺，亦包涵知识技艺之内容，然其趣归，则要在于其德性教养和敦民化俗之功。①

> 儒学的出发点是成就人的"为己之学"，而非一种知识论的立场。在儒学中，人的问题、德性的问题并不仅仅是哲学问题之一，而是贯通诸哲学问题的一个核心。②

《汉书·艺文志》概括儒家学术特点为："儒家者流，盖出于司徒之官，助人君顺阳阳明教化者也。游文于六经之中，留意于仁义之际，祖述尧、舜，宪章文、武，宗师仲尼，以重其言，于道最为高。"即儒家游于六经之文，所留意处在仁义。《论语·学而》中子曰："弟子入则孝，出则弟，谨而信，泛爱众，而亲仁。行有余力，则以学文。""学文"则又在行"孝悌、谨信、爱众、亲仁"之余，可知孔子是以道德教育为教育内容之核心。

《论语·学而》：

> 子夏曰："贤贤易色，事父母能竭其力，事君能致其身，与朋友交，言而有信，虽曰未学，吾必谓之学矣。"

钱穆先生注："上章孔子言学，先德行，次及文，故《论语》编者次以子夏此章。或谓此章语气轻重太过，其弊将至于废学。然孔门论学，本以成德为重，后人分德行与学问而二之，则失此二章之义矣。"③

儒家有不重技艺之学之倾向。

---

① 李景林：《教化的哲学——儒学思想的一种新诠释》，黑龙江人民出版社 2006 年版，第 2 页。

② 李景林：《教化的哲学——儒学思想的一种新诠释》，黑龙江人民出版社 2006 年版，第 33 页。

③ 钱穆：《论语新解》，生活·读书·新知三联书店 2002 年版，第 11 页。

樊迟请学稼，子曰："吾不如老农。"请学为圃，曰："吾不如老圃。"樊迟出，子曰："小人哉樊须也！上好礼，则民莫敢不敬；上好义，则民莫敢不服；上好信，则民莫敢不用情。夫如是，则四方之民襁负其子而至矣；焉用稼？"（《论语·子路》）

孔子认为，为上者加强礼、义、信等道德修养，则四方百姓必然归附，这也是为政者的首要责任或终极目标，稼、圃技艺之学则是小人之学。《孟子·告子上》中孟子曰："今夫弈之为数，小数也。"孟子亦以下棋为一种小技术。《荀子·儒效》云："人积耨耕而为农夫，积斫削而为工匠，积反货而为商贾，积礼义而为君子。"农夫、工匠、商贾、君子之区别在于所"积"之不同，唯积礼义为能成君子。《荀子·富国》云："兼足天下之道在明分。掩地表亩，刺屮殖谷，多粪肥田，是农夫众庶之事也。守时力民，进事长功，和齐百姓，使人不偷，是将率之事也。高者不旱，下者不水，寒暑和节，而五谷以时孰，是天之事也。若夫兼而覆之，兼而爱之，兼而制之，岁虽凶败水旱，使百姓无冻餧之患，则是圣君贤相之事也。"农夫众庶、将率、天各有其职、各有其事，唯圣君贤相而兼之。《礼记·王制》云："凡执技以事上者，不贰事，不移官，出乡不与士齿；仕于家者，出乡不与士齿。"亦表现出对"技艺"之人的鄙夷之意。

不仅于此，儒家似乎对外于人的礼器陈设之学亦不甚留意。

《论语·泰伯》：

曾子有疾，孟敬子问之。曾子言曰："鸟之将死，其鸣也哀。人之将死，其言也善。君子所贵乎道者三：动容貌，斯远暴慢矣。正颜色，斯近信矣。出辞气，斯远鄙倍矣。笾豆之事，则有司存。"

"笾豆之事，则有司存"，即指礼仪程式中的礼器陈设之事，不在儒者修习之范围。儒家所重视的如《论语·述而》所云，是"道、德、仁、艺"，子曰："志于道，据于德，依于仁，游于艺。"并以"仁"德为最高道德追求。

《论语·泰伯》：

> 曾子曰："士不可以不弘毅，任重而道远。仁以为己任，不亦重乎？死而后已，不亦远乎？"

钱穆先生云："仁以为己任，即以人道自任。"① 因此，儒学在本质上亦可称为"人学"。

在儒家看来，通过内化成就"人"，或者说，成就德性，首先在学，学的过程也就是"修"的过程。

《论语·述而》：

> 子曰："德之不修，学之不讲，闻义不能徙，不善不能改，是吾忧也。"

钱穆先生说："本章所举四端，皆学者所应勉。能讲学，斯能徙义改过。能此三者，自能修德。此所谓日新之德。孔门讲学主要工夫亦在此。本章亦孔子自勉自任之语，言于此四者有不能，是吾常所忧惧。"② 《礼记·学记》中记载："发虑宪，求善良，足以謏闻，不足以动众。就贤体远，足以动众，未足以化民。君子如欲化民成俗，其必由学乎！"意即"化民成俗"必经由"学"的过程。且"玉不琢，不成器；人不学，不知道。是故古之王者建国君民，教学为先。""教学为先"亦强调"学"在内化成人的过程中的地位和作用。

学的过程包含藏、修、息、游几个阶段。

《礼记·学记》：

> 故君子之于学也，藏焉，修焉，息焉，游焉。夫然，故安其学而亲其师，乐其友而信其道。是以虽离师辅而不反也。

---

① 钱穆：《论语新解》，生活·读书·新知三联书店 2002 年版，第 206 页。
② 钱穆：《论语新解》，生活·读书·新知三联书店 2002 年版，第 168 页。

孔颖达疏云："藏，谓心常怀抱学业也。修，谓修习不废也。息，谓作事倦息之时而亦存学也。游，谓闲暇无事游行之时亦在于学。言君子于学无时暂替也。"①

王夫之云：

> 藏，存于心也；修，习于行也。或息或游，而所藏、所修者无有之焉。②

藏、修、息、游，即是对学的阶段性及特点的描述。

《学记》：

> 离师辅而不反。

孔颖达疏云："若假令违离师友，独在一处，而讲说不违反于师友昔日之意旨，此则强立不反也。"③孔疏恐误，"不反"是强调学、化之后的效果，若"反"则说明"学"没有效果，没有对学者起到教化的功效。与上文《荀子·不苟》中"长迁而不反其初，则化矣"结合起来理解，则会明了此意。《礼记·学记》又载："九年知类通达，强立而不反，谓之大成。"其中"不反"亦与此同，均是强调"学"的效果，已经内化，所以才"不反"其"初"，当然，这也是"教""学"的目的所在。

孟子以"性善"论立说，仁义礼智四端，人皆固有之，因此，学问之道，在于求其放心。

《孟子·告子上》：

> 孟子曰："仁，人心也；义，人路也。舍其路而弗由，放其心而

---

① （汉）郑玄注，（唐）孔颖达正义：《礼记正义》，吕友仁整理，上海古籍出版社 2008 年版，第 1434 页。

② 张国光：《〈学记〉新讲——汇注、辩证并译解》，武汉出版社 1992 年版，第 44 页。

③ （汉）郑玄注，（唐）孔颖达正义：《礼记正义》，吕友仁整理，上海古籍出版社 2008 年版，第 1434 页。

不知求，哀哉！人有鸡犬放，则知求之；有放心而不知求。学问之道无他，求其放心而已矣。"

幺峻洲先生说："要拯救人生的沦落、良心的迷失，最根本的功夫就是良心的自我猛省，因此孟子在这里一语中的地说：'学问之道无他，求其放心而已矣。'所以，《大学》的第一句话就说：'大学之道，在明明德……'明德者，良知也。"[①]

孟子还认为，不但要"求其放心"而且要"存心"。

　　孟子曰："人之所以异于禽兽者几希，庶民去之，君子存之。"（《孟子·离娄下》）

君子所存，即"人之所以异于禽兽者"，或即上所言之"心"，或曰仁义礼智四端。

且孟子认为于"求""存"之外，又需"养"之。

　　孟子曰："人之于身也，兼所爱。兼所爱，则兼所养也。无尺寸之肤不爱焉，则无尺寸之肤不养也。所以考其善不善者，岂有他哉？于己取之而已矣。体有贵贱，有小大，无以小害大，无以贱害贵。养其小者为小人，养其大者为大人。今有场师，舍其梧、檟，养其樲、棘，则为贱场师焉。养其一指而失其肩背而不知也，则为狼疾人也。饮食之人，则人贱之矣，为其养小以失大也。饮食之人无有失也，则口腹岂适为尺寸之肤哉？"（《孟子·告子上》）

"养其小者为小人，养其大者为大人"，意同《孟子·告子上》中"从其大体为大人，从其小体为小人"。大者即指大体，小者即指小体。

孟子于"求""存""养"之外，又强调"扩充"善端。

---

　　① 幺峻洲：《孟子说解》，齐鲁书社 2006 年版，第 275 页。

　　孟子曰："恻隐之心，仁之端也；羞恶之心，义之端也；辞让之心，礼之端也；是非之心，智之端也。人之有是四端也，犹其有四体也。有是四端而自谓不能者，自贼者也；谓其君不能者，贼其君者也。凡有四端于我者，知皆扩而充之矣，若火之始然，泉之始达。苟能充之，足以保四海；苟不充之，不足以事父母。"（《孟子·公孙丑上》）

　　可见，扩充四端，不仅可以事父母，而且可以保四海。
　　除此之外，孟子亦强调"自得"的道德修养方式。

　　孟子曰："君子深造之以道，欲其自得之也。自得之，则居之安；居之安，则资之深；资之深，则取之左右逢其原，故君子欲其自得之也。"（《孟子·离娄下》）

　　孟子认为，"自得"乃君子深造之道，道德修养，尤其需要对道德的体认、固执、蓄积，进而才至于左右逢源，"自得"也就是道德内化的重要方式。
　　荀子以"性恶"立论，认为"人之性恶，其善者伪也"，因此，荀子主张"明礼义以化之"。
　　《荀子·性恶》：

　　故古者圣人以人之性恶，以为偏险而不正，悖乱而不治，故为之立君上之势以临之，明礼义以化之，起法正以治之，重刑罚以禁之，使天下皆出于治，合于善也。是圣王之治而礼义之化也。

　　礼义之明又在于"学"。"礼义人伦是'人'之为'人'的根本。"①荀子所言之学在"礼义人伦"，即在"人之为人"的根本，即成就人的社会性。

---

　　①　葛志毅：《谭史斋论稿四编》，黑龙江人民出版社 2008 年版，第 159 页。

《荀子·劝学》：

> 学恶乎始？恶乎终？曰：其数则始乎诵经，终乎读礼；其义则始乎为士，终乎为圣人。真积力久则入，学至乎没而后止也。故学数有终，若其义则不可须臾舍也。为之，人也；舍之，禽兽也。故《书》者，政事之纪也；《诗》者，中声之所止也；《礼》者，法之大分，类之纲纪也，故学至乎《礼》而止矣。夫是之谓道德之极。《礼》之敬文也，《乐》之中和也，《诗》《书》之博也，《春秋》之微也，在天地之间者毕矣。

荀子以礼为学之终点，称礼为道德之极。

《荀子·礼论》：

> 礼之理诚深矣……其理诚大矣……其理诚高矣……礼者，人道之极也。然而不法礼，不足礼，谓之无方之民；法礼，足礼，谓之有方之士。礼之中焉能思索，谓之能虑；礼之中焉能勿易，谓之能固。能虑，能固，加好之者焉，斯圣人矣。故天者，高之极也；地者，下之极也；无穷者，广之极也；圣人者，人道之极也。故学者，固学为圣人也，非特学为无方之民也。

礼，又为"人道之极"，学礼、法礼为有方之士，学礼、法礼之终极目标是成为圣人。

《荀子·修身》又云：

> 扁善之度……凡用血气、志意、知虑，由礼则治通，不由礼则勃乱提僈；食饮，衣服、居处、动静，由礼则和节，不由礼则触陷生疾；容貌、态度、进退、趋行，由礼则雅，不由礼则夷固僻违、庸众而野。故人无礼则不生，事无礼则不成，国家无礼则不宁。

"人无礼则不生"，则强调礼对于人之"血气、志意、知虑、食饮、

201

衣服、居处、动静、容貌、态度、进退、趋行"节制作用，是成就人"扁善"之节度。

荀子又主张起礼义化情性。

《荀子·性恶》：

> 今人之性恶，必将待师法然后正，得礼义然后治。今人无师法，则偏险而不正；无礼义，则悖乱而不治。古者圣王以人性恶，以为偏险而不正，悖乱而不治，是以为之起礼义、制法度，以矫饰人之情性而正之，以扰化人之情性而导之也。使皆出于治，合于道者也。
>
> 凡礼义者，是生于圣人之伪，非故生于人之性也……故圣人化性而起伪，伪起而生礼义，礼义生而制法度。然则礼义法度者，是圣人之所生也。

而礼义之来源则在圣人，圣人起礼义、制法度之目的即在于正、道人之情性，使之出于治、合于道。这个过程又可以被概括为"化性起伪"① 的过程。

"圣人"之所以能成为"圣人"，在于能"积"。《荀子·劝学》云："积土成山，风雨兴焉；积水成渊，蛟龙生焉；积善成德，而神明自得，圣心备焉。"《荀子·儒效》云："故积土而为山，积水而为海……涂之人百姓，积善而全尽谓之圣人。彼求之而后得，为之而后成，积之而后高，尽之而后圣；故圣人也者，人之所积也。人积耨耕而为农夫，积斲削而为工匠，积反货而为商贾，积礼义而为君子。"王先谦注云："积，

---

① 《性自命出》说："《诗》《书》《礼》《乐》，其始皆生于人。《诗》有为为之也。《书》有为言之也。《礼》《乐》有为举之也。圣人比其类而附会之，观其先后而逆顺之，体其义而节度之，理其情而出入之，然后复以教。教所以生德于中者也。"这是一段完整而经典的论述，简直可以说就是荀子的《诗》《书》《礼》《乐》论。按荀子的说法，所有的人（凡人）皆生而性恶，须要学习礼义以"化性起伪"。而礼义则是圣人伦比其类，为教人成人而有意（有为）制定的。所谓"生德于中"，正是荀子讲的"化性起伪"。德即是人之为人之德，具体地说就是礼义。《性自命出》认为，这种德是人原来所没有得，通过教与学，才能使之从中生出来。参见金春峰《〈周易〉经传梳理与郭店楚简思想新释》，台湾古籍出版有限公司 2003 年版，第 194 页。金先生的上述观点，与前论"学"与内化的过程是一致的。这也可以有助于理解儒家注重道德教化的学派特点。

习也。"①"积"的过程也就是"习俗"的过程。

《荀子·儒效》：

> 性也者，吾所不能为也，然而可化也；积也者，非吾所有也，
> 然而可为也。注错习俗，所以化性也；并一而不二，所以成积也。
> 习俗移志，安久移质。并一而不二，则通于神明，参于天地矣。

即谓通过礼义"习俗"以化性，"安久移志"，王先谦注云："安之
既久，则移本质。"② 此又与《荀子·不苟》："长迁而不反其初则化矣"
意通。

先秦儒家的终极目标是以"礼"致"治"。

《礼记·经解》：

> 礼之教化也微，其止邪也于未形，使人日迁善远罪而不自知也。
> 是以先王隆之也。

《礼记·乐记》：

> 乐也者，圣人之所乐也，而可以善民心，其感人深，其移风易
> 俗，故先王著其教焉。

李景林先生说："盖礼乐之设，乃本于人内在的情感生活；礼乐之
义，要在其'因人之情而为之节文'，故能作为与人伦日用密合无间之
生活样式，而化民于无迹。"③

因此，尽管孔子、孟子、荀子、《礼记》等对人性的阐释各异，但
其实质都是强调以"人性"为理论的基点，引发其道德学说，强调教和

---

① （清）王先谦：《荀子集解》，沈啸寰、王星贤点校，中华书局 1988 年版，第 143 页。
② （清）王先谦：《荀子集解》，沈啸寰、王星贤点校，中华书局 1988 年版，第 144 页。
③ 李景林：《教化的哲学——儒学思想的一种新诠释》，黑龙江人民出版社 2006 年版，第
2 页。

学的可能性、自觉性及必要性，其终极目标都是"礼治"的实现。"自诚明""从心所欲而不逾矩""自直以赴礼者"只是极少数人能够做到的，即使圣人孔子也是在七十岁之后才可以"从心所欲而不逾矩"。因此，针对芸芸众生，成就"人之所以为人"的途径和过程，只剩下"自明诚"并"自曲以赴礼者"一途。这也就是儒家所一再阐释的，扬善化恶的内化过程，或"自明诚"的过程。这也就是《礼记·大学》首句所云："大学之道，在明明德，在亲民，在止于至善"的内涵所在，即儒家一贯重视、强调"修身"的必要性之所在，也就明白《礼记·大学》所阐释的"三纲八目"之间的义理关系。

《礼记·大学》：

> 古之欲明明德于天下者先治其国，欲治其国者先齐其家，欲齐其家者先修其身，欲修其身者先正其心，欲正其心者先诚其意，欲诚其意者先致其知，致知在格物。物格而后知至，知至而后意诚，意诚而后心正，心正而后身修，身修而后家齐，家齐而后国治，国治而后天下平。

"诚意"之后，有善恶，善则扬之至于明德，恶不可怕，也不应该回避，可以通过教、学、刑等方式和途径，道之于正，心正则身修，身修则家齐，家齐则国治，国治则天下平，这也就是"礼治"目标的实现的理路所在。

郝懿行：

> 孟、荀之意，其归一耳。至于性恶、性善，非有异趣。性虽善，不能废教；性即恶，必假人为……孟、荀之旨，本无不合，惟其持论，各执一词。准以圣言，"性相近"即兼善恶而言，"习相远"乃从学染而分。[1]

---

[1] （清）王先谦：《荀子集解》，沈啸寰、王星贤点校，中华书局1988年标点本，考证：第15—16页。

谢墉：

> 孟子言性善，盖勉人以为善而为此言；荀子言性恶，盖疾人之为恶而为此言。要之，绳以孔子相近之说，则皆为偏至之论：谓性恶，则无上智也；谓性善，则无下愚也。①

钱大昕：

> 孟言性善，欲人之尽性而乐于善；荀言性恶，欲人之化性而勉于善；立言虽殊，其教人以善则一也。宋儒言性，虽主孟氏，然必分义理与气质而二之，则已兼取孟、荀二义，至其教人以变化气质为先，实暗用荀子"化性"之说。②

郝、谢、钱三说皆为至精之论。孔子、孟子、荀子、《礼记》对于人性的论述均意在说明，善恶在于人为，先秦儒家所阐释为善之意义和成善之途径、方式、过程，此亦为"学""教"的原因、目的、意义和价值之所在。

至于内化的具体过程，"礼治实现的过程"中"修身""齐家""治国"等部分均是"礼"的落实的过程，也是内化的具体过程。如"修身"即是个体在对礼的价值、观念的接纳基础上，通过学习、训练而自觉成为其本能的价值观念、行为规范的过程。"礼治的方式"中的礼制、礼仪、礼器、礼辞等也都是以礼作为内化过程中的凭依。总之，礼治的实现，不仅是社会上某个人的"内化"过程，也不仅是某一部分人、某一类人的内化过程，而是所有人的内化过程。

---

① （清）王先谦：《荀子集解》，沈啸寰、王星贤点校，中华书局 1988 年标点本，考证：第 13 页。

② （清）王先谦：《荀子集解》，沈啸寰、王星贤点校，中华书局 1988 年标点本，考证：第 15 页。

第二节　外在实现机制

礼治的外在实现机制，即通过外在于主体个人之礼教引导、典范表率和刑罚约束等形式、过程实现礼治。

一　礼教

礼教，是指通过礼与教育相结合以实现教化的目的。抑或说，以礼作为教育的内容，通过以礼为教以实现礼治的目的。"礼教"中"礼的方式"包含礼制、礼仪等。"礼教"中"教的形式"包含家庭教育、学校教育。

（一）以礼制、礼仪等作为礼教的形式：寓教于礼

以礼制、礼仪等作为礼教的形式，亦可称为"寓教于礼"。此于"礼治的方式"一章中已引其端绪，复申论于此。

寓教于礼，在儒家之前即有传统，如冠礼中，即有加冠之后执礼见教于君、乡大夫、乡先生之内容。

《国语·晋语六》云：

> 赵文子冠，见栾武子。武子曰："美哉！昔吾逮事庄主，华则荣矣，实之不知，请务实乎？"见中行宣子。宣子曰："美哉！惜也，吾老矣！"见范文子。文子曰："而今可以戒矣，夫贤者宠至而益戒，不足者为宠骄。故兴王赏谏臣，逸王罚之。吾闻古之王者，政德既成，又听于民，于是乎使工诵谏于朝，在列者献诗使勿兜，风听胪言于市，辨袄祥于谣，考百事于朝，问谤誉于路，有邪而正之，尽戒之术也。先王疾是骄也。"见郤驹伯。驹伯曰："美哉！然而壮不若老者多矣。"见韩献子。献子曰："戒之，此谓成人。成人在始。始与善，善进善，不善蔑由至矣；始与不善，不善进不善，善亦蔑由至矣。如草木之产也，各以其物。人之有冠，犹宫室之有墙屋也，粪除而已，又何加焉？"见智武子。武子曰："吾子勉之，成、宣之后而老为大夫，非耻乎！成子之文，宣子之忠，其可忘乎？

夫成子导前志以佐先君，导法而卒以政，可不谓文乎？夫宣子尽谏于襄、灵，以谏取恶，不惮死进，可不谓忠乎？吾子勉之，有宣子之忠，而纳之以成子之文，事君必济。"见苦成叔子。叔子曰："抑年少而执官者众，吾安容子？"见温季子。季子曰："谁之不如，可以求之。"见张老而语之。张老曰："善矣，从栾伯之言可以滋，范叔之教可以大，韩子之戒可以成。——物备矣，志在子。若夫三郤，亡人之言也，何称述焉！智子之道善矣，是先主覆露子也。"

赵文子于加冠之后先后拜见栾武子、中行宣子、范文子、郤驹伯、韩献子、智武子、苦成叔子、温季子八人，八人皆有教诫之语。最后，赵文子又传述八人之语于张老，张老对此八人之语予以评价，其中教诲之意显而易见。通过对"冠义"的揭示，亦可见寓教于礼之意。

《礼记·冠义》：

> 成人之者，将责成人礼焉也。责成人礼焉者，将责为人子、为人弟、为人臣、为人少者之礼行焉。将责四者之行于人，其礼可不重与！

冠礼即"责成人"之礼，行冠礼之后，就是要求冠者从此以后按照人子、人弟、人臣、人少之礼规范自己的社会生活。《礼记·冠义》云："故孝弟忠顺之行立而后可以为人，可以为人而后可以治人也。故圣王重礼。故曰：'冠者，礼之始也，嘉事之重者也。'是故古者重冠。重冠故行之于庙，行之于庙者，所以尊重事。尊重事而不敢擅重事，不敢擅重事，所以自卑而尊先祖也。"冠礼，作为成人身份认可的标志，冠者以后要以"成人"的身份参与家庭、社会活动，因此，冠礼对个人来说，是所有礼的开始，也就是说，一个人只有举行了冠礼，才可以、也必须按照成人的规范来行礼。"孝弟忠顺"即为上文"为人子、为人弟、为人臣、为人少者"之德，"孝弟忠顺"之德立，才可以真正称得上"成人"，成人之后才可以担当治国之任。且冠礼行于庙，又有尊祖自卑之教化之意。

寓教于礼亦体现为神道设教。

《礼记·祭统》：

> 夫祭之为物大矣，其兴物备矣，顺以备者也，其教之本与！是故君子之教也，外则教之以尊其君长，内则教之以孝于其亲。是故明君在上，则诸臣服从；崇事宗庙社稷，则子孙顺孝。尽其道，端其义，而教生焉。是故君子之事君也，必身行之。所不安于上，则不以使下；所恶于下，则不以事上。非诸人，行诸己，非教之道也。是故君子之教也，必由其本，顺之至也，祭其是与！故曰：祭者，教之本也已。

"祭为教之本"，即神道设教，其深意即在于，祭礼最能培养、体现人之敬意。因此，通过祭礼教育培养人们的恭敬之心，而敬为礼之本质，从此意义上说，"祭礼为教之本"。《荀子·礼论》云："凡礼，事生，饰欢也；送死，饰哀也；祭祀，饰敬也；师旅，饰威也。是百王之所同，古今之所一也，未有知其所由来者也。""祭祀，饰敬也"，即祭祀之目的在于表达对祭祀对象的"敬"意。因此，又强调"敬"必须"自中出，生于心"。

《礼记·祭统》：

> 凡治人之道，莫急于礼。礼有五经，莫重于祭。夫祭者，非物自外至者也，自中出，生于心也。心怵而奉之以礼，是故唯贤者能尽祭之义。

郑玄注云："怵，感念亲之貌也。"[1] 孔颖达疏云："'心怵而奉之以礼'者，言孝子感时，心中怵惕而奉亲以祭祀之礼。'是故唯贤者能尽祭之义'者，言非贤者不能怵惕，怵惕之义，唯必贤人，故能尽恭敬祭。"[2]

---

① （汉）郑玄注，（唐）孔颖达正义：《礼记正义》，吕友仁整理，上海古籍出版社2008年版，第1865页。

② （汉）郑玄注，（唐）孔颖达正义：《礼记正义》，吕友仁整理，上海古籍出版社2008年版，第1866页。

祭礼，就是祭者尽敬之礼。敬意之传达尤其应该以"顺、备"为体现，"顺、备"，即备物顺礼。而尽敬备物顺礼则为教之本。因此，从这个意义上说，祭为教本。以尽敬备物顺礼为教，则诸臣服从，子孙顺孝。

《礼记·祭统》：

> 夫祭有十伦焉：见事鬼神之道焉，见君臣之义焉，见父子之伦焉，见贵贱之等焉，见亲疏之杀焉，见爵赏之施焉，见夫妇之别焉，见政事之均焉，见长幼之序焉，见上下之际焉。此之谓十伦。

郑玄注云："伦，犹义也。"孔颖达疏云："此广陈祭含十义，以显教之本于伦义也。"[①] 上文既总论祭为教本，此分言"本"体现为"末"——"十伦"之教。《礼记·祭统》在此详细分述了"十伦"之教，文繁不录。《礼记·昏义》云："夫礼始于冠，本于昏，重于丧、祭，尊于朝、聘，和于射、乡，此礼之大体也。"其中尤其以丧祭为重。

《论语·学而》：

> 曾子曰："慎终追远，民德归厚矣。"

《荀子·礼论》：

> 礼者，谨于治生死者也。生，人之始也；死，人之终也；终始俱善，人道毕矣。故君子敬始而慎终，终始如一，是君子之道，礼义之文也。夫厚其生而薄其死，是敬其有知，而慢其无知也，是奸人之道而倍叛之心也。

慎终，即谨慎对待丧礼，追远，即指追思亲人之祭礼。荀子认为，祭礼表面上是祭鬼神之事，其实是人道的体现，通过敬始慎终培养人的

---

① （汉）郑玄注，（唐）孔颖达正义：《礼记正义》，吕友仁整理，上海古籍出版社2008年版，第1879页。

"敬"心。《礼记·檀弓下》记载:"墟墓之间,未施哀于民而民哀;社稷宗庙之中,未施敬于民而民敬。"此亦强调丧祭之礼对于民之哀敬之情的教化之效。"民德归厚"亦就祭为教本之意义而言,也是"重于丧祭"的目的意义所在。①

以其他礼制、礼仪为教化方式。

《礼记·乡饮酒义》:

> 乡饮酒之礼,六十者坐,五十者立侍,以听政役,所以明尊长也。六十者三豆,七十者四豆,八十者五豆,九十者六豆,所以明养老也。民知尊长养老,而后乃能入孝弟;民入孝弟,出尊长养老,而后成教;成教而后国可安也。君子之所谓孝者,非家至而日见之也,合诸乡射,教之乡饮酒之礼,而孝弟之行立矣。孔子曰:"吾观于乡而知王道之易易也。"

通过乡饮酒礼之明尊长、养老之意,民能知其意而入孝弟,出尊长、养老,则可以成教化之功,孝弟、尊长、养老之教成则国家可以安定有序。

《礼记·经解》:

> 故朝觐之礼,所以明君臣之义也;聘问之礼,所以使诸侯相尊敬也;丧祭之礼,所以明臣子之恩也;乡饮酒之礼,所以明长幼之序也;昏姻之礼,所以明男女之别也……故昏姻之礼废,则夫妇之道苦,而淫辟之罪多矣。乡饮酒之礼废,则长幼之序失,而争斗之狱繁矣。丧祭之礼废,则臣子之恩薄,而倍死忘生者众矣。聘觐之礼废,则君臣之位失,诸侯之行恶,而倍畔侵陵之败起矣。故礼之教化也微,其止邪也于未形,使人日徙善远罪而不自知也。

通过朝觐、聘问、丧祭、乡饮酒、昏姻之礼,彰显人伦之义,同时,通过这些礼仪来感化人心,从而止祸乱于未形。礼就是在对这些礼仪程

---

① 可参见本书第一章第二节相关论述。

式的践履之间，彰显人伦之义，使人于不自觉、不自知的过程中迁善远罪，实现了礼的教化功能。

《礼记·王制》：

> 司徒修六礼以节民性，明七教以兴民德，齐八政以防淫，一道德以同俗，养耆老以致孝，恤孤独以逮不足，上贤以崇德，简不肖以绌恶。

孔颖达疏云："六礼，谓冠一，昏二，丧三，祭四，乡五，相见六。""七教，即父子一，兄弟二，夫妇三，君臣四，长幼五，朋友六，宾客七。"① 即司徒通过冠、昏、丧、祭、乡、相见六礼来调节人们的性情，通过宣明父子、兄弟、夫妇、君臣、长幼、朋友、宾客之教以激发兴起民德。

诚如凌廷堪所云：

> 三代盛王之时，上以礼为教也，下以礼为学也。君子学士冠之礼，自三加以至于受醴，而父子之亲油然矣。学聘觐之礼，自受玉至于亲劳，而君臣之义秩然矣。学士昏之礼，自亲迎以至于彻馔成礼，而夫妇之别判然矣。学乡饮酒之礼，自始献以至于无算爵，而长幼之序井然矣。学士相见之礼，自初见执贽以至于既见还贽，而朋友之信昭然矣。盖天下无一人不囿于礼，无一事不依于礼，循循焉日以复其性于礼而不自知也。②

本杰明·史华兹在分析《论语·乡党》中孔子对一些"仪式的细节"的态度时，认为孔子"坚信，持久的、'诚实的'施行［仪式］也会变成一种自发的'第二习惯'。"③ 本杰明·史华兹和凌廷堪的观点是

---

① （汉）郑玄注，（唐）孔颖达正义：《礼记正义》，吕友仁整理，上海古籍出版社 2008 年版，第 547 页。

② 凌廷堪：《校礼堂文集》，中华书局 2006 年版，第 28 页。

③ ［美］本杰明·史华兹：《古代中国的思想世界》，程钢译，江苏人民出版社 2004 年版，第 85 页。

一致的，都注意到并深刻揭示了礼仪对于礼教的重要作用。

（二）家庭教育

家庭教育又称为"家教"，家教是教育形式中的重要组成部分。关于家教，先秦儒家专门的论述较少，但犹有相关材料，可以证实礼对于家教的重要性。

《论语·季氏》：

> 陈亢问于伯鱼曰："子亦有异闻乎？"对曰："未也。尝独立，鲤趋而过庭。曰：'学诗乎？'对曰：'未也。''不学诗，无以言。'鲤退而学诗。他日，又独立，鲤趋而过庭。曰：'学礼乎？'对曰：'未也。''不学礼，无以立。'鲤退而学礼。闻斯二者。"陈亢退而喜曰："问一得三。闻诗，闻礼，又闻君子之远其子也。"

这就是"庭训"一词的来源。孔子尤其强调诗、礼之学对于人生的重要性。

在子女十岁外出就学以前，其知识技能、道德人伦之教育由家庭中的亲长承担。《礼记·内则》载："子能食食，教以右手；能言，男唯女俞。男鞶革，女鞶丝。六年，教之数与方名。七年，男女不同席，不共食。八年，出入门户及即席饮食，必后长者，始教之让。九年，教之数日。十年，出就外傅。"其中自有生活技能的培养，亦有礼让廉耻道德方面的教育。

除上论冠礼中体现的家教，父母对女儿的诚勉之教又体现在昏礼之中。

《仪礼·士昏礼》：

> 父送女，命之曰："戒之敬之，夙夜毋违命！"母施衿结帨，曰："勉之敬之，夙夜无违宫事！"庶母及门内，施鞶，申之以父母之命，命之曰："敬恭听，宗尔父母之言。夙夜无愆，视诸衿鞶！"

出嫁前，父母长辈对女儿叮咛诚勉，不仅是仪式上客套，也是父母对女儿家教的阶段性结束。

（三）学校教育

因教育具有"化民成俗"和"化民易俗"的功用，所以儒家学者极为重视教育在国家政治生活中的地位和作用。

《礼记·学记》：

> 君子如欲化民成俗，其必由学乎……玉不琢，不成器；人不学，不知道。是故古之王者建国君民，教学为先。
>
> 古之教者，家有塾，党有庠，术有序，国有学。比年入学，中年考校。一年视离经辨志，三年视敬业乐群，五年视博习亲师，七年视论学取友，谓之小成；九年知类通达，强立而不反，谓之大成。夫然后足以化民易俗，近者说服而远者怀之，此大学之道也。

"家有塾，党有庠，术有序，国有学"是就学校设置的层级而言的。教育的最终目的是以培养个体的"大成"为目标，以实现"化民成俗"和"化民易俗"的大学之道为最终目的。以孟子、荀子所言即是"人伦"之教。

《孟子·滕文公上》：

> 设为庠序学校以教之。庠者，养也；校者，教也；序者，射也。夏曰校，殷曰序，周曰庠；学则三代共之，皆所以明人伦也。
>
> 教以人伦，——父子有亲，君臣有义，夫妇有别，长幼有序，朋友有信。

孟子以"孝悌"和"人伦"为"庠序"之教的内容，并以"明"人伦为教育之目的。《孟子·梁惠王上》云："五亩之宅，树之以桑，五十者可以衣帛矣；鸡豚狗彘之畜，无失其时，七十者可以食肉矣；百亩之田，勿夺其时，数口之家可以无饥矣；谨庠序之教，申之以孝悌之养，颁白者不负戴于道路矣。七十者衣帛食肉，黎民不饥不寒，然而不王者，未之有也。"养民众以"孝悌"，则知爱亲、敬长、尊上、信友矣，也就是成"人伦"之顺，如此，不能"称王"则是不可能的。

《荀子·大略》：

> 不富无以养民情，不教无以理民性。故家五亩宅，百亩田，务
> 其业而勿夺其时，所以富之也。立大学，设庠序，修六礼，明七教，
> 所以道之也。《诗》曰："饮之食之，教之诲之。"王事具矣。

荀子亦以六礼、七教为庠序之教之内容，且以礼教为王事之具，此与孟子意合相通。

先秦学校教育的一个重要特点是官师合一。

吕文郁先生指出：

> 古代政教不分，官师合一，学在王官，三代之旧法，皆以吏为
> 师。官吏之职守，不仅分管行政，还要负责本职之教育和学术。①

学校教育中"师"的职责主要是通过职官实现的，教育的内容也是职官职掌的重要内容。《礼记·王制》云："乐正崇四术，立四教，顺先王《诗》《书》《礼》《乐》以造士，春秋教以《礼》《乐》，冬夏教以《诗》《书》。王大子，王子，群后之大子，卿、大夫、元士之适子，国之俊选，皆造焉。凡入学以齿。"即谓《诗》《书》《礼》《乐》四教是乐正之职掌，也是学校教育之内容。《礼记·王制》云："将出学，小胥、大胥、小乐正简不帅教者，以告于大乐正，大乐正以告于王，王命三公、九卿、大夫、元士皆入学。不变，王亲视学。不变，王三日不举，屏之远方。西方曰棘，东方曰寄，终身不齿。"小胥、大胥、小乐正、大乐正等皆为王朝职官，又承担教育督责之重要内容。

《礼记·文王世子》述之犹详：

> 凡学世子及学士，必时：春夏学干戈，秋冬学羽籥，皆于东序。

---

① 吕文郁：《春秋战国文化史》，东方出版中心 2007 年版，第 87 页。

小乐正学干，大胥赞之；籥师学戈，籥师丞赞之。胥鼓南。春诵夏弦，大师诏之；瞽宗秋学礼，执礼者诏之；冬读书，典书者诏之。礼在瞽宗，书在上庠。凡祭与养老、乞言、合语之礼，皆小乐正诏之于东序。大乐正学舞干戚。语说，命乞言，皆大乐正授数，大司成论说在东序。凡侍坐于大司成者，远近间三席，可以问，终则负墙。列事未尽，不问。凡学，春，官释奠于其先师，秋冬亦如之。凡始立学者，必释奠于先圣先师，及行事，必以币。凡释奠者，必有合也。有国故则否。凡大合乐，必遂养老。凡语于郊者，必取贤敛才焉。或以德进，或以事举，或以言扬。曲艺皆誓之，以待又语。三而一有焉，乃进其等，以其序，谓之郊人，远之于成均，以及取爵于上尊也。始立学者，既兴器用币，然后释菜，不舞不授器，乃退，侯于东序，一献，无介、语可也。教世子。

凡三王教世子，必以礼乐。乐所以修内也，礼所以修外也。礼乐交错于中，发形于外，是故其成也怿，恭敬而温文。立大傅、少傅以养之，欲其知父子君臣之道也。大傅审父子君臣之道以示之，少傅奉世子以观大傅之德行而审喻之。大傅在前，少傅在后，入则有保，出则有师，是以教喻而德成也。师也者，教之以事而喻诸德者也。保也者，慎其身以辅翼之而归诸道者也。《记》曰："虞、夏、商、周，有师、保，有疑、丞，设四辅及三公，不必备，唯其人。"语使能也。君子曰德，德成而教尊，教尊而官正，官正而国治，君之谓也。

其中，小乐正、籥师、胥、大师、大乐正、大司成、大傅、少傅、师、保、四辅、三公等即为职官，而教育皆为其职责范围内之事，教育内容亦不出六艺、六经之范围。从"学而优则仕"的角度看，学校教育正是为王朝培养后备职官人才，因此，教育培养的内容极关乎国家王道政治。

学校教育内容为六艺、六经。上引《礼记·文王世子》已言及于此。《汉书·儒林传》中也记载："古之儒者，博学乎六艺之文。六艺者，王教之典籍，先圣所以明天道，正人伦，致至治之成法也。"即谓儒家以王教政典六艺为教、为学。

《礼记·内则》：

> 十有三年，学乐，诵诗，舞《勺》。成童，舞《象》，学射御。二十而冠，始学礼，可以衣裘帛，舞《大夏》，惇行孝弟，博学不教，内而不出。

即以礼、乐、射、御为教育之内容。

《礼记·经解》：

> 孔子曰："入其国，其教可知也。其为人也：温柔敦厚，《诗》教也；疏通知远，《书》教也；广博易良，《乐》教也；洁静精微，《易》教也；恭俭庄敬，《礼》教也；属辞比事，《春秋》教也。"

孔子认为，气质人情与六经教化之间存在必然联系，一个国家的民风与教育内容的选择、取向是密不可分，而六经教育对于化民成俗是必不可少的。荀子亦极重视六经之教育价值功用。

《荀子·劝学》：

> 故《书》者，政事之纪也；《诗》者，中声之所止也；《礼》者，法之大分，类之纲纪也，故学至乎《礼》而止矣。夫是之谓道德之极。《礼》之敬文也，《乐》之中和也，《诗》、《书》之博也，《春秋》之微也，在天地之间者毕矣。

《荀子·儒效》：

> 故《诗》《书》《礼》《乐》之道归是矣。《诗》言是其志也；《书》言是其事也；《礼》言是其行也；《乐》言是其和也；《春秋》言是其微也。故"风"之所以为不逐者，取是以节之也；"小雅"之所以为小雅者，取是而文之也；"大雅"之所以为大雅者，取是

而光之也；"颂"之所以为至者，取是而通之也。天下之道毕是矣。乡是者臧，倍是者亡。乡是如不臧，倍是如不亡者，自古及今，未尝有也。

荀子认为，六经为人道之极，天下之道具包于此，因此，学至乎六经、止于六经足矣，即是对六经教育经世价值的最高褒誉。学者又云六经皆礼，以六经为教亦即以礼为教。

马一浮先生云：

> 六艺之教，莫先于《诗》，莫急于《礼》。诗者，志也。礼者，履也。在心为志，发言为诗。在心为德，行之为礼。故敦诗说礼，即是蹈德履仁。君子以仁存心，以义制事。诗主于仁，感而后兴；礼主于义，以敬为本……故言《诗》则摄《礼》，言《礼》则摄《乐》，《乐》亦《诗》摄，《书》亦《礼》摄，《易》与《春秋》亦互相摄，如此总别不二，方名为通。①

马一浮先生以六经"方名为通"，其所通之处即为"礼"。皮锡瑞先生亦有此论，其云：

> 六经之文，皆有礼在其中。六经之义，亦以礼为尤重。②

即六经之文、义通于礼，故六经以礼为重。曹元弼先生在其《礼经学》卷四《会通》中亦云：

> 六经同归，其指在礼。《易》之象，《书》之政，皆礼也。《诗》之美刺，《春秋》之褒贬，于礼得失之迹也。《周官》，礼之纲领，而《礼记》则其义疏也。《孝经》，礼之始，而《论语》则其微言大

---

① 马一浮：《复性书院讲录》，江苏教育出版社 2005 年版，第 174 页。
② （清）皮锡瑞：《经学通论》，中华书局 1954 年版，三礼第 81 页。

义矣……盖圣人之道，一礼而已。三代之学，皆所以明人伦，六艺殊科，礼为之体。①

曹元弼先生明确指出："六经同归，其指在礼。"
柳诒徵先生亦云：

礼者，吾国数千年全史之核心也。②

综上，经、史皆礼。因此，先秦儒家以六经为教，其实就是以礼为教，邹昌林先生谓："《六经》皆礼"，"礼为中国文化之总源"。③ 此即中国文化向被称作"礼乐文化""礼乐文明"之根源所在。

二　典范表率

以典范表率引领示范从而实现礼治，可以称为"典范政治"，对于典范政治的内涵及内在理路，常金仓先生说：

古圣贤们法则天地自然创造了如此独特的文化，那么人民大众就应该以圣贤为楷模，因此，法天地影响到政治上就产生了"典范政治"，用古话说叫做"圣人法天，贤者法圣"，礼仪就是效法先圣先贤、砥砺道德品行的实践程序，所以典范政治就成了礼乐文化的特征之一。这种政治主张民不帅教，责在自躬，统治者应反身修己，朝夕惕若；它反对归咎于人，用残暴手段强迫人民奉上守法。史前文化英雄们以个人才能和功勋被推戴为部落首领，他们是真正的人民公仆，他们的品德行为就成为后世的典范，在这条文化定律面前，后世王侯无论愿意与否都必须接受上述风范的约束，而人民群众也总是把社会的进步、个人的幸福寄托在圣君和贤臣的身上。统治者

①　曹元弼：《礼经学》，载《读修四库全书》编委会编《续修四库全书》，上海古籍出版社 2002 年版，第 94 册，第 713 页上栏。
②　柳诒徵：《国史要义》，华东师范大学出版社 2000 年版，第 12 页。
③　邹昌林：《中国礼文化》，社会科学文献出版社 2000 年版，第 25 页。

中个别严重违背这条文化定律的人，如桀、纣、幽、厉，或被杀戮，或被放逐。如果整个统治阶级全部背离这条规律，则导致这种文化随着那个统治阶级在政治上的没落而告解体。①

典范，就是道德上的模范、楷模。而效法观念，则来源于法天观念，其实就是法自然、法道。典范政治，就是发挥道德典范对于民众的表率示范引领作用，因此，"典范政治"，亦可以进一步明晰为"道德典范政治"，以免被误解为"技艺典范""能力典范"等。至于道德典范的构成则包含君子、圣人、君王等。

葛志毅先生即指出：

> 君子原作为贵族统治者之称是无疑的。君子乃有位者之称，同时又是有德者之称，因为古代贵族之高贵，首先在于他是有德者，德是贵族君子的道德人格标志。②

此亦即儒家"德位一致""德位相称"的观念。

冯友兰先生说：

> "天地之大德曰生，圣人之大宝曰位"，盖圣人必有君位，然后可以行其道治天下也。依儒家之说，有圣人之德者，人自然归之；人皆归之，斯自然为君。所谓"上圣卓然先行敬让博爱之德者，众心说而从之；从之成群，是为君矣；归而往之，是为王矣"（《汉书·刑法志》）孟子曰：尧崩。三年之丧毕，舜避尧之子于南河之南。天下诸侯朝觐者，不之尧之子而之舜；讼狱者，不之尧之子而之舜……夫然后之中国，践天子之位焉。（《万章上》）此说虽非历史的事实，然要系儒家所认为之历史的事实也。③

---

① 常金仓：《周代礼俗研究》，黑龙江人民出版社 2004 年版，第 231—232 页。
② 葛志毅：《谭史斋论稿四编》，黑龙江人民出版社 2008 年版，第 4 页。
③ 冯友兰：《人生哲学》，广西师范大学出版社 2005 年版，第 112 页。

冯友兰所说大体不错，唯所引《汉书·刑法志》之材料似不合所论之旨，其引《汉书·刑法志》之文，只可说明人君行德政之效果，并未体现人君之本身于道德上之典范作用。用荀子的观点来说，只是说明人君做到了"能群"。《荀子·王制》载："故人生不能无群，群而无分则争，争则乱，乱则离，离则弱，弱则不能胜物；故宫室不可得而居也，不可少顷舍礼义之谓也。能以事亲谓之孝，能以事兄谓之弟，能以事上谓之顺，能以使下谓之君。君者，善群也。群道当，则万物皆得其宜，六畜皆得其长，群生皆得其命。故养长时，则六畜育；杀生时，则草木殖。政令时，则百姓一，贤良服。"人君行德政，使得百姓归服，与人君本身以道德典范发挥表率引领示范作用，两者是两回事，不可混淆。

其实，先秦儒家关于"德位相称"的论述颇多，如：

官不易方，爵不逾德。（《左传·成公十八年》）

厎禄以德，德钧以年，年同以尊。（《左传·昭公元年》）

夫爵以建事，禄以食爵，德以赋之，功庸以称之，若之何以富赋禄也？（《国语·晋语八》）

大德必得其位，必得其禄，必得其名，必得其寿……故大德者必受命。（《礼记·中庸》）

爵有德而禄有功。（《礼记·祭统》）

合男女颁爵位，必当年、德。（《礼记·礼运》）

子曰："《兑命》曰：'爵无及恶德，民立而正。'"（《礼记·缁衣》）

夫德不称位，能不称官，赏不当功，罪不当罚，不祥莫大焉。（《荀子·正论》）

德必称位，位必称禄，禄必称用。（《荀子·富国》）

以上所引，均是强调德、位、爵、禄、功一致，简称为"德位相称"。

马一浮先生云：

> 古之爵人者，皆以德为差。故爵名者，皆名其人之德也。《仪礼·士冠礼》："以官爵人，德之杀也。"《虞书》禹曰："知人则哲，能官人。"皋陶曰："都，亦行有九德，亦言其人有德。日宣三德，夙夜浚明。有家。日严祇敬六德，亮采有邦。翕受敷施，九德咸事。俊乂在官。"此言具三德为大夫，具六德为诸侯，具九德乃为天子也。今人不知此义，妄以经籍中所举爵名，谓为封建时代统治阶级之泛称，如后世之上尊号。是为目论。今据《孝经》叙五孝，略显其义，明爵名皆为德名，以祛俗惑。①

马一浮先生所论谛当无间，德位相称自古已然，儒家思想中德位观念乃渊源有自，其中对"禅让"说的推崇亦与此有关。《郭店简·唐虞之道》载："禅也者，上德授贤之谓也。上德则天下有君而世明。授贤则民兴教化而化乎道。不禅而能化民者，自生民未之有也。之正者，能以天下禅矣。"即此之谓也。

对此，康学伟先生从中国文化的道德伦理性特征的角度，对典范政治存在的原因进行了分析。康先生说："中国的礼乐文化是一种特殊的文明类型，它所具有的最重要的个性特征，就是特殊偏重于伦理道德。而道德所规范的不仅是人们的行为，而且包含了作为意识与行为这一整体中间的意识部分（法权只约束行为这一部分，而不涉及内心世界）。因此，礼治所主要依靠的治世手段就不可能是'法'，而只能是道德风俗。这样一来，治理社会主要靠的是行政者的才能与品行，凭教化与诱导来使民向善，而另一方面，被统治者也老是寄厚望于圣君贤臣的开明政治。如此说来，礼乐文化所赖以存在的重要先决条件，就是统治者的率先垂范。"②

道德典范表率的实质就是道德教化，即利用、发挥典范在道德人格

---

① 马一浮：《复性书院讲录》，江苏教育出版社 2005 年版，第 115 页。
② 康学伟：《先秦孝道研究》，吉林人民出版社 2000 年版，第 126—127 页。

上的巨大感召力量，通过潜移默化的方式，使人得到教化，从而知耻、去恶、向善。因此，道德典范表率之教亦可称为"风教"。

季康子问政于孔子，曰："如杀无道以就有道，何如？"孔子对曰："子为政，焉用杀？子欲善而民善矣。君子之德，风。小人之德，草。草，上之风，必偃。"（《论语·颜渊》）

孟子曰："上有好者，下必有甚焉者矣。君子之德，风也；小人之德，草也。草上之风必偃。"（《孟子·滕文公上》）

孟子曰："伯夷，目不视恶色，耳不听恶声。非其君，不事；非其民，不使。治则进，乱则退。横政之所出，横民之所止，不忍居也。思与乡人处，如以朝衣朝冠坐于涂炭也。当纣之时，居北海之滨，以待天下之清也。故闻伯夷之风者，顽夫廉，懦夫有立志。"

柳下惠不羞污君，不辞小官。进不隐贤，必以其道。遗佚而不怨，厄穷而不悯。与乡人处，由由然不忍去也。"尔为尔，我为我，虽袒裼裸裎于我侧，尔焉能浼我哉？"故闻柳下惠之风者，鄙夫宽，薄夫敦。（《孟子·万章下》）

孟子曰："圣人，百世之师也，伯夷、柳下惠是也。故闻伯夷之风者，顽夫廉，懦夫有立志；闻柳下惠之风者，薄夫敦，鄙夫宽。奋乎百世之上。百世之下，闻者莫不兴起也。非圣人而能若是乎？而况于亲炙之者乎？"（《孟子·尽心下》）

故先王既陈之以道，上先服之。若不可，尚贤以綦之；若不可，废不能以单之。綦三年而百姓从风矣。邪民不从，然后俟之以刑，则民知罪矣。《诗》曰：'尹氏大师，维周之氏，秉国之均，四方是维，天子是庳，卑民不迷。'是以威厉而不试，刑错而不用，此之谓也。（《荀子·宥坐》）

风，段玉裁注《说文解字》云："凡无形而致者皆曰风。"即是从"风教"之潜移默化且见于无形的实现过程及特点而言的。许兆昌先生在阐释"乐"的政治表达功能时指出：

"风教"是一种自上而下的政治表达功能，表达者是君主。①

许先生所言的"君主"，亦可指"有位者"。亦与此处所言之"典范"可通。孔子所谓"君子之德，风"、孟子所谓"伯夷之风""柳下惠之风"及荀子所谓"先王"之风，均是就"典范"之"德"而言的，而"草，上之风，必偃""顽夫廉，懦夫有立志""鄙夫宽，薄夫敦""百姓从风""威厉而不试，刑错而不用"，均是强调典范表率所发挥道德教化作用于政治功能、效果方面的体现。

黄俊杰先生在谈到孟子的教育的目的时，提出儒家的精英主义精神对受教育者所起的作用：

孟子认为所谓"教育"就是在于促使受教育者的主体性之整体的觉醒。孟子引用伊尹的话说："天之生此民也，使先知觉后知，使先觉觉后觉也。予，天民之先觉者也，予将以斯道觉斯民也。非予觉之，而谁也？"这一段话在《孟子·万章下·1》孟子又引用一次，只是语句稍有不同，可见孟子对这句话的重视。这段话充满了儒家的使命感与精英主义的精神，而可能被现代饱受平等精神洗礼的读者所诟病，但是这段话中将教育视为一种自觉的学习过程的主张是十分明确的。朱子注这段话说："知，谓识其事之所当然。觉，谓悟其理之所以然。觉后知后觉，如呼寐者而使之寐也。"朱子的解释至为谛当，顺着朱注的语脉，我们不妨说：孟子认为"教育"就是一种"唤醒"主体性的过程。②

黄俊杰所谓"精英主义"与此处"典范表率"意通，其所强调的典范或称精英"'教育'就是一种'唤醒'主体性的过程"，亦与上云

---

① 许兆昌：《先秦乐文化考论》，黑龙江人民出版社 2010 年版，第 331 页。
② 黄俊杰：《孟子》，生活·读书·新知三联书店 2013 年版，第 120 页。按：原引文"天之生此民"中的"此"字作"斯"字，或误排所致，或所据版本不同之故，但不妨碍对此文之理解。

"风教"之过程相通。当然，除"唤醒"，还要有"悦"进而至于"化"的过程。

《孟子·离娄上》：

> 孟子曰："天下大悦而将归己，视天下悦而归己，犹草芥也，惟舜为然。不得乎亲，不可以为人；不顺乎亲，不可以为子。舜尽事亲之道而瞽瞍厎豫，瞽瞍厎豫而天下化，瞽瞍厎豫而天下之为父子者定，此之谓大孝。"

舜尽事亲之道于瞽瞍，成就天下之大孝，父子之伦得以大顺，因此，天下大悦而归服，从而化之。一方面说明了典范表率的"风教"之效，另一方面说明了"风教"中经由"悦""孝德"进而至于"化"的阶段过程。因此，典范表率的"风教"过程，对个体来说，是道德"唤醒"，进而至于接纳、欣赏，最后才是"化"成的过程。

由"德位相称"的观念，可以发现这样的理路，即由"有德者必有其位"的"禅让"观念，至"有德者应有其位"的不能实现，进而至于"有其位者应有其德"的倡导。

葛志毅先生指出：

> 如果从历史上追溯，最初有德者即有位者，德与位在贵族身上是统一的，这是古代贵族政治社会的一个基本特点。春秋战国时代的社会转型，使古代贵族政治解体，于是德与位开始分离，君子从此主要成为虽然无位但却有德者的称号……这种变化反映出来的历史事实是，君子的根本属性还在于其道德人格的表率意义，所以虽经春秋战国时德与位分离的变化，但秦汉以下的君子仍保存了它主要作为有德者之称的概念内涵。[①]

"有其位者应有其德"的思想观念得以倡道的原因在于，"有其位

---

① 葛志毅：《谭史斋论稿四编》，黑龙江人民出版社 2008 年版，第 11 页。

者""为上者"、君等对于民和为下者来说是"仪""表",是规范标准。
《礼记·缁衣》:

> 子曰:"下之事上也,不从其所令,从其所行。上好是物,下必有甚者矣。故上之所好恶不可不慎也,是民之表也。"

《大戴礼记·主言》:

> 上者,民之表也,表正则何物不正。

《孟子·滕文公上》:

> 孟子曰:"上有好者,下必有甚焉者矣。"

《郭店简·尊德义》:

> 下之事上也,不从其命,而从其所行,上好是物也,下必有甚焉者。

《荀子·君道》:

> 请问为国? 曰:闻修身,未尝闻为国也。君者仪也,民者景也,仪正而景正。君者槃也,民者水也,槃圆而水圆。君者盂也,盂方而水方。①

《大戴礼记·子张问入官》:

> 故上者民之仪也,有司执政民之表也,迩臣便辟者群臣仆之伦也。

---

① 佚文作:为人君者犹壶也,民亦水也;壶方水方,壶圆水圆。按:《外储说》"壶"作"盂"。《太平御览》卷六百二十引,载(清)王先慎《韩非子集解》,钟哲点校,中华书局1998年标点本,佚文第14页。

《荀子·正论》：

> 主者，民之唱也，上者，下之仪也。

"有其位者"的一言一行，都将对民众的言行起到重要的示范作用。
《荀子·君道》：

> 君者，民之原也；原清则流清，原浊则流浊。
> 君子者，治之原也。官人守数，君子养原；原清则流清，原浊
> 则流浊。

君、君子是原，而民是流，原清则流清，原浊则流浊。即强调君、
君子等有德有位者之典范表率作用。"仪""表"之好坏，"原"之清、
浊，将对民众百姓、"流"起到决定性的影响。因此，"有其位者"注重
德行修养是为政治国的必然要求。《论语·宪问》子路问君子。子曰：
"修己以敬。"曰："如斯而已乎？"曰："修己以安人。"曰："如斯而已
乎？"曰："修己以安百姓。修己以安百姓，尧舜其犹病诸！"即君子修
己为安人、安百姓之前提。《孟子·尽心下》中孟子曰："君子之守，修
其身而天下平。"即强调君子修身对于天下平的意义。

《孟子·离娄上》：

> 孟子曰："人不足与适也，政不足间也；唯大人为能格君心之
> 非。君仁，莫不仁；君义，莫不义；君正，莫不正。一正君而国
> 定矣。"

《礼记·大学》：

> 一家仁，一国兴仁；一家让，一国兴让；一人贪戾，一国作乱。
> 其机如此。此谓一言偾事，一人定国。尧舜率天下以仁而民从之，
> 桀纣率天下以暴而民从之，其所令反其所好而民不从。

孟子所云"一正君而国定"与《大学》所载"尧舜率天下以仁而民从之"相合。均是阐明君主修身正己对于为政治国的作用。

《孟子·尽心下》：

> 孟子曰："身不行道，不行于妻子；使人不以道，不能行于妻子。"
>
> 不仁而得国者，有之矣；不仁而得天下者，未之有也。

孟子又从反面强调君主修身对平天下的作用。当然，"有其位者"，理应包含"士"阶层在内，对于"士"在典范政治中的作用。

梁漱溟先生说：

> 中国旧日社会秩序之维持，不假强制而宁依自力……然强制虽则少用，教化却不可少。自来中国政府是消极于政治而积极于教化的，强制所以少用，盖在缺乏阶级以为操用武力之主体；教化所以必要，则在启发理性，培植礼俗，而引生自力。这就是士人之事了。士人居四民之首，特见敬重于社会者，正为他"读书明理"主持风教，给众人作表率。有了他，社会秩序才是活的而生效。夫然后若农、若工、若商始得安其居乐其所。他虽不事生产，而在社会上却有其绝大作用。①

梁漱溟对于政治与教化在社会秩序形成中所起的作用的认识是正确的，此说本于儒家所论：

> 子曰："道之以政，齐之以刑，民免而无耻；道之以德，齐之以礼，有耻且格。"（《论语·为政》）
>
> 子曰："长民者教之以德，齐之以礼，则民有劝心。教之以政，齐之以刑，则民有遁心。故慈以爱之，则民亲之；信以结之，则民

---

① 梁漱溟：《中国文化要义》，上海世纪出版集团 2005 年版，第 182 页。

不倍；恭以莅之，则民有逊心。"（《郭店简·缁衣》）

子曰："夫民，教之以德，齐之以礼，则民有格心。教之以政，齐之以刑，则民有遁心。故君民者子以爱之，则民亲之；信以结之，则民不倍；恭以莅之，则民有孙心。"（《礼记·缁衣》）

"社会道德化的实现离不开以国家权力的形式加以提倡和推行的认识，即必须靠政权的影响力来实施道德教化。"① 但是，发挥德、礼教化方式积极优势，重视德、礼教化亦属必然。且"士"具有其文化上及社会结构中的优势地位，固然成为担当"典范表率"的一分子。

同理，若"有其位者"不能在道德人格修养方面有所建树，将导致社会道德整体沦丧、价值取向整体偏离，甚至是国家政权倾覆、败亡。

《论语·子路》：

子曰："其身正，不令而行。其身不正，虽令不从。"

《孟子·离娄上》：

孟子曰："天子不仁，不保四海；诸侯不仁，不保社稷；卿大夫不仁，不保宗庙；士庶人不仁，不保四体。今恶死亡而乐不仁，是犹恶醉而强酒。"

孟子曰："惟仁者宜在高位。不仁而在高位，是播其恶于众也……上无礼，下无学，贼民兴，丧无日矣。"

《荀子·君道》：

上好权谋，则臣下百吏诞诈之人乘是而后欺。探筹投钩者，所以为公也；上好曲私，则臣下百吏乘是而后偏……上好倾覆，则臣

---

① 梁韦弦：《中国传统伦理思想研究》，黑龙江人民出版社 2007 年版，第 101 页。

下百吏乘是而后险……上好贪利，则臣下百吏乘是而后丰取刻与，以无度取于民。

《荀子·强国》：

> 凡奸人之所以起者，以上之不贵义，不敬义也。夫义者，所以限禁人之为恶与奸者也。今上不贵义，不敬义，如是，则下之人百姓皆有弃义之志而有趋奸之心矣，此奸人之所以起也。且上者下之师也，夫下之和上，譬之犹响之应声，影之象形也。故为人上者，不可不顺也。

君主、天子不仁、不正，社会道德普遍沦丧、价值取向整体偏离也就是自然而然的结果。更甚者，也是"有其位者"最为担心害怕的是，百姓民众对于其政令不能执行，甚至是反对，如此，天下、四海、社稷、宗庙自然也就会倾覆、丧亡、不保。荀子所言"上者下之师"亦是就"有其位者"在教化过程中所起到的"师者"的教育、表率意义的确认。

三　刑罚

刑罚是礼治实现的强制保障，同时也是礼教的辅助方式。刑罚是针对违礼、失礼现象以及不受礼教者而采取的惩罚性措施。其在儒家礼治思想体系中是辅助性的保障机制。

《国语·周语上》祭公谋父云：

> 夫先王之制，邦内甸服，邦外侯服，侯卫宾服，蛮夷要服，戎狄荒服。甸服者祭，侯服者祀，宾服者享，要服者贡，荒服者王。日祭、月祀、时享、岁贡、终王，先王之训也。有不祭则修意，有不祀则修言，有不享则修文，有不贡则修名，有不王则修德，序成而有不至则修刑。于是乎有刑不祭、伐不祀、征不享、让不贡、告不王。于是乎有刑罚之辟，有攻伐之兵，有征讨之备，有威让之令，

有文告之辞。

韦昭注云："意，志意也。谓邦甸之内有违阙不供日祭者，先修意以自责也。言，号令也。文，典法也。名，谓尊卑职贡之名号也。远人不服，则修文德以来之。序成，谓上五者次序已成，而有不至，则有刑诛。"① 祭公谋父意谓：甸、侯、宾、要、荒五服诸侯有遵循先王之礼按时助祭、朝见周王的义务，此乃"周礼"的应有之义。但是，假如诸侯违反此礼，周王需先做到"修意""修言""修文""修名""修德"，即周王为政，欲正人先修身正己。此乃先秦儒家通识。

《论语·子路》：

> 子曰："苟正其身矣，于从政乎何有？不能正其身，如正人何？"

《孟子·离娄上》：

> 孟子曰："爱人，不亲，反其仁。治人，不治，反其智。礼人，不答，反其敬。行有不得者，皆反求诸己，其身正，而天下归之。"

《荀子·富国》：

> 故君国长民者……必先修正其在我者，然后徐责其在人者，威乎刑罚。三德者诚乎上，则下应之如景响，虽欲无明达，得乎哉！

《礼记·大学》：

> 是故君子有诸己，而后求诸人；无诸己，而后非诸人。

"修意""修言""修文""修名""修德"五者已自求诸己而成，而

---

① 徐元诰：《国语集解》，王树民、沈长云点校，中华书局 2002 年版，第 7 页。

仍有诸侯不至，则有"修刑"待之，即以"刑罚"手段予以惩罚教诫。
"失礼入刑"① 是先秦儒家"礼治"思想中的不可或缺的内容。

《孟子·告子下》：

> 一不朝，则贬其爵；再不朝，则削其地；三不朝，则六师移之。
> 是故天子讨而不伐，诸侯伐而不讨。

《荀子·议兵》：

> 有离俗不顺其上，则百姓莫不敦恶，莫不毒孽，若祓不祥，然
> 后刑于是起矣。是大刑之所加也，辱孰大焉？将以为利邪？则大刑
> 加焉，身苟不狂惑戆陋，谁睹是而不改也哉？

《荀子·非十二子》：

> 遇君则修臣下之义，遇乡则修长幼之义，遇长则修子弟之义，
> 遇友则修礼节辞让之义，遇贱而少者则修告导宽容之义。无不爱也，
> 无不敬也，无与人争也，恢然如天地之苞万物。如是则贤者贵之，
> 不肖者亲之。如是而不服者，则可谓訞怪狡猾之人矣，虽则子弟之
> 中，刑及之而宜。

《礼记·王制》：

> 山川神祇有不举者为不敬，不敬者君削以地；宗庙有不顺者为
> 不孝，不孝者君绌以爵；变礼易乐者为不从，不从者君流；革制度
> 衣服者为畔，畔者君讨。

---

① 《后汉书·郭陈列传》陈宠云："臣闻礼经三百，威仪三千，故《甫刑》大辟二百，五
刑之属三千。礼之所去，刑之所取，失礼则入刑，相为表里者也。"载（宋）范晔《后汉书》，
中华书局1965年版，第1554页。

当个人行为逸出于社会规范至于失礼、违礼、背礼之时，先秦儒家主张应该予以相应地刑罚和惩罚，这就是"失礼入刑"。惩罚是对礼治思想落到实处起到积极的促进作用，刑罚也是"礼治"思想实施的强力保障。同时，"失礼入刑"对民众心理会产生威慑震撼作用，从而对社会风俗的预期产生积极影响。《荀子·儒效》载："仲尼将为司寇，沈犹氏不敢朝饮其羊，公慎氏出其妻，慎溃氏踰境而徙，鲁之粥牛马者不豫贾，必蚤正以待之也。"刑罚对于民众心理起到强烈的威慑作用，遵礼守法自然也就成为社会的道德价值取向。

尽管，先秦儒家主张礼、刑结合、"失礼入刑"，但是，礼、刑二者在"礼治"思想中所起的作用及地位是不同的，刑罚并不是实现"礼治"思想的主要手段，先秦儒家主张先教后刑、先礼后兵，以教为先，以刑为后；以教为本，以刑为末；以教为主，以刑为辅。

韦政通先生即指出：

> 原则上孔子不反对惩罚，但竭力主张先教而后罚。为政者，平日不教化百姓，修其孝弟忠信之德，一旦百姓犯了罪，即任意加以刑戮，那无异是为政者陷害百姓。孔子说："不教而杀谓之虐。"又说："不教其民而听其狱，杀不（无）辜也。"在德治主义的理想下，在位者的负担是极重的，社会有一人不治，有一人受刑，为政者的责任就未了，在刑罚理论上，可说是"绝对的主观主义"的论调。①

关于先教后刑的主张，是先秦儒家一致的认识。《论语·尧曰》子曰："不教而杀谓之虐。"孔子即是强调"教"与"杀"之先后之义。此认识是建立在对教化和刑罚两者各自性质、特点的深刻认识的基础上提出的，教化和刑罚不是万能，但是，没有教化和刑罚是万万不能的。《左传·昭公二十年》孔子称赞子大叔为政宽猛相济，曰：

---

① 韦政通：《中国的智慧》，岳麓书社 2003 年版，第 213—214 页。

善哉！政宽则民慢，慢则纠之以猛；猛则民残，残则施之以宽；宽以济猛，猛以济宽，政是以和。

《孟子·离娄上》：

孟子曰："徒善不足以为政，徒法不能以自行。"

《荀子·富国》：

故不教而诛，则刑繁而邪不胜；教而不诛，则奸民不惩。

孔子的"宽猛相济，政是以和"的思想，就是建立在对于宽、猛两者各自不同性质、特点的深刻认识基础上所得出的结论，孟子认为"徒善""徒法"皆有不足，意即"善""法"两者结合之意，荀子则更为直接地指出"不教而诛""教而不诛"皆有其弊，亦是强调"教""诛"两者须结合起来。《孔子家语·刑政》孔子曰："圣人之治化也，必刑政相参焉。太上以德教民，而以礼齐之；其次以政焉导民，以刑禁之，刑不刑也。化之弗变，导之弗从，伤义以败俗，于是乎用刑矣。"即是说，针对"化之弗变，导之弗从"之民，必须用刑。当然，孔子在此提出"刑政相参"思想的同时，也意涵刑政两者的先后本末之别，应该是先教后刑。

《荀子·宥坐》：

孔子为鲁司寇，有父子讼者，孔子拘之，三月不别。其父请止，孔子舍之。季孙闻之，不说，曰："是老也欺予。语予曰：为国家必以孝。今杀一人以戮不孝，又舍之。"冉子以告。孔子慨然叹曰："呜呼！上失之，下杀之，其可乎！不教其民而听其狱，杀不辜也。三军大败，不可斩也；狱犴不治，不可刑也，罪不在民故也。嫚令谨诛，贼也；今生也有时，敛也无时，暴也；不教而责成功，虐也。已此三者，然后刑可即也。《书》曰：'义刑义杀，勿庸以即，予维曰：未有顺事。'言先教也。故先王既陈之以道，上先服之。若不

233

可，尚贤以綦之；若不可，废不能以单之。綦三年而百姓从风矣。邪民不从，然后俟之以刑，则民知罪矣。"

孔子以"上失之，下杀之，其可乎"为反问，强调"不教其民而听其狱，杀不辜也"，为政治国应该是在"先教"之后，如果仍有"邪民不从"，然后才能施之以刑罚。对此，荀子亦有相似观点。

《荀子·王霸》：

> 故厚德音以先之，明礼义以道之，致忠信以爱之，赏贤使能以次之，爵服赏庆以申重之，时其事，轻其任以调齐之，潢然兼复之，养长之，如保赤子。

《荀子·议兵》：

> 故厚德音以先之，明礼义以道之，致忠信以爱之，尚贤使能以次之，爵服庆赏以申之，时其事、轻其任以调齐之、长养之……有离俗不顺其上，则百姓莫不敦恶，莫不毒孽，若祓不祥，然后刑于是起矣……雕雕焉县贵爵重赏于其前，县明刑大辱于其后，虽欲无化，能乎哉？

荀子亦以教为先之意。德音、礼义、忠信、爵赏皆为礼教之方式。以"爵赏"为先，此与前论"德位相称"为教化之一实现方式相合，"爵赏"亦为"教化"之方式，"爵赏"为先、"刑辱"为后，即是为政治国"先教后刑"之意。

"先教后刑"并非必然导出先秦儒家"重刑"的主张，儒家始终把"刑"定位为治国理政中"辅助性"手段，此为儒家继承西周以来的"慎刑"、慎罚、"省刑"的思想。

《礼记·缁衣》：

> 子曰："政之不行也，教之不成也，爵禄不足劝也，刑罚不足耻

也。故上不可以亵刑而轻爵。《康诰》曰：'敬明乃罚。'《甫刑》曰：'播刑之不迪。'"

孔子引《尚书》中"慎刑"思想以申说"不可亵刑"的主张。《孟子·尽心上》："杀一无罪，非仁也。"《孟子·梁惠王下》中孟子曰："左右皆曰可杀，勿听；诸大夫皆曰可杀，勿听；国人皆曰可杀，然后察之；见可杀焉，然后杀之。故曰，国人杀之也。如此，然后可以为民父母。"孟子认为如果杀了无罪之人就是"不仁"，因此，应该谨慎对待刑杀。刑杀人之前应该询之左右、大夫、国人，皆认为可杀，才杀之，这就是杀人之前要征询倾听大家意见之意，只有这样做，才可以称得上是"民父母"。

《孟子·梁惠王上》：

> 孟子曰："王如施仁政于民，省刑罚，薄税敛，深耕易耨。壮者以暇日修其孝悌忠信，入以事其父兄，出以事其长上，可使制梃以挞秦楚之坚甲利兵矣。"

孟子又强调"省刑罚"与成就无敌王政之间的关系。孟子主张"省刑罚"，"特别是他还提出了'罪人不孥'的具体主张，反对一人犯罪株连亲族的做法。孟子反对繁苛的刑罚与主张重化是一致的，都具有反对暴政残民、反对高压政治的意义。"① 当然，孟子"省刑罚"并非"去刑罚"。

《孟子·万章上》：

> 舜流共工于幽州，放驩兜于崇山，杀三苗于三危，殛鲧于羽山，四罪而天下咸服，诛不仁也。

《孟子·万章下》：

> 《康诰》曰："杀越人于货，闵不畏死，凡民罔不憝。"是不待

---

① 梁韦弦：《中国传统伦理思想研究》，黑龙江人民出版社 2007 年版，第 110 页。

教而诛者也。殷受夏，周受殷，所不辞也。于今为烈，如之何其受之。

孟子认为，对于"不仁"、杀人越货、强横而不怕死的人可以不待教而诛杀之。

对于刑罚的实质与目的，韦政通先生认为儒家的刑罚观近乎目的主义。

韦政通先生指出：

> 关于刑罚的实质与目的之理论中，有报应主义与目的主义的分别。报应主义认为犯罪乃违反正义之行为，对犯罪者科以刑罚，即所谓恶行必有恶报，亦即基于正义的要求，对犯罪之恶害加以报复，以为刑罚的目的。目的主义的想法不同，它认为刑罚本身并非目的，刑罚的目的也不在对犯罪者的报复，而在对未来犯罪的预防，刑罚不过是保护社会利益的手段。盖藉刑罚以防卫社会，徒重吓阻，难收实效，应对犯罪者加以改善及矫正，使其不重蹈覆辙，始克有济……孔子对惩罚问题的看法，近乎目的主义。孔子说："听讼，吾犹人也，必也使无讼乎！"又一次季康子为鲁国多盗一事忧虑，遂请教于孔子，孔子答道："苟子之不欲，虽赏之不窃。"讼先于刑，无讼则无刑盗取别人的物件，由于多欲，在位者若能身体力行，以身教为人民的表率，自然上行下效，何患于盗？孔子的想法很明显，他是希望寓刑于教，理想的社会是一个"四海之内无刑民"的社会。①

从以上所论儒家对于"出礼入刑""先教后刑""慎刑慎罚"等思想的主张来看，儒家似乎是"报应主义"与"目的主义"两者的结合，且更偏重于"目的主义"者。韦政通先生认为"目的主义"即体现为"寓刑于教"。

---

① 韦政通：《中国的智慧》，岳麓书社 2003 年版，第 213 页。

韦政通先生又追溯"寓刑于教"思想的起源及在先秦的发展：

中国寓刑于教的思想，盖始于周公，他说："勿庸杀之，姑惟教之。"这一点与理想主义的孔子相同。但周公毕竟是个当权的政治家，不能像孔子对惩罚问题一味抱着理想主义的态度。根据《尚书·康诰》之文，下列这几种人，周公认为该加以惩罚，有的甚至应该把他杀掉，才是应得的报应……传统的刑罚思想，非常重视社会政治方面的功能。如《白虎通义》："圣人治天下必有刑罚何？所以佐德佐治，顺天之度也。"《吕氏春秋》："国无刑罚，则百姓之悟（杵）相侵也立见。"《礼记》："爱百姓故刑罚中，刑罚中，故庶民安。"①

"寓刑于教"的基点首先在于"刑罚中"，"刑罚中"有二意：其一，国家的刑罚制度制定、设置应该保持适度，既不繁苛，亦不松弛，如《荀子·议兵》中所载，"刑威者强，刑侮者弱"，即刑罚严峻，为人所畏，国家便会强大，刑罚松弛，为人所轻，国家必然削弱；其二，对于"失礼""违礼"的惩处应该根据所犯罪行之轻重予以相应的惩处，亦即"罪刑相称"，即同《荀子·正论》中所载，"凡刑人之本，禁暴恶恶，且征其未也。杀人者不死，而伤人者不刑，是百王之所同也，未有知其所由来者也。刑称罪则治，不称罪则乱。故治则刑重，乱则刑轻。犯治之罪固重，犯乱之罪固轻也"。"刑称罪"即"刑罚中"之意。刑称罪则政治，刑不称罪则国乱。刑称罪则可以为教，刑不称罪则不可为教。《荀子·议兵》云："故刑一人而天下服，罪人不邮其上，知罪之在己也；是故刑罚省而威行如流，无它故焉，由其道故也。古者帝尧之治天下也，盖杀一人，刑二人而天下治。传曰：'威厉而不试，刑错而不用。'此之谓也。""刑一人而天下服"即是"刑罚中"的体现，能"刑罚中"则可以"刑罚省而威行如流"，帝尧治天下，能够"杀一人，刑二人而天下治"即是对"寓刑于教"之效果的最好说明。且《白虎通

---

① 韦政通：《中国的智慧》，岳麓书社2003年版，第214页。

义》中刑罚"佐德"的思想亦是"寓刑于教"的思想。"寓刑于教"的思想可以《尚书》所载的"以刑弼教"思想为权舆。

《尚书·大禹谟》：

> 帝曰："皋陶！惟兹臣庶，罔或干予正，汝作士，明于五刑，以弼五教。期于予治。刑期于无刑，民协于中。时乃功，懋哉！"

帝舜着重强调，以五刑弼五教，其目的就是最终不使用五刑，以期民众百姓自然而然地走上中和之路。

"明刑弼教"，就是在"刑罚中""刑称罪"的原则下对违礼、失礼之人处以刑罚，这对受刑的人来说，是一种"报""答"。同时，对社会上的一般民众百姓，则有警戒、威慑、以儆效尤的作用，更进一步地，有劝善从教成德之教化意义。在此意义上说，"刑"亦是礼教之一种。《大戴礼记·盛德》："刑罚之所从生有源，不务塞其源，而务刑杀之，是为民设陷以贼之也。刑罚之源，生于嗜欲好恶不节。故明堂，天法也，礼度，德法也，所以御民之嗜欲好恶，以慎天法，以成德法也。刑法者，所以威不行德法者也。"即认为，刑罚之产生，是由于人们对于嗜欲好恶不能节制。"刑法"也有对不行德法者之威吓，教化之意即存其中。

《荀子·礼论》：

> 礼者，谨于治生死者也。生，人之始也；死，人之终也；终始俱善，人道毕矣。故君子敬始而慎终，终始如一，是君子之道，礼义之文也……刑余罪人之丧，不得合族党，独属妻子，棺椁三寸，衣衾三领，不得饰棺，不得昼行，以昏殣，凡缘而往埋之，反无哭泣之节，无衰麻之服，无亲疏月数之等，各反其平，各复其始，已葬埋，若无丧者而止，夫是之谓至辱。

在儒家思想中，丧礼为成就人道之重要形式，而对于"刑余罪人"之丧礼的操办，"礼"亦给予明确的规定，不允许族亲乡党参与，参与丧礼的人只能限于死者的妻子儿女，棺椁三寸，衣衾三领，不得为饰棺，且不允许白天送葬，只能黄昏时掩埋，送葬者只能穿着平常穿的衣服去埋葬死者，送葬回来，妻子儿女也不允许有哭丧的礼节，不允许穿戴正常的丧服，亦不用遵循依据与死者亲属关系而划分的守丧时间差等规定，只需各自恢复到平常的生活、恢复到各自的原先事务之中，埋葬之后，亲人就像没有为刑余之人办丧礼似的就完事了，这对死者来说就是最大的耻辱。正是通过刑余之人与正常人之间丧礼的明显区别性规定，使民众百姓强烈意识到"善始善终""敬始慎终"之必要，因此，对"刑余罪人""违礼""失礼""违法"而不得善终的礼制规定之忌惮心理，也会对社会民众起到"劝善遵礼行礼"的教化之效。

综上，先秦儒家之刑罚观，更准确地说是建立在"报应主义"基础上的"目的主义"，对于"违礼"和"失礼"的惩罚是必要的，刑罚是维护社会秩序的必要手段，但绝不是唯一手段、主要手段，而只是辅助手段、次要手段。对于刑罚在礼治实现过程中的作用，先秦儒家之所重，在于"以刑弼教"。

礼教、典范表率、刑罚均是儒家礼治思想的外在于社会个体的实现方式。以礼制、礼仪等作为礼教的形式，亦可称为"寓教于礼"。家庭教育主要是诗礼传家。学校教育是以"六经""六礼"为教育内容以化民成俗。典范表率就是发挥道德典范对于民众的表率示范引领作用。典范表率的风教过程，对个体来说，是道德"唤醒"，进而至于接纳、欣赏，最后才是"化"成的过程。刑罚是针对违礼、失礼现象以及不受礼教者而采取的惩罚性措施。通过刑罚可以有效促进礼治的实现，同时，刑罚也是礼教的辅助方式。

礼治的实现机制，是建立在对人性与礼的各自特点的深刻认识基础上提出的。先秦儒家认为，善恶两端皆存在于人心，善则扬之，恶则化之，即所谓自诚明、自明诚。但是，能够做到"自诚明"的毕竟是极少数的所谓"圣人"，包括孔子在内，都需要经历"自明诚"的过程，使人性至于至善。礼治的实现过程，当然包括孔子一类圣人对礼义人伦道德的深刻认识，进而努力修身成善成德，同时，也应该通过外在实现机制，即包括礼教、典范表率、刑罚等外在形式的化、道，甚至是惩罚督责劝勉。在礼治实现的过程中，先秦儒家尤重个体之修身，因为，这是礼治思想的结构逻辑的起点和基础。身修才能家齐，家齐才能国治、天下平。

第六章　礼治的原则

礼治的原则，就是在以礼致治的过程中所应该遵循的原则。可分为变的原则和不变的原则变是就礼的形式来说的，不变是就礼的内容来说的。变的原则是指礼治的方式礼制、礼仪、礼器、礼辞等在具体操作过程中应因时而变；不变的原则是指在以礼致治的过程中，人伦之道应保持不变。

先说变的原则。"礼治"目的、效果之达成，并非是简单机械地遵照礼制、礼仪、礼器、礼辞等规程要求按部就班地操作。儒家所谓"事与时并"的说法，就是针对变的原则而言的。

《礼记·乐记》：

> 大乐与天地同和，大礼与天地同节。和，故百物不失；节，故祀天祭地。明则有礼乐，幽则有鬼神。如此则四海之内合敬同爱矣。礼者，殊事合敬者也。乐者，异文合爱者也。礼乐之情同，故明王以相沿也。故事与时并，名与功偕。

其中"大乐""大礼"之"大"字之意，应该是"贵重"的意思，①或者说是"尊""重"的意思，或"以……为美"之意，如"大一统"，可以理解为"尊重一统"的格局，也可以理解为"以一统为美"。儒家所尊重的是礼乐之施用可以达致"和""节"的效果。而能否达到此效果，还有赖于遵循"事与时并"的原则，也就是"礼事"与"时"要相

---

① 参见金景芳《中国奴隶社会史》，上海人民出版社1983年版，第466页。

合，相合才会"名与功偕"的效果。"名与功偕"就是儒家一贯所强调的"治"的最终效果。否则，"明则有礼乐，幽则未必有鬼神"，四海之内也未必能"合敬同爱"了。

"事与时并"的观念，又体现为祭礼过程中对祭品"贬损"节制的思想。

《礼记·曲礼下》：

> 岁凶，年谷不登，君膳不祭肺，马不食谷，驰道不除，祭事不县；大夫不食粱，士饮酒不乐。

陈澔注云："膳者，美食之名。肺为气主，周人所重，故食必先祭肺。言不祭肺，示不杀牲为盛馔也。驰道，人君驱驰车马之路。不除，不扫除也。祭必有钟磬之县，今不县，言不作乐也。大夫食黍稷，以粱为加。《公食大夫礼》：设正馔之后，乃设稻粱，所谓加也。自君至士各举一事，尊者举其大者，卑者举其小者，其实互相通耳。"① 郑玄注云："皆自为贬损，忧民也。"②

《礼记·杂记下》：

> 孔子曰："凶年则乘驽马，祀，以下牲。"

郑玄注："自贬损，亦取易共也。驽马，六种最下者。下牲，少牢若特豕、特豚也。"③ 陈澔注："《周礼》校人六马，曰种马、戎马、齐马、道马、田马、驽马，驽马其最下者。下牲，如常祭用太牢者，降用少牢；少牢者降用特牲；特豕者降用特豚之类。以年凶，故贬损也。"④

---

① （元）陈澔：《礼记集说》，万久富整理，凤凰出版社 2010 年版，第 29 页。
② （汉）郑玄注，（唐）孔颖达正义：《礼记正义》，吕友仁整理，上海古籍出版社 2008 年版，第 159 页。
③ （汉）郑玄注，（唐）孔颖达正义：《礼记正义》，吕友仁整理，上海古籍出版社 2008 年版，第 1674 页。
④ （元）陈澔：《礼记集说》，万久富整理，凤凰出版社 2010 年版，第 339 页。

《礼记·玉藻》：

> 年不顺成，君衣布搢本，关梁不租，山泽列而不赋，土功不兴，大夫不得造车马。

以上皆是说，在发生自然灾害时，统治阶层应该在举行的礼仪活动中"贬损"礼节，做相应地降低等级处理，同时节减日常生活方面的规格，这样做的目的是减轻百姓的负担，最终目的就是郑玄所谓使百姓"易共"。

"事与时并"不仅是就"行礼"所言的，"时"也是就"制礼"所应遵循的原则，也就是说，不但"行礼"讲究"时"，制礼也应该讲究"时"。

《礼记·礼器》：

> 礼，时为大，顺次之，体次之，宜次之，称次之。

郑玄注："言圣人制礼所先后也。"[①] 即圣人制礼的根据是以合天时为最重要，其次是顺人伦，其次是具体礼制规程，其次是适宜，其次是相称。

《礼记·礼器》：

> 尧授舜，舜授禹，汤放桀，武王伐纣，时也。《诗》云："匪革其犹，聿追来孝。"天地之祭，宗庙之事，父子之道，君臣之义，伦也。社稷山川之事，鬼神之祭，体也。丧祭之用，宾客之交，义也。

就上下文对应而言，"伦也"即就"顺"所言，"义也"即就"宜"所言。此处尤其强调制礼以"时"。《礼记·乐记》载："王者功成作乐，

---

① （汉）郑玄注，（唐）孔颖达正义：《礼记正义》，吕友仁整理，上海古籍出版社2008年版，第960页。

治定制礼。其功大者其乐备，其治辩者其礼具。干戚之舞，非备乐也；执亨而祀，非达礼也。五帝殊时，不相沿乐；三王异世，不相袭礼。乐极则忧，礼粗则偏矣。及夫敦乐而无忧，礼备而不偏者，其唯大圣乎！"

"王者功成作乐，治定制礼"，即是强调因时制礼。"功成治定"则属时异，时异则应制礼以随之，意即"五帝殊时，不相沿乐；三王异世，不相袭礼。""殊时"与"异世"皆是强调"时异"，因此在改朝换代的时异之时，就要对礼乐有一番新的更张设置。"其功大者其乐备，其治辩者其礼具。""乐备"与"礼具"即就"体"言之，强调礼仪制度内容之完备以适应时异之需。汉初，叔孙通云："五帝异乐，三王不同礼。礼者，因时世人情为之节文者也。故夏、殷、周之礼所因损益可知者，谓不相复也。"① 所谓"因时世人情"，重在强调"时世人情"对制礼的决定性作用。叔孙通受命制礼，有两个儒生批评他"所为不合古"，叔孙通回应："若真鄙儒也，不知时变。"意思是说，你们两个真是鄙陋之儒，不知道制礼、行礼应该适应新的时世。此是就"时世"而言的。

"事与时并"的观念，还体现为礼仪过程中的"人情"原则。

《礼记·问丧》：

> 或问曰："冠者不肉袒，何也？"曰："冠，至尊也，不居肉袒之体也，故为之免以代之也。然则秃者不免，伛者不袒，跛者不踊，非不悲也，身有锢疾，不可以备礼也。故曰：丧礼唯哀为主矣。女子哭泣悲哀，击胸伤心；男子哭泣悲哀，稽颡触地，无容，哀之至也。"

《国语·晋语四》：

> 籧篨不可使俯，戚施不可使仰，僬侥不可使举，侏儒不可使援，蒙瞍不可使视，嚚瘖不可使言，聋聩不可使听。

---

① （西汉）司马迁：《史记》，中华书局1982年版，第2722页。

戴冠的人不裸露身体，秃头的人不著免，驼背的人不祖露胳膊，跛脚的人不跳踊，这并非因为他们在丧礼中不悲伤，而是因为他们身体上有残疾，不能按照正常的礼仪要求做的完备。躄篾、戚施、僬侥、侏儒、蒙瞍、嚚喑、聋聩，皆为身体有疾者，不可使之俯、仰、举、援、视、言、听。如果一味墨守"备礼"的要求来做，有疾者可能在丧礼或其他礼仪过程中遭受嘲笑，甚至还有可能遭受人格尊严上的奚落，这对有疾者是巨大的人格侮辱。此为就"人情"而言的。

《礼记·檀弓上》：

> 孔子之丧，门人疑所服。子贡曰："昔者夫子之丧颜渊，若丧子而无服，丧子路亦然。请丧夫子若丧父而无服。"

此言孔子之丧，弟子子贡主张为老师服丧之礼仪，如丧父而无服。
《礼记·檀弓上》：

> 孔子之丧，二三子皆经而出。群居则经，出则否。

在孔子以前，教育的特点是"学在官府"，即"宦学事师"① 是同一的过程，师生一伦还没有出现。自孔子立私学，广招门生，师生一伦才开始出现。为此，师生之间的伦理关系定位问题也相应出现。首先对师生关系予以定位的是孔子，在颜渊去世时，孔子以丧子之礼来对待，但是不著丧服。孔子之意，师生之间虽情同父子，但师生毕竟不是父子，为此需要进行一定的变通，以显示父子之丧与师生之丧的联系与区别。孔子去世之后，子贡比照孔子为颜渊服丧之礼，设计出为孔子服丧之礼。但具体实施时，孔子的弟子们又进行了一定的变通，即为孔子服丧父之礼，不著丧服，只著加麻线的吊服，并为他行心丧三年之礼。如此做法，可以说师生之礼又向父子之礼方面靠近了一些，而这正体现了弟子们对老师的尊敬之情以及师生关系向血缘关系的趋近。这些都是据"时世人

---

① 《礼记·曲礼上》。

情"制礼的体现。变的原则，亦可以称为"权"的原则。

《论语·述而》：

> 陈司败问昭公知礼乎。孔子曰："知礼。"孔子退，揖巫马期而进之，曰："吾闻君子不党，君子亦党乎？君取于吴，为同姓，谓之吴孟子。君而知礼，孰不知礼？"巫马期以告。子曰："丘也幸，苟有过，人必知之。"

"鲁昭公娶吴（同姓）女，是违背周礼的，为了掩饰这一违礼的行为，不称女为吴姬，而称吴孟子。孔子为了严守周礼为尊者讳，不议论君父之非，只好把鲁昭公的违礼说成知礼。这里即包含'权'的意义。他说了假话，却是维护了君臣之义，这是权。因此，当他受到陈司败的批评，不得不承认'有过'；但他并不引为憾事，而是把错误承担下来。"① 鲁昭公娶于同姓，当然有悖于"同姓不婚"之礼，但是，孔子"为尊者讳"却为遵礼之行。

《孟子·离娄上》：

> 淳于髡曰："男女授受不亲，礼与？"孟子曰："礼也。"曰："嫂溺，则援之以手乎？"曰："嫂溺不援，是豺狼也。男女授受不亲，礼也；嫂溺援之以手，权也。"

金景芳先生说：

> （权）是处变，要求有灵活性。权的本义是秤锤。秤锤必须随时移动，然后才能与所称量的物重相平衡。光懂得原则性，不懂得灵活性，是处理不好事情的。《孟子·尽心上》说："子莫执中。执中为近之。执中无权，犹执一也。所恶执一者，为其贼道也，举一而废百也。"孟子对无权的害处也解释得很好。实际上，懂得权就是

---

① 任继愈主编：《中国哲学发展史》（先秦），人民出版社 1983 年版，第 177 页。

懂得辩证法。①

男女授受不亲，是就常规情况来说的，是礼坊男女之别的体现。但是"嫂溺"则是非常之时，非常之时发生非常之事，自然不可以常礼来处之，若按常规常礼处之，而不施援手，则是豺狼禽兽之行。因此，于"嫂溺"之非常之时非常之事，应该权变常礼，施之援手。子莫定性机械守礼者所为是"贼道"，"贼道"即"豺狼之行"，而非"人道"。礼本是人道之器，若因胶固于"一"反成"废百"之行，礼的价值及意义无处安之。

《礼记·檀弓下》：

> 战于郎，公叔禺人遇负杖入保者息，曰："使之虽病也，任之虽重也，君子不能为谋也，士弗能死也，不可。我则既言矣。"与其邻重汪踦往，皆死焉。鲁人欲勿殇重汪踦，问于仲尼。仲尼曰："能执干戈以卫社稷，虽欲勿殇也，不亦可乎！"

郑玄注："重，皆当为'童'。"② 陈澔注："战于郎，鲁哀公十一年齐伐鲁也。禺人，昭公子公为也。遇鲁人之避齐师而入保城邑者，疲倦之余，负其杖而息于涂，禺人乃叹曰：'徭役之烦，虽不能堪也；税敛之数，虽过于厚也；若上之人协心以御寇难，犹可塞责也。今卿大夫不能画谋策，士不能捐身以死难，岂人臣事君之道哉？甚不可也。我既出此言矣，可不思践吾言乎！'于是与其邻之童子汪踦者，皆往斗而死于敌。鲁人以踦有成人之行，欲以成人之丧礼葬之，而孔子善其权礼之当也。"③ 汪踦虽未"成年"，称"童子"，按照丧礼，未成年者不能以成年人之丧制行丧礼，但是，汪踦所为已然为"舍生取义"的诚心之举，亦是"自直赴礼"者，在道德上已为"成人"、君子矣，为其举办成人

---

① 金景芳：《中国奴隶社会史》，上海人民出版社1983年版，第301页。

② （汉）郑玄注，（唐）孔颖达正义：《礼记正义》，吕友仁整理，上海古籍出版社2008年版，第407页。

③ （元）陈澔：《礼记集说》，万久富整理，凤凰出版社2010年版，第81页。

之丧礼亦属当然。因此，孔子认为，为童子汪踦所为权变丧礼，举行成人丧礼是适宜的。

《礼记·大传》：

> 圣人南面而治天下，必自人道始矣。立权、度、量，考文章，改正朔，易服色，殊徽号，异器械，别衣服，此其所得与民变革者也。其不可变革者，则有矣，亲亲也，尊尊也，长长也，男女有别：此其不可得与民变革者也。

权度量、文章、正朔、服色、徽号、器械、衣服，此七者皆为礼之"形式"，因此可以据"时世人情"为之变革。亲亲、尊尊、长长、男女有别，此四者为礼之"内容"，被视为"天地之常经"，[①] 因此，不可以变革。此处所论，即学者所常言之经权关系问题。

什么是"经"，一直以来是经学史、学术史中未有定谳的问题。

《说文解字》：

> 经，织从丝也。

其后历代经生学者多有阐释，有学者归纳为"五常说""专名说""通名说""文言说"等四大类主要观点。[②] 限于字数、体例，诸说皆不待引辨。但是，何以"从丝"必称为"经"？此与"经典""经书"之间究竟有什么必然联系？皆为要点，有待阐发。

段玉裁注云：

> "从丝"二字依《太平御览》卷八百二十六补……织之从丝谓之经，必先有经，而后有纬，是故三纲、五常、六艺谓之天地之常经。[③]

---

① （元）陈澔：《礼记集说》，万久富整理，凤凰出版社 2010 年版，第 269 页。
② 许道勋、徐洪兴：《中国经学史》，上海人民出版社 2006 年版，第 3—6 页。
③ （汉）许慎撰，（清）段玉裁注：《说文解字注》，上海古籍出版社 1988 年版，第 644 页。

鄙意，"从丝"即织机上贯通"上下"之丝，空间意义上的"上下"，可以理解为时间意义上的"古今"。俗云"上下五千年"，就是说"从古到今五千年"。从这个意义上来理解："经"，也就由空间意义上的"上下"引申为时间意义上的贯通"上下"的"东西"，贯通"上下"的"东西"就是《礼记·大传》所云："不可得与民变革者也。"此处的"东西"一词一直很难找一个确切的词语与之对应。但是，金景芳先生的一个观点颇有启发意义，金先生在谈及"应该用什么标准来区分精华与糟粕"时说：我有一个不成熟的看法，认为有真理性的是精华，没有真理性只有时代性的是糟粕。具有真理性的应当继承，没有真理性只有时代性的应当批判。亦即自今日看来，凡是具有奴隶性的、封建性的都要批判。①

金先生所论尤可注意者有两点：其一，精华有真理性，糟粕没有真理性；其二，糟粕只有时代性，精华具有超越时代性。也就是说，真理性认识具有超越时代性。

《论语·为政》：

　　子张问："十世可知也？"子曰："殷因于夏礼，所损益，可知也；周因于殷礼，所损益，可知也。其或继周者，虽百世，可知也。"

金景芳先生在引及此文时说：

　　我认为这段话非常重要，实际上孔子已经认识到历史发展规律。今人学习了马克思主义知道历史的后一代对前一代应是批判继承。也就是说前一代有可以适用的部分，要继承，其不能适用的部分要批判。孔子没有用批判继承这样的语言，而是用因、损、益三个字。

---

① 金景芳、吕绍纲、吕文郁：《孔子新传》，长春出版社 2006 年版，序第 10 页。

就是说，前代有可用的部分要因，其不能用的部分要损，还有需要新增加的部分要益。孔子说的比批判还多了一个益字。作为历史发展规律来说，我看孔子的说法，只能说更全面些，不能说不对。"虽百世可知"，意思就是说这是历史发展规律。这个观点难道说没有真理性吗？①

金先生所说的"真理性"或"规律"就是"经"的本质。因此，"经"就是贯通古今"上下"的真理性认识，或"经"就是贯通古今、贯通历史的规律。孔子之所以能够发现"可知也"的内容，就在于孔子认识到了夏、殷、周之间有一脉相承的真理性认识或历史发展规律，而这些真理性认识或历史发展规律在孔子看来，必被后代所"因"，进而支配人类社会发展的始终。

关于儒家思想中真理性认识或规律的具体内容，金景芳先生曾多次予以揭示、阐发。例如：

> 根据我们的看法，认为在孔子学术思想中，精华是大量的，当然不能说没有糟粕。②
> 我认为孔子的宇宙观和人生观是正确的，是具有真理性的。③
> 《易经》作者已认识到对立的统一规律是宇宙的根本规律。④
> 作《易》者在认识自然规律之后，又把这个规律应用于人类社会。⑤ 我认为《易经》作者和阐释《易经》的孔子的宇宙观是正确的。因为他们把自然的发生发展看做是有规律的，看做是按照唯物的、辩证的规律发生发展的。其所以是唯物的，是因为天地生万物是由于天地自身的变化，而"资始"，而"资生"，没有上帝鬼神存在的余地；其所以是辩证的，是由于他们把对立的统一规律看做是

---

① 金景芳：《金景芳晚年自选集》，吉林大学出版社 2000 年版，第 43 页。
② 金景芳、吕绍纲、吕文郁：《孔子新传》，长春出版社 2006 年版，序第 10 页。
③ 金景芳、吕绍纲、吕文郁：《孔子新传》，长春出版社 2006 年版，序第 11 页。
④ 金景芳、吕绍纲、吕文郁：《孔子新传》，长春出版社 2006 年版，序第 12 页。
⑤ 金景芳、吕绍纲、吕文郁：《孔子新传》，长春出版社 2006 年版，第 86 页。

宇宙的根本规律。当然，如质量互变规律、否定之否定规律，《易经》也有反映。①

《周易》以天地人三才之道作为基本内容，实际上就是认识了自然规律，同时并且认识到社会规律与自然规律基本上是一致的，从而利用卜筮的形式把所认识的自然规律应用于人类社会。②

孔子著《易大传》如此反复地陈说时字，证明他确实认识到时的重要性，亦即确实认识到辩证法的重要性。③

《中庸》说："修身以道。"这个"道"显然是"人之道"，也就是社会规律。④

孔子思想以仁义为核心之一，确实是具有真理性的，不可等闲视之。⑤

孔子的思想是辩证的，不是形而上学的。⑥

可以肯定孔子的世界观与人生观是正确的，应该说基本上是唯物的、辩证的。⑦

金先生以上的解读和分析是深刻的、符合实际的、是正确的。金先生的说法也可以从文献中得到进一步的印证。《孟子·离娄下》孟子曰："王者之迹熄而《诗》亡，《诗》亡然后《春秋》作。晋之《乘》，楚之《梼杌》，鲁之《春秋》，一也。其事则齐桓、晋文，其文则史。孔子曰：'其义则丘窃取之矣。'""义"，即是金先生所说"真理性认识"或"历史发展规律"，其事、其文皆为形式，其"义"则为内容。《汉书·艺文志》载："昔仲尼没而微言绝，七十子丧而大义乖。""大义"亦即"真理性认识"或"历史发展规律"。

---

① 金景芳、吕绍纲、吕文郁：《孔子新传》，长春出版社 2006 年版，序第 13 页。
② 金景芳、吕绍纲、吕文郁：《孔子新传》，长春出版社 2006 年版，第 88 页。
③ 金景芳、吕绍纲、吕文郁：《孔子新传》，长春出版社 2006 年版，第 88 页。
④ 金景芳、吕绍纲、吕文郁：《孔子新传》，长春出版社 2006 年版，序第 14 页。
⑤ 金景芳、吕绍纲、吕文郁：《孔子新传》，长春出版社 2006 年版，序第 15 页。
⑥ 金景芳、吕绍纲、吕文郁：《孔子新传》，长春出版社 2006 年版，序第 15 页。
⑦ 金景芳、吕绍纲、吕文郁：《孔子新传》，长春出版社 2006 年版，序第 16 页。

《礼记·郊特牲》：

> 礼之所尊，尊其义也。失其义，陈其数，祝史之事也。故其数可陈也，其义难知也。知其义而敬守之，天子之所以治天下也。

张尔田先生说："礼贵义不贵数，苟得其义，则繁文缛节虽不具可也。不得其义而惟数之是求，则虽损之又损，如何邵公《冠仪约制》，亦恐有难行者矣，又况宫室笾豆之制度，古今异宜哉？"① 之所以尊礼，其实是尊礼之"义"，"义"即"真理性认识"或"规律"。尊礼，亦即尊所蕴含之"真理性认识"或"规律"。至于其"数"，则可以因时世人情为之节文。此处也揭示了这样一个问题：

> 经学未成功以前，诸子可称经，《管子》有《经言》，《墨子》有《墨经》上下，《老子》有《邻氏经传》《傅氏经说》，李悝有《法经》。②

诸子著作称"经"，皆在于诸子自认为其著作中含有"真理性认识"或"历史发展规律"，可以用之治理国家政事。至于诸子著作是否符合"真理性认识"或"历史发展规律"，则是另一个问题，不待述及。

《礼记·礼器》：

> 三代之礼，一也，民共由之。或素或青，夏造殷因。

"一"字即是说"三代之礼"其实质是一致的，即夏代所造而殷之所"因"之内容，与孔子"百世可知"所论是一致的。亦与前揭《礼运》所论礼产生于小康之世相合。

经乃是"真理性认识"或"规律"，这是就"经"的本质来说的，

---

① （清）张尔田：《史微》，黄曙辉点校，上海书店出版社 2006 年版，第 121 页。
② 李源澄：《经学通论》，黄曙辉编校，华东师范大学出版社 2010 年版，第 4 页。

"经"的内容在儒家看来首要的就是"人道"。

《礼记·丧服四制》：

> 凡礼之大体，体天地，法四时，则阴阳，顺人情，故谓之礼。訾之者，是不知礼之所由生也。夫礼吉凶异道，不得相干，取之阴阳也。丧有四制，变而从宜，取之四时也。有恩，有理，有节，有权，取之人情也。恩者仁也，理者义也，节者礼也，权者知也。仁、义、礼、智，人道具矣。

丧礼中有亲情原则、义理原则、节制原则、权变原则，四原则都是根据人情而制定的。亲情原则是"仁"的体现，义理原则是"义"的体现，节制原则是"礼"的体现，权变原则是"智"的体现。仁、义、礼、智是从道德上说的，仁、义、礼、智能够贯穿于丧礼之中，就是道德落实的体现，就是人情的体现，也是人道的体现。

金景芳先生认为：

> 用哲学的语言说，道就是规律。"天之道""地之道"或"天地之道"是自然规律，"人之道"则是社会规律。①

《礼记·大传》：

> 上治祖祢，尊尊也。下治子孙，亲亲也。旁治昆弟，合族以食，序以昭缪，别之以礼义，人道竭矣。

人道就体现在尊尊、亲亲、确定旁系血亲的辈分次序、按照昭穆次序聚食于宗庙，人道，以不同的礼的形式体现出来。《礼记·中庸》："仁者，人也，亲亲为大。义者，宜也，尊贤为大。亲亲之杀，尊贤之等，礼所生也。""礼所生也"，"是说礼就是由仁的亲亲之杀和义的尊贤

---

① 金景芳、吕绍纲、吕文郁：《孔子新传》，长春出版社2006年版，序第12页。

之等产生出来的。所以，礼不是别的，它是仁义的表现形式"。① 因此，礼可以因情而权，且谓能权为智的表现。《礼记·大传》中记载的一段正与此相合，"亲亲也，尊尊也，长长也，男女有别：此其不可得与民变革者也。""不可得与民变革者"就是孔子所云"其或继周者，虽百世可知也"的内容，也是"三代之礼，一也"之"一"，也就是"经"的内容，即"人道"，或称"人伦道德"。

柳诒徵先生说：

> 伦理者，礼之本也，仪节者，礼之文也。②

柳诒徵所云"伦理者，礼之本也"，就是说"人伦道德"是礼之内容，"仪节者，礼之文也"，也就是说"仪节"是礼之末、礼之数，是礼之形式。《论语·阳货》中记载子曰："礼云礼云，玉帛云乎哉？乐云乐云，钟鼓云乎哉？"其意亦在于此。玉帛钟鼓，均是礼之末节，礼乐皆在表现人伦道德内容。

权的依据在于人道、在于"经"。

《礼记·王制》：

> 凡听五刑之讼，必原父子之亲，立君臣之义以权之。

权的依据所在，即是"亲亲尊尊"的人道原则，或者说权的依据，即在于"经"、在于"规律"。

《礼记·礼器》：

> 子路为季氏宰。季氏祭，逮暗而祭，日不足，继之以烛。虽有强力之容、肃敬之心，皆倦怠矣。有司跛倚以临祭，其为不敬大矣。他日祭，子路与，室事交乎户，堂事交乎阶，质明而始行事，晏朝

---

① 金景芳、吕绍纲、吕文郁：《孔子新传》，长春出版社 2006 年版，第 93 页。
② 柳诒徵：《国史要义》，华东师范大学出版社 2000 年版，第 15 页。

而退。孔子闻之曰："谁谓由也而不知礼乎！"

礼之本质为敬，季氏行祭礼，顾礼之烦文而失之于敬，则仅重礼之节文，祭礼之意义已毫无可言。子路所为即在：权变祭仪，成就祭义。权变的依归从小处言之在于"敬"，从大处言之在于"人道"。因此，孔子称善。

马一浮先生说：

> 子夏作《丧服传》，明尊亲一体之义，而《祭义》所为作，在不忘其所生。故立爱自亲始，立敬自长始。人人亲其亲，长其长而天下平。事死如事生，事亡如事存，其所以不能忘者，性也。明乎一体，顺乎天性，而后可与言丧祭之礼。故丧祭之礼废，则倍死忘生者众，蔽于物而失其性也。宰予欲短丧，孔子曰："子生三年而后免于父母之怀，予也有三年之爱于其父母乎。"痛哉斯言！夫父母之爱其子，岂直三年而已哉，固终身以之。子之于父母，及其长则爱衰矣。故曰：大孝终身慕父母。尧舜之道，孝悌而已矣。推爱敬之心于天下，恶慢无自而生，天下安有不平者乎。父父，子子，兄兄，弟弟，夫夫，妇妇，而家道正；正家而天下定矣。此圣人赞《易》之言也。故推恩足以保四海，不推恩不足以保妻子。未有恩义不行于门内，而可仁及天下者也。①

祭礼，事死者。事死如事生是顺乎天性，倍死忘生则是失其天性。亲亲、长长；事生事死；事父事兄，其道一也。皆为爱敬之心的体现，爱敬之心达于天下，则天下平矣。因此，孔子所善子路者，在于子路所尊者在祭义，所权变者在祭仪，祭仪为末，祭义为本。子路权变之原则不仅在于"人伦之道"，还在于"经"。

从礼的实施过程中来看，任何礼的节文数度都不会被机械地重复。

---

① 马一浮：《马一浮集》（第二册），虞万里校点，浙江古籍出版社、浙江教育出版社1996 年版，第 228—229 页。

因为，时世人情是一个永远变动不止的过程，相应的礼的形式，也就必然发生变化。李无未先生在论及"聘者遭丧之礼"时说："由于西周各个时期天子与诸侯的具体情况存在差异，在实行时，绝不会机械照搬一个聘礼模式。聘问礼仪一定有一些不同，有的隆重、有的简朴，很难整齐划一，但主要程序不会改变，这从《国语》《左传》等史料中可以看到。"① 而礼之义，或寄寓节文数度之中的诚敬之情，或寄寓礼之中的真理性认识、规律则不会改变。

由此可见，礼治的原则，可分为变的原则与不变的原则，即权的原则与经的原则。但是，权的原则又以经的原则为依据，所以礼治的原则，最终是经的原则。掌握了经的原则的实质意义，权的原则自然就可以游刃有余了。

---

① 李无未：《周代朝聘制度研究》，吉林人民出版社 2005 年版，第 140 页。

第七章　对先秦儒家礼治思想的认识及反思

先秦儒家礼治思想是诸子争鸣过程中对社会生活秩序化的系统设计，是中国传统文化中的宝贵思想资源。当然，先秦儒家对社会秩序的系统设计，绝非空穴来风，而是历史经验智慧与理性选择的结果。柳诒徵先生说："礼者，吾国数千年全史之核心也……吾国以礼为核心之史，则凡英雄宗教物质社会依时代之演变者，一切皆有以御之，而归之于人之理性，非苟然为史已也。"① 但无论如何，理论的设计与现实的实施是两个问题，再好的理论设计与阐发，如果不能落实于社会生活，其意义将大打折扣。就与社会实际的契合度来说，儒家礼治思想与其他诸子思想相比，其优势还是明显的。

金尚理先生认为：

> 战国时期的诸子百家治平天下亦皆各有主张，而对儒家以人伦为核心的礼学思想有不同程度的批判，如墨子以'尚贤'与儒家的亲亲尊尊相抗衡，道家视仁义为大道之失、礼为忠信之薄，法家甚至以人伦之亲为人君之大防：商鞅以为法之不行自上犯之，韩非子所言之'八奸'以夫妇父子为重防等。从礼学发展的角度上看，在这些学说中值得注意的除了他们各自另外辟出的治平之道外，比较有意思的是他们虽然对礼提出非议，但却未能完全逃出尊卑之等、亲疏之序，以至于前后出入、自相矛盾……儒家之外的先秦诸子皆

---

① 柳诒徵：《国史要义》，华东师范大学出版社 2000 年版，第 12 页。

未能完全逃出人伦之礼，这些事实可以说明礼乐文化在战国之前已是根基深厚的传统，虽欲非之而力皆不逮。或因此之故，墨家虽一度成为显学、法家虽亦曾得时行世，而终皆速兴速衰。①

人类社会总归是"人"的社会，而不是禽兽的社会。因此，人伦关系是每个社会人无法逃避的存在，无论你喜欢一个人，还是厌恶一个人，他们都真实存在于你的生活中。因此，协调处理好人伦关系，对社会中每个人来说都是必要的、不可逃避的。尤其是其中的一些对象，或者人伦关系是不可选择的，如父母、兄弟，还包括君主，而另外一些看似能够自由选择，但无论你的选择如何，这样的人伦关系对每个人来说是必不可少的存在，如夫妻、朋友、师生关系。每个人虽然不能固定化另外一个人作自己的夫或妻，或朋友，或师生，但是，终究不能没有或者放弃这些关系。而不能协调处理好或逃避掉这些人伦关系的人，终将被社会抛弃，甚至沦陷于禽兽之伍。就其实质来说，"礼治"的过程，就是人伦道德化的过程。这是其他诸子不能否认的，也与前述经权关系的认识是相符的。先秦儒家礼治思想内容所呈现的一个重要特点就是人性化。

首先，人性化的特点体现于行礼过程中的"权变"依于人情。
《礼记·曲礼上》：

> 悼与耄，虽有罪，不加刑焉。

考虑到老年人身体生理、健康状况，即使有罪，亦不施刑罚于其身。
《礼记·曲礼上》：

> 贫者不以货财为礼，老者不以筋力为礼。

贫者自然无财货礼物备办具礼，老者自然无足够体力支持繁复的礼节程式。

---

① 金尚理：《礼宜乐和的文化理想》，巴蜀书社 2002 年版，第 70 页。

先秦儒家认为：军礼应该避让丧礼。

《礼记·曾子问》：

> 子夏问曰："三年之丧卒哭，金革之事无辟也者，礼与？初有司与？"孔子曰："夏后氏三年之丧，既殡而致事，殷人既葬而致事。《记》曰：'君子不夺人之亲，亦不可夺亲也。'此之谓乎！"子夏曰："金革之事无辟也者，非与？"孔子曰："吾闻诸老聃曰：'昔者鲁公伯禽有为为之也。今以三年之丧从其利者，吾弗知也。'"

孔子认为，行三年之丧卒哭礼之后立即被征从军属非礼。似此之类，正是儒家人性化权变依于人情行礼的体现。

其次，人性化的特点，又体现于制礼过程中，"缘情制礼"。

《礼记·坊记》：

> 礼者，因人之情而为之节文，以为民坊也。

《郭店简·语丛一》：

> 礼因人情而为之。

《郭店简·语丛二》：

> 礼生于情。

《郭店简·性自命出》：

> 礼作于情。

同时，儒家反对殉葬的思想，亦为对人性的尊重。

《礼记·檀弓下》：

> 陈子车死于卫，其妻与其家大夫谋以殉葬，定而后陈子亢至。以告曰："夫子疾，莫养于下，请以殉葬。"子亢曰："以殉葬，非礼也。虽然，则彼疾当养者孰若妻与宰？得已，则吾欲已；不得已，则吾欲以二子者之为之也。"于是弗果用。

陈子亢即陈子车的弟弟，孔子的学生。陈子亢坚决制止其嫂子与家宰为陈子车谋划殉葬的想法。《礼记·檀弓下》中记载"陈乾昔寝疾，属其兄弟而命其子尊已曰：'如我死，则必大为我棺，使吾二婢子夹我。'陈乾昔死。其子曰：'以殉葬，非礼也，况又同棺乎！'弗果杀。"陈尊己即陈乾昔之子，据礼而不遵其父以妾殉葬之命。儒家又有反对用人俑来随葬的礼学观念。

《荀子·礼论》：

> 刻死而附生谓之墨，刻生而附死谓之惑，杀生而送死谓之贼。大象其生以送其死，使死生终始莫不称宜而好善，是礼义之法式也，儒者是矣。

"杀生而送死"，即指以人殉葬。认为杀生殉葬是残贼之行。儒家对待死者丧礼的态度，是大致按照死者生前的情况为其送终，使死与生、终始都相称而完善为礼义的法则。

《礼记·檀弓下》：

> 孔子谓为明器者知丧道矣，备物而不可用也。哀哉！死者而用生者之器也，不殆于用殉乎哉！其曰明器，神明之也。涂车、刍灵，自古有之，明器之道也。孔子谓为刍灵者善，谓为俑者不仁，不殆于用人乎哉！

孔子认为"为刍灵者善"，而"为俑者不仁，殆于用人乎哉！"制作明器的人，是知道丧礼之道的人，明器只是具备而不可实用。可悲的是，死者用活人的器物随葬，就等同于用活人殉葬。之所以称作明器，是因为把死者当作神明来看待的。涂车、刍灵都是随葬的明器，自古以来就有，涂车、刍灵只是备物而已，是符合明器使用之道的。孔子认为使用涂车、刍灵随葬的人心地善良，而制作人俑用作随葬的人则是在行不仁的事，因为用人俑作随葬近乎是用活人随葬。

《荀子·礼论》：

> 荐器则冠有鍪而毋縰，瓮庑虚而不实，有簟席而无床第，木器不成斲，陶器不成物，薄器不成用，笙竽具而不和，琴瑟张而不均，舆藏而马反，告不用也。具生器以适墓，象徙道也。略而不尽，貌而不功，趋舆而藏之，金革辔靷而不入，明不用也。象徙道，又明不用也，是皆所以重哀也。故生器文而不功，明器貌而不用。

即是对生器与明器之别，以及明器实质、特点的阐释。"明器貌而不用"即"备物而不可用"之意，随葬物品只是具有粗略的形貌而不实用。

《孟子·梁惠王上》：

> 仲尼曰："始作俑者，其无后乎！"为其象人而用之也。

孔子说："开始使用人俑来随葬的人，理应断子绝孙！"因为，用人俑是近乎用活人的表现，用人俑来随葬，就是近乎于用活人来陪葬。儒家反对殉葬的观点，使"中土殉葬之风，宜其终不能盛"。①

儒家礼治思想中的人性化特点，还体现于一些具体的人性化的生活规范细节上。如赵逵夫先生说："事实上，《礼记》中对如何看待'礼'有一些带有原则性的论述，说明先秦、秦汉时代儒者讲说的礼并不如东汉以后那样越来越刻板而不近人情，尊重他人人格、维护人的利益，而

---

①　钱穆：《灵魂与心》，广西师范大学出版社2004年版，第39页。

体现着人本主义思想。比如其中说'礼从宜，使从俗。''礼不妄说人，不辞费。''礼不逾节，不侵侮，不好狎。''夫礼者，自卑而尊人，虽负贩者，必有尊也。''富贵而知好礼，则不骄不淫；贫贱而知好礼，则志不慑。'"①

儒家礼治思想的另一个重要特点就是"治"的秩序是等级的秩序。等级的实质在"分"，何以要"分"？

《荀子·礼论》：

> 礼起于何也？曰：人生而有欲，欲而不得，则不能无求，求而无度量分界，则不能不争。争则乱，乱则穷。先王恶其乱也，故制礼义以分之，以养人之欲，给人之求。使欲必不穷于物，物必不屈于欲，两者相持而长，是礼之所起也。

荀子之意，"分"的原因即在于，实现"物欲"之平衡与个体之间物质资源分配之平衡。当然，无论孔子、孟子还是荀子，先秦儒家均不否认人的"正常"的食色之"欲"的满足。

《孟子·告子下》：

> 任人有问屋庐子曰："礼与食孰重？"……孟子说："取食之重者与礼之轻者而比之，奚翅食重？取色之重者与礼之轻者而比之，奚翅色重？"

可知，孟子不否认人的正常"食欲"。

罗焌先生说：

> 礼本人性之说，即《周礼·大司徒》所谓"以五礼防万民为伪而教之中"也。礼出人为之说，即《王制》所谓"司徒修六礼以节民性"也。防伪者，因人性本善，故以礼防止其作为不善也。节性

---

① 赵逵夫：《〈礼记成书考〉序》，载王锷《〈礼记〉成书考》，中华书局2007年版，第13页。

者，因人性本恶，故以礼节制其本原之恶也。二说皆本礼经，暂可勿为决论。①

因此，对于正常的食色之欲，儒家一向予以尊重与满足。其所重者在"物欲"之平衡，而平衡之道在于"分"，"分"之具在于礼。至于个体分配平衡，则并非是平均分配，平衡是以"等级"为准则的平衡。儒家的"分"既有君君、臣臣、父父、子子之分，亦有男女、尊卑、贵贱、上下之分，而等级制就寓于人伦关系之中。

诚如金景芳先生所说：

> 我们反对阶级是因为它有剥削、有压迫，等级则不然。等级是所有一切有组织的群体，所不能避免的……可见，消灭阶级可也，等级是不能消灭的。②

等级存在的必然性，也就成为先秦儒家礼治思想中"治"的秩序是等级的秩序的现实和理论基础。

前面已论及以"典范表率"为"礼治的外在实现机制"之一种形式，其实质就是以"典范"之"德"为"治"。或简言之，为"德治"。其中尤其强调"有位者"充任"典范"起表率的作用。因此，亦可以称作"从上而下的政治"。

杨东莼先生说：

> 这从下而上的政治，就是从家长制度脱胎出来的；家族的家长如果能正，则一家人也能正；推而至于国，亦何莫不然。所以只要在上位的能正，在下的臣民也就无不正了。故曰：政者，正也。子帅以正，孰敢不正？其身正，不令而行。其身不正，虽令不从。苟正其身矣，于从政乎何有？不能正其身，如正人何？上好礼，则民

---

① 罗焌：《诸子学述》，罗书慎点校，华东师范大学出版社 2008 年版，第 194 页。
② 金景芳：《金景芳晚年自选集》，吉林大学出版社 2000 年版，第 40 页。

莫敢不敬。上好义，则民莫敢不服。上好信，则民莫敢不用情。惟其如此，所以他的政治又是人治主义。①

熊十力先生亦从中西文化对比的角度指出，典范政治存在的意义。
熊十力：

> 尝谓西人之论治也，自下而上。西谚所谓善治如草木，民智如土田是也。（自注：土田好，则草木茂。民智高，则善治可期。故社会不良，而政治难期善美。必下层好，才可望上层好。）中人之论治也，多主自上而下，所谓"君子之德风，小人之德草"与"人存政举"等说是也。实则二说，不可偏废。由西人之说，必注重民众教育与群众运动，使一般人民的智、德、力等方面，皆有长足的进步。如是则社会优良，决不会产生坏的领袖，即有坏人，亦不能占足于政界，此乃一定之理也。西说好处在此。但人民的智、德、力未增进时，还是要待好的领袖以身作则来切实领导群众。否则社会如何好得了？西洋文明发展到今日，却还靠领袖来引导群众，而其群众亦甚服从领袖。中学的说法，在今日更可见其理由充足，不可颠扑。吾尝言，人类就全体说，总是进化的，但就各个分子说，在长途进化之中，每经一个阶段，而各分子间的智、德、力等方面，欲其各各平等俱进，无有差别，此终是不可能。因为各人有气质上的缺憾，本于造化之无心而构成。这是无法避免的事。因此，人类智慧贤否，毕竟永远是不齐，而领袖人物的需要似是永远不能去掉的。②

但是，事实上，"有位者"经常是"未必有德"，于是，儒家曾引发出"有德者应有其位"的论说，如"孟子认为政治上之领袖应由成德之君子担任"③。

---

① 杨东莼：《中国学术史讲话》，江苏教育出版社 2005 年版，第 28—29 页。
② 熊十力：《中国历史讲话·中国哲学与西洋科学》，上海书店出版社 2008 年版，第 43—44 页。
③ 黄俊杰：《孟子》，生活·读书·新知三联书店 2013 年版，第 76 页。

《孟子·离娄上》：

> 惟仁者宜在高位。不仁而在高位，是播其恶于众也。

即是对"有德者应有其位"的申述，以及对"无德者在其位"的消极后果的认识。其实，儒家"有德者应有其位"的思想滥觞于孔子。

《论语·先进》：

> 子曰："先进于礼乐，野人也；后进于礼乐，君子也。如用之，则吾从先进。"

孔子所云表层之意是在"先进"和"后进"之间选择，其实是在强调：在"有德者应有其位"与"有其位者应有德"两者之间，应该选择"有德者应有其位"。

《荀子·王霸》：

> 论德使能而官施之者，圣王之道也，儒之所谨守也。

《荀子·王制》：

> 请问为政？曰：贤能不待次而举，罢不能不待须而废，元恶不待教而诛，中庸民不待政而化。分未定也则有昭缪。虽王公士大夫之子孙也，不能属于礼义，则归之庶人。虽庶人之子孙也，积文学，正身行，能属于礼义，则归之卿相士大夫。故奸言、奸说、奸事、奸能、遁逃反侧之民，职而教之，须而待之，勉之以庆赏，惩之以刑罚，安职则畜，不安职则弃。五疾，上收而养之，材而事之，官施而衣食之，兼复无遗。才行反时者死无赦。夫是之谓天德，是王者之政也。

此与孔子的先进、后进之说含义一致，均强调尚贤使能，有德者应有其位。但是，孔子已知，这是一种一厢情愿的理想。当"有德者未必能有其位"时，儒者唯一能做就是在道德人格上的不懈追求。

《孟子·万章上》：

> 孟子曰："匹夫而有天下者，德必若舜、禹，而又有天子荐之者，故仲尼不有天下。"

就连"圣人"孔子都因为"没有天子推荐"不能"有天下"，"有德者应有其位"也只是儒家的理想，现实往往与此差距甚远，其他人可想而知。后世不甘如此，孔子遂有"素王"之称，以平理想与现实之间的鸿沟，亦激发"野人"成就人格道德之志趣追求。当然，对"素王"的追认，既是对孔子道德人格的褒扬，亦是后世知识分子对自身道德修养的价值认可。① "孔子"对于中国文化来说，已经成为一个"文化符号""价值符号"，对"孔子"的褒扬亦是中国人对致力于道德人格追求而成圣之人、之行的褒扬。

学者通常对儒家所云妇女"三从"之说提出质疑、给予批判。其实，儒家"三从"之说，自有其内在逻辑义理所在，批评者大多缺少对其作准确、深入的解读。儒家"三从"说出自《礼记》。

《礼记·郊特牲》：

> 天地合而后万物兴焉。夫昏礼，万世之始也。取于异姓，所以附远厚别也。币必诚，辞无不腆。告之以直信。信，事人也。信，妇德也。壹与之齐，终身不改，故夫死不嫁。男子亲迎，男先于女，刚柔之义也。天先乎地，君先乎臣，其义一也。执挚以相见，敬章别也。男女有别，然后父子亲，父子亲，然后义生。义生然后礼作，礼作然后万物安。无别无义，禽兽之道也。婿亲御授绥，亲之也。亲之也者，亲之也。敬而亲之，先王之所以得天下也。出乎大门而

---

① 有学者亦称"孔子"为"集体人"。参见［美］郝大维、安乐哲《通过孔子而思》，何金俐译，北京大学出版社2005年版，第380页。

先，男帅女，女从男，夫妇之义由此始也。妇人，从人者也；幼
从父兄，嫁从夫，夫死从子。夫也者，夫也，夫也者，以知帅人
者也。玄冕斋戒，鬼神阴阳也。将以为社稷主，为先祖后，而可
以不致敬乎？共牢而食，同尊卑也。故妇人无爵，从夫之爵，坐
以夫之齿。器用陶匏，尚礼然也。三王作牢，用陶匏。厥明，妇
盥馈。舅姑卒食，妇馂余，私之也。舅姑降自西阶，妇降自阼阶，
授之室也。昏礼不用乐，幽阴之义也。乐，阳气也。昏礼不贺，
人之序也。

上文总体上着意于阐释昏礼之重要意义：其一，昏礼是天道见之于
人道的体现；其二，昏礼中体现了男女有别之义，以别于禽兽之道；其
三，昏礼中体现了诚、敬、信、直、亲义；其四，昏礼中体现了夫妇
一体、尊卑一致之义，正如《礼记·杂记上》中载："凡妇人，从其夫
之爵位"，即是说，妇女之丧礼，皆当依其夫爵位之高低为礼；其五，
昏礼体现了父子著代、婆媳著代之义。

《郭店简·六德》：

> 知可为者，知其不可为者，知行者，知不行者，谓之夫，以智
> 率人多智也者，夫德也。能与之齐，终身弗改之矣。是故夫死有主，
> 终身不变，谓之妇，以信从人多也。信也者，妇德也。

《六德》以"圣、智、仁、义、忠、信"为"六德"。并且每一德均
对应一伦理角色，以义为君德、忠为臣德、智为夫德、信为妇德、圣为
父德、仁为子德。把每一伦理角色与一德之间的关系固定化的做法，意
在强调这种相互对应"人伦道德"关系在人伦社会中的特殊作用。如强
调"义"与"君"的对应和固定，实际是强调"义"对"君"来说的
必要性及意义。

《郭店简·尊德义》：

> 尊德义，明乎民伦，可以为君。捶愆釜，改期胜，为人上者之

务也。

涂宗流先生译为"只有尊德义，明乎人伦，才可以为君。制之因贪欲而忿争的社会现象、改变徒自劳苦争胜而不知礼义的传统观念是为上者之务。"①"君"的主要职责是治国理政，"义"在其中的重要性是不言而喻的，君行义则国治，行不义则国乱，即强调君作为典范表率对于治国理政之意义。作为"臣德"，最主要的是"忠"，为国君出谋划策应该毫无私念，一以自"中"而发为至要，要做到"大公而无私"。"智"对于一家之主来说，也是最主要的，《论语·子罕》云："知者不惑"，"不惑"即"知可为者，知其不可为者，知行者，知不行者"之意。"不惑"才能处理好家庭内部关系以及家庭与社会的关系。同理，"信"是妇女应有之德。男女双方通过昏礼，实现两姓结合，即达成了一种契约关系，男女双方无故不得解约，契约最重在"信"，单方面解约即不"信"。同时，男娶女嫁，体现了男子在昏礼中的主体性，和女子在昏礼中的从属性。因此，信对于妇女来说尤其重要，否则，社会上男女关系混乱，将回到禽兽杂交的时代。《礼记·经解》云："故婚姻之礼废，则夫妇之道苦而淫辟之罪多矣。"此其意也。

《郭店简·六德》：

> 父圣、子仁、夫智、妇信、君义、臣忠。圣生仁，智率信，义使忠。故夫夫，妇妇，父父，子子，君君，臣臣，此六者各行其职而讪夸由乍也。

"智率信"就是说在处事过程中，②"智"与"信"的两个原则都是

---

① 涂宗流：《郭店楚简平议》，国际炎黄文化出版社 2002 年版，第 267—268 页。
② 葛志毅认为郭店简《六德》又以智说夫德，亦可与礼书相证。《六德》："知可为者，知不可为者；知可行者，知不可行者，谓之夫，以智率人多（者）也。"谓"智率信"是夫夫、夫妇。此与礼书合，如《大戴礼记·本命》："知可为者，知不可为者；知可言者，知不可言者；知可行者，知不可行者。是故审伦而明其别，谓之知，所以正夫德也。"《礼记·郊特牲》："夫也者，以知率人者也。"参见葛志毅《谭史斋论稿三编》，黑龙江人民出版社 2006 年版，第235 页注。

应该遵循的，但首要的是"智"，有智才会"不惑"，才会合于"义"。
《论语·学而》云："信近于义"，"信"有的合于"义"，有的不一定合
于"义"，合于"义"与否在于"智"的决断，合于"义"则可行，不
合于"义"则不可行。

《论语·卫灵公》：

> 子曰："君子贞而不谅。"

皇侃疏云："贞，正也。谅，信也。君子权变无常，若为事苟合道，
得理之正，君子为之，不必存于小信，自经于沟渎也。"① "谅"与"不
谅"，即皇侃所云"权变无常"，全赖于"智"之判断抉择。孔子认为
"君子固守正道而不必拘泥于信"，即"谅"与"不谅"，全在于是否合
于"经权"原则。因此，"智率信"就是强调"夫率妇"，就是强调家庭
内"夫"处理事务的主导性和"妇"的从属性。这种主从关系，见于
"三从"之说，亦可以说是家庭等级的体现。

《荀子·非相》：

> 幼而不肯事长，贱而不肯事贵，不肖而不肯事贤，是人之三不
> 祥也。

所谓"不祥"，是说不仅给不肯事"长""贵""贤"者带来不祥，
同时，也给整个社会的秩序也带来不安定、不和谐的因素。

《礼记·坊记》：

> 子云："天无二日，土无二王，家无二主，尊无二上，示民有君
> 臣之别也。《春秋》不称楚、越之王丧。礼，君不称天，大夫不称
> 君，恐民之惑也。《诗》云：'相彼盍旦，尚犹患之。'"

---

① 程树德：《论语集释》，程俊英、蒋见元点校，中华书局 1990 年版，第 1125 页。

《礼记·丧服四制》：

> 天无二日，土无二王，国无二君，家无二尊，以一治之也。

《荀子·王制》：

> 势齐则不壹，权齐则不使。

《荀子·议兵》：

> 权出一者强，权出二者弱。

照荀子看来，君主只有至尊无上，"势至重"，才能有效地维护封建统治。反之，权势一齐，则不可相使。《荀子·致士》云："君者，国之隆也；父者，家之隆也。隆一而至，二而乱。自古及今，未有二隆争重而能长久者。"一国之中，政应出自一门，一家之中，事应出自一人。否则，政出多门，事出多人，百姓、家人无所适从，将会出现混乱。对女子来说，未出嫁前，当然应该遵从父亲的教诲；出嫁后，在丈夫主导下，与丈夫共同掌管家事、操持祭祀；丈夫去世之后，儿子继承父亲一家之主的地位，当然家事应该遵从儿子的安排，作为母亲自然不能例外。"三从"说，强调"昏礼"中的男主女从是天道观在人伦道德中的体现，且是在男女一体尊卑相同的基础上，强调男主女从。

近年来，也有学者对"三纲"说的学术史进行了全面的考察，进而对"三纲"思想进行了深入的反思和考辨，认为"我们现代人睁眼说瞎话，只要稍微研究一下历史上发生过的那些事情，断不至于说出这种荒唐话来。谬误重复一千遍之后也就成了真理，'三纲'就是这样的命运"。[①] 并且把历代学者评价"三纲"的资料分为八类：出乎天道、合于

---

① 方朝晖：《为"三纲"正名》，华东师范大学出版社 2014 年版，第 115 页。

天理、万世不灭、治国之本、秩序之源、人伦之基、维系人心、基于人性。① 需要注意的是，此处的"三纲"与前面提到的"德位相称"或"德位相配"的观念是一致的。"三纲"中的"君""父""夫"作为君臣、父子、夫妇三伦的伦理角色相当于一"位"，因此，儒家认为有其"位"就应该有其"德"，同时"君""父""夫"并不是具有无限制的权力或威势，其仍然要承担作为"天之子""人之子""人之偶"的义务，否则也违道的，也必然会受到惩罚。这种惩罚或来自天道，或来自法律，或来自舆论。这样的认识有其现实的根据，即社会中的每个人并不是只是作为某一个伦理角色出现的，比如，某人既是人之臣，也是人之父，同时也是人之子，这样的"位"，必然要求其承担相应的伦理权利和义务，即有相应的伦理道德。

此外，男女平等非形式上的平等。若讲究形式上的完全平等，则是绝对平均主义的体现，也是唯心史观的体现。若讲究形式上的完全平等，男人与男人之间都没有平等，女人又要与哪一个等级的男人平等呢？此处所说夫妇"同尊卑""从夫之爵"的说法是最现实、最理性的选择。

男女社会角色的不同，是一个自然的历史的选择，是社会化分工的自然选择。男女由于体质、生理、心理及思维习惯等不同，必然不能承担相同的社会责任。卢梭认为"在人类中有两种不平等：一种，我把它叫作自然的或生理上的不平等，因为它是基于自然，由年龄、健康、体力以及智慧或心灵的性质不同而产生的；另一种可以称为精神上或政治上的不平等，因为它是起因于一种协议，由于人们的同意而设定的，或者至少是它的存在为大家所认可的。第二种不平等包括某一些人由于损害别人而得以享受的各种特权，譬如：比别人更富足、更光荣、更有权势，或者甚至叫别人服从他们"。② 常金仓先生分析指出："这就是说自然不平等实际上是构成政治等级制的基础，没有自然不平等，人类根本就不会出现等级的划分。道理非常简单，在自然状态下，社会还未出现经济和政治特权的时候，人与人的差别仅仅是生理差别而已。当历史进

① 方朝晖：《为"三纲"正名》，华东师范大学出版社 2014 年版，第 115—124 页。
② ［法］卢梭：《论人类不平等的起源和基础》，李常山译，商务印书馆 1962 年版，第 70 页。

入文明期以后，那些初期文明国家的君主们还缺乏一套成熟的政治措施来统治这个国家，不得不借用一些大家习惯已久的办法，然后再改造它们。"① 随着社会生产力的发展进步，男女身体因素的自然差别对社会生产关系的影响变得越来越小。传统农业社会中占主导地位的"男主外，女主内"的性别分工观念必将被工业社会中的职业分工观念所取代，社会职业对性别选择的限制也越来越小。男主内、女主外的家庭生活方式逐渐得到改变，社会伦理的内涵也逐渐丰富，男女在社会地位上的平等也就越来越彰显出来。

当然，儒家礼治思想也有一些不可避免的弊端。由于社会名位与礼的等级相对应，因此，人们试图通过对礼仪制度的僭越来实现其对名位的欲望，如孔子对季氏八佾舞于庭的批判。后世超标准、超规格接待，皆源于此。同时，主宾双方借助于名位的僭越以满足"面子"的心理需求。比如，"饮食之礼的等级划分大大地刺激了中国人的虚荣心，人们无论贫富都愿意不惜挥霍大量财物在宴会上表现自己的豪华气派，为了一决雌雄，不仅在规模上越办越大，而且在内容上争奇斗胜，这样也就使中国人为之骄傲的饮食文化在世界上叹为观止了"。② 再者，儒家礼治过程中对形式不断增饰，程序仪节渐趋烦复，而忽视了礼的诚敬忠信之情，徒增虚伪应景之行。

近年来，学者对包括儒家、儒学、孔子在内的传统文化的一些误解、误读进行了正本清源的反思，③ 这种趋势得到学者越来越广泛地响应和支持，也必将对传统文化的研究起到积极的促进作用。

---

① 常金仓：《穷变通久：文化史学的理论与实践》，人民出版社 2014 年版，第 133 页。
② 常金仓：《穷变通久：文化史学的理论与实践》，人民出版社 2014 年版，第 165 页。
③ 李文娟整理：《认识孔子思想需要正本清源——周桂钿先生专访》，载杨朝明主编《孔子学刊》（第一辑），上海古籍出版社 2010 年版，第 10—18 页。

结　语

礼是先秦儒家思想中的重要内容，是中国文化内涵的中心部分。礼是人们在长期的社会发展过程中，为有效应对社会群体生活，在社会生产、生活经验的不断累积而形成的认识基础上，进行条理化、系统化归结而得到的以期达成和谐有序社会秩序的一套交往规范、准则和道德评价体系。也可以说，礼是人们对蕴含于事物之中"理"的充分认识、扬弃和施用，同时，礼也是人们自身情感的真诚流露和得体传达。礼的本质在于"敬"。礼具有传承性、发展性、道德性、普适性、至上性、准则性、工具性、时代性、地域性等性质。

关于什么是"礼治"，学者有多种界定，但缺乏相对系统完整的论述。所谓"礼治"，简言之，即以礼致治。具体说，就是凭借礼制、礼仪、礼器、礼辞等"礼"的实现方式，通过修身、齐家、治国平天下等实现过程，落实为礼治的内在实现机制和外在实现机制，遵循相应礼治的原则，最终实现社会秩序化的效果。其中包含礼治的实现过程、礼治的实现方式、礼治的实现机制、礼治的原则等方面的内容。

礼治的实现过程，依《礼记·大学》所阐释，包括修身、齐家、治国平天下。而修身主要体现为：克己复礼为仁、立于礼、以礼存心、情安礼、礼让懿德、以乐修内、待人接物以礼、尊师敬长以礼、日常生活中以礼为规范等内容。齐家以礼主要体现为：父子之礼、兄弟之礼、夫妇之礼、朋友之礼、主客之礼、邻里之礼等内容。治国平天下以礼主要体现为：治政、治民、君使臣以礼、臣事君以礼、治军、卫国等内容。"天下"概念与"天子"概念是相对应的一对匹合概念。诸侯与"境内"也是一对匹合概念，"境内"即是诸侯所主之国，"天下"与"国"实质上均可称"国",二者之不同在于等级、地理范围广狭。

礼治的实现方式主要体现为礼制、礼仪、礼器与礼辞。礼制就是依照礼去裁定事物的是非,以作为取舍依据的标准和规范。礼仪为礼之具体形态,也是礼意、礼制等具体内容的外在形式,其表现为行礼过程中有序的行为举止、容态语气和程式节奏。礼器为行礼过程中所使用之器物。礼辞是在不同行礼场合使用的一套特殊语言。

礼治的实现机制,是建立在对人性与礼的各自特点的深刻认识的基础上提出的。先秦儒家认为,善恶两端皆存在于人心,善则扬之,恶则化之,即所谓自诚明、自明诚。但是,能够做到"自诚明"的毕竟是极少数的所谓"圣人",包括孔子在内,都需要经历"自明诚"的过程,使人性至于至善。礼治实现的过程当然包括孔子一类圣人对礼义人伦道德的深刻认识,进而努力修身成善成德,同时,也应该通过外在实现机制,即包含礼教、典范表率、刑罚等外在形式的化、道,甚至是惩罚督责劝勉。在礼治实现的过程中,先秦儒家尤重个体之修身,因为,这是基础。身修才能家齐,家齐才能国治天下平。

礼治的原则,就是在以礼致治的过程中所应该遵循的原则。简言之,有变的原则和不变的原则。变是就礼的形式来说的,不变是就礼的内容来说的。儒家所谓"事与时并"的说法就是针对变的原则而言的,变的原则是指礼治的方式礼制、礼仪、礼器、礼辞等在具体操作过程中应因时而变。不变的原则是指在以礼致治的过程中,人伦之道应保持不变。变的原则与不变的原则,亦即权的原则与经的原则。而权的原则又以经的原则为依据,经乃是"真理性认识"或"规律",这是就"经"的本质来说的,"经"的内容在儒家看来首要的就是"人道"。所以,礼治的原则,最终是经的原则。掌握了经的原则的实质意义,权的原则自然就可以游刃有余了。

先秦儒家礼治思想是诸子争鸣过程中对社会生活秩序化的系统设计,是历史经验智慧与理性选择的结果,也是中国传统文化中的宝贵思想资源。儒家礼治思想与其他诸子思想相比,其优势还是明显的。就其实质来说,"礼治"的过程,就是人伦道德化的过程。这是其他诸子不能否认的,也与礼治的经权原则相符。先秦儒家礼治思想内容所呈现的一个重要特点就是人性化。这种人性化体现于行礼过程中的"权变"依于人情，突出表现在儒家反对丧葬之礼中人殉和人俑的思想，以及一些具体生活规范细节的人性化规范上。儒家礼治思想的另一个重要特点就是"治"的秩序是等级的秩序。等级的实质在"分"，"分"的原因即在于实现"物欲"平衡与个体分配平衡。需注意的是，对包括儒家、儒学、孔子在内传统文化的一些误解、误读进行正本清源的反思，是必要的，如关于女性"三从""三纲"等观念，近代以来，多予以批评之声，其实这些都是儒家礼学思想内容的应有之义，对此更多的应该是发掘其中的义理所在，而非简单粗暴的反对斥责。对儒家礼治思想的反思趋势理应得到越来越多地学者的响应、支持和参与，这必将对传统文化的研究起到积极的促进作用，对传统文化的内涵、价值的认识也就越来越趋向于真实、准确和深入、全面。

附录 "礼起源"问题研究平议

中国素称"礼仪之邦",钱穆先生认为礼是"中国的核心思想"。①
正因为礼对中国文化产生的重要影响,学者对礼的研究给予了极大的关
注和热情。其中,礼起源问题,一直以来是广被关注的焦点。古今学者
从不同的时代背景与目的出发,以历史学、民俗学、考古学、人类学、
文字学等不同的学科视角,运用比较研究、调查分析、理论逻辑推演等
技术方法、形式,对这一问题进行了广泛深入的探究,提出了多种相近、
相似、相异的观点。本文仅就寓目所及略作回顾,并提出一己之见。

一 诸说略述

1. 天道说

《礼记》《左传》等主张礼起源于天道自然。

《礼记》:"夫礼必本于大一……夫礼必本于天,动而之地……"孔颖
达疏曰:"大一者,谓天地未分,混沌之元气也。极大曰天,未分曰一,
其气极大而未分,故曰大一也。"②

《礼记》:"夫礼,必本于天,殽于地,列于鬼神,达于丧、祭、射、
御、冠、昏、朝、聘。"③

---

① [美] 邓尔麟:《钱穆与七房桥世界》,蓝桦译,社会科学文献出版社 1998 年版,第
8 页。

② [美] 邓尔麟:《钱穆与七房桥世界》,蓝桦译,社会科学文献出版社 1998 年版,第
8 页。

③ [美] 邓尔麟:《钱穆与七房桥世界》,蓝桦译,社会科学文献出版社 1998 年版,第
8 页。

《左传》有相似的观点。《左传·昭公二十六年》：礼乃"先王所禀于天地"者，也就是说，礼源于天地。

张载说："礼不必皆出于人，至如无人，天地之礼自然而有，何假于人。天之生物便有尊卑大小之象，人顺之而已，此所以为礼也。学者有专以礼出于人，而不知礼本于天之自然。"①

2. 人情说（或人心说）

《礼记》、司马迁、《旧唐书》、郑樵、苏轼、梁漱溟、李安宅、何联奎等主此观点。

《礼记·坊记》："礼者，因人之情而为之节文，以为民坊者也。"

《礼记·问丧》中或问曰："死三日而后敛者，何也？"曰："孝子亲死，悲哀志懑，故匍匐而哭之，若将复生然，安可得夺而敛之也？故曰：三日而后敛者，以俟其生也。三日而不生，亦不生矣。孝子之心，亦益衰矣。家室之计，衣服之具，亦可以成矣。亲戚之远者，亦可以至矣。是故圣人为之断决，以三日为之礼制也。"

《史记·礼书》："余至大行礼官，观三代损益，乃知缘人情而制礼，依人性而作仪，其所由来尚矣。"

《旧唐书·礼仪志七》："礼……非从天降，非从地出，人情而已矣。"

郑樵曰："礼本于人情，情生而礼随之。古者民淳事简，礼制虽未有，然斯民不能无室家之情，则冠昏之礼已萌乎其中；不能无交际之情，则乡射之礼已萌乎其中；不能无追慕之情，则丧祭之礼已萌乎其中。自是以还，日趋乎文。燔黍捭豚，足以尽相爱之礼矣；必以为未足，积而至于笾豆鼎俎。徐行缓长，足以尽相敬之礼矣；必以为未足，积而至于宾主百拜。其文非不盛也，然即其真情而观之，则笾豆鼎俎未必如燔黍捭豚相爱之厚也，宾主百拜未必如徐行后长相亲之密也。大抵礼有本有文，情者其本也……有其本而无其文，尚可以义起；有其文而无其本，

---

① 张载：《张载集》，中华书局 1978 年版，第 264 页。

则并与文具废矣。何谓之礼本？本情而已。"①

苏轼说："夫礼之初，缘诸人情，因其所安者，而为之节文。凡人情之所安而有节者，举皆礼也。"②

梁漱溟说："所谓礼者即是人情的自然要求，并不是人情外面假的形式……礼之根本即是人情。"③

李安宅说："礼的起源，自于人情。"④

何联奎说："礼的来源，是出于人类一种自然的表示，如叩头跪拜，打恭作揖，对神表示崇拜及对人表示敬意。"⑤

3. 性善说

孟子主此观点。

《孟子·公孙丑上》："无恻隐之心，非人也；无羞恶之心，非人也；无辞让之心，非人也；无是非之心，非人也。恻隐之心，仁之端也；羞恶之心，义之端也；辞让之心，礼之端也；是非之心，智之端也。人之有是四端也，犹其有四体也。"孟子提出"人性善"的观点，他认为恭敬辞让之心为礼之端，即礼的起源。

4. 性恶说（或为节制人的物质需求欲望）

《礼记》、荀子、钱杭主此观点。

《礼记·乐记》："人生而静，天之性也。感于物而动，性之欲也。物至知知，然后好恶形焉。好恶无节于内，知诱于外，不能反躬，天理灭矣。夫物之感人无穷，而人之好恶无节，则是物至而人化物也。人化物也者，灭天理而穷人欲者也。于是有悖逆诈伪之心，有淫佚作乱之事，是故强者胁弱，众者暴寡，知者诈愚，勇者苦怯，疾病不养，老幼孤独不得其所，此大乱之道也。是故先王之制礼乐，人为之节。"

---

① 郑樵：《礼经奥旨》，商务印书馆1936年版，第5页。
② 苏轼：《苏轼文集》，中华书局1986年版，第49页。
③ 李渊庭、阎秉华整理：《梁漱溟先生讲孔孟》，上海三联书店2008年版，第72页。
④ 李安宅：《〈仪礼〉与〈礼记〉之社会学的研究》，上海人民出版社2005年版，第7页。
⑤ 何联奎：《中国礼俗研究·导言》，台湾中华书局1983年版，第13页。

《荀子·礼论》中记载："礼起于何也？曰：人生而有欲，欲而不得，则不能无求，求而无度量分界，则不能不争。争则乱，乱则穷。先王恶其乱也，故制礼义以分之，以养人之欲，给人之求。使欲必不穷乎物，物必不屈于欲，两者相持而长，是礼之所起也。"

《荀子·荣辱》："夫贵为天子，富有天下，是人情之所同欲也。然则从人之欲则势不能容，物不能赡也。故先王案为之制礼义以分之，使有贵贱之等，长幼有差，知愚、能不能之分，皆使人载其事而各得其宜，然后使穀禄多少厚薄之称，是夫群居和一之道也。"

钱杭说："从理论上讲，礼起源于人类为调整主、客观矛盾，寻求欲望与条件之间的动态平衡的要求。动物提不出这种要求，只有人类才能意识到这一点。"①

此外，柳肃也持此观点。②

5. 祭祀说（或宗教说）

王国维、钱穆、郭沫若等主此观点。

王国维指出，"豊"字，本指以器皿盛玉献祭神灵，推演为奉神人之酒醴亦谓之醴，后再推演为奉神人之事通谓之礼。③

钱穆说："'礼'本是指宗教上一种祭神的仪文……中国古代的宗教，很早便为政治意义所融化，成为政治性的宗教了。因此宗教上的礼，亦渐变而为政治上的礼……中国古代的政治，也很早便为伦理意义所融化，成为伦理性的政治。因此政治上的礼，又渐变而为伦理上的，即普及于一般社会与人生而附带有道德性的礼了。"④

郭沫若认为："礼是后来的字，在金文里面我们偶尔看见有用豊字的，从字的结构上来说，是在一个器皿里面盛两串玉具以奉仕于神，《盘庚篇》里面所说的'具乃贝玉'就是这个意思。大概礼之起源于祀

① 钱杭：《中国文化三百题》，上海古籍出版社1987年版，第352页。
② 柳肃：《礼的精神》，吉林教育出版社1990年版，第2页。
③ 王国维：《观堂集林》，中华书局1959年版，第290页。
④ 钱穆：《中国文化史导论》，商务印书馆1994年版，第72页。

神，故其字后来从示，其后扩展而为对人，更其后扩展而为吉凶军宾嘉的各种仪制。"①

此外，姜亮夫②、陈效鸿③、钱杭④、杨汝福⑤、王琦珍⑥、李禹阶⑦、周何⑧、梅珍生⑨、杨华⑩、谢瑞芳⑪、葛晨虹、⑫、金尚理、⑬ 勾承益⑭等也持此说。

6. 巫祝禁忌说

任继愈、李泽厚、谢谦、王启发、日本学者加藤常贤等主此观点。

任继愈认为："礼的起源是原始巫术礼仪基础上的晚期氏族统治体系的规范化和系统化。"⑮ 李泽厚的观点与此完全相同。⑯

谢谦说："史前的巫术歌舞正是古代宗教礼乐文化之源，或者说，传统礼乐文化的最初形式即是史前时代的原始巫术歌舞。中国源远流长的礼乐文化传统导源于原始宗教中的巫文化。"⑰

加藤常贤认为："礼的起源，来自原始民族间对于有神秘之力的东西的一种禁忌（Taboo-Mana）。"⑱

---

① 郭沫若：《十批判书》，新文艺出版社 1951 年版，第 99 页。
② 姜亮夫：《姜亮夫全集》第十八卷，云南人民出版社 2002 年版，第 308—310 页。
③ 陈效鸿：《中国古代礼治主义观念的发展》，载《研究生论文选集·中国历史分册（一）》，江苏古籍出版社 1984 年版，第 54—55 页。
④ 钱杭：《中国文化三百题》，上海古籍出版社 1987 年版，第 353 页。
⑤ 杨汝福：《论礼的起源及周公制礼》，《河池师专学报》1991 年第 1 期。
⑥ 王琦珍：《礼与传统文化》，江西高校出版社 1994 年版，第 2—4 页。
⑦ 李禹阶：《史前中原地区的宗教崇拜和"礼"的起源》，《中国史研究》1995 年第 1 期。
⑧ 周何：《说礼》，万卷楼图书有限公司 1998 年版，第 12 页。
⑨ 梅珍生：《晚周礼的文质论·引言》，湖北人民出版社 2004 年版，第 1 页。
⑩ 杨华：《先秦礼乐文化》，湖北教育出版社 1997 年版，第 41—43 页。
⑪ 谢瑞芳：《中国古代礼仪探源》，《湖南社会科学》1997 年第 4 期。
⑫ 葛晨虹：《中国礼仪文化》，经济科学出版社 2001 年版，第 22—28 页。
⑬ 金尚理：《礼宜乐和的文化理想》，巴蜀书社 2002 年版，第 14—35 页。
⑭ 勾承益：《先秦礼学》，巴蜀书社 2002 年版，第 2 页。
⑮ 任继愈：《中国哲学发展史》（先秦），人民出版社 1983 年版，第 172 页。
⑯ 李泽厚：《中国古代思想史论》，安徽文艺出版社 1999 年版，第 12 页。
⑰ 谢谦：《中国古代的宗教与礼乐文化》，四川人民出版社 1996 年版，第 46 页。
⑱ ［日］加藤常贤监修：《中国思想史》，转引自徐复观《中国人性论史》（先秦篇），上海三联书店 2001 年版，第 39 页。

此外，吴予敏①、王启发②也持此说。

7. 缘义说

《左传》《礼记》主此观点。

《左传·桓公二年》载晋师服说："夫名以制义，义以出礼，礼以体政，政以正民。"

《礼记·礼运》认为人可据"义"而制礼："故礼也者，义之实也。协诸义而协，则礼虽先王未之有，可以义起也。"郑注："以其合于义，可以义起作。"孔疏："起，作也。礼既与义合，若应行礼而先王未有旧礼之制，则便可以义作之。"金景芳先生认为："义者宜也"是说处理事物合理、恰当就是义，而合理、恰当的标准是"因人制宜，因事制宜，因时制宜，因地制宜。所谓制宜，实际上是要求主观与客观能达到一致"。③

8. 礼仪说（或仪式说）

杨宽、杨志刚主此观点。

杨宽说："'礼'的起源很早，远在原始氏族公社中，人们已经习惯于把重要行动加上特殊的礼仪。原始人常以具有象征意义的物品，连同一系列的象征性动作，构成种种仪式，用来表达自己的感情和愿望。这些礼仪，不仅长期成为社会生活的传统习惯，而且常被用作维护社会秩序、巩固社会组织和加强部落之间联系的手段。进入阶级社会后，许多礼仪还被大家沿用着，其中部分礼仪往往被统治阶级所利用和改变，作为巩固统治阶级内部组织和统治人民的一种手段。我国西周以后的贵族所推行的'周礼'，就是属于这样的性质。""西周时代贵族所推行的'周礼'，是有其悠久的历史根源的，许多具体的礼文、仪式都是从周族

① 吴予敏：《巫教、酋邦与礼乐渊源》，《北京大学学报》（哲学社会科学版）1998 年第 4 期。

② 王启发：《礼学思想体系探源》，中州古籍出版社 2005 年版，第 11 页。

③ 金景芳、吕绍纲、吕文郁：《孔子新传》，湖南出版社 1991 年版，第 117 页。

氏族制末期的礼仪变化出来的。"①

杨志刚也持此说。②

9. 风俗习惯说

《管子》、梁启超、刘师培、柳诒征、吕思勉、商国君、庄福林等主此观点。

《管子·枢言》曰:"法出于礼,礼出于俗。"梁启超说:"礼是由社会习惯积成的,不是平空由圣人想出来。"③ 刘师培说:"上古之时,礼源于俗。"④ "上古之时社会蒙昧,圣王既作,本习俗以定礼文。"⑤ 柳诒征说:"礼之所有起,皆邃古之遗俗。"⑥ 吕思勉说:"礼原于俗。"⑦

此外,庄福林⑧、商国君⑨、钱玄⑩、王晓锋⑪等也持此说。

10. 交往说

杨向奎主此观点。

杨向奎借助文化人类学的研究成果,指出礼起源于原始社会的礼物交换,来自原始社会的"保特拉吃"(potlatch)制度。

他认为:在原始社会,"礼尚往来"中的礼品交换,实质上是货物的交易行为。在中国封建社会初期,如宗周,货物的交易行为中还带有浓厚的礼仪性质,所以在交换过程中有贵族参加,有王室的关注,且因

---

① 杨宽:《古史新探》,中华书局1965年版,第234页。

② 杨志刚:《中国礼仪制度研究》,华东师范大学出版社2001年版,第7页。

③ 梁启超:《古书真伪及其年代》(卷二),《饮冰室合集·专集》104,中华书局1989年版,第105页。

④ 刘师培:《刘申叔遗书》,江苏古籍出版社1997年版,第683页。

⑤ 刘师培:《经学教科书》,中国人民大学出版社2004年版,第171页。

⑥ 柳诒徵:《柳诒徵说文化》,上海古籍出版社1999年版,第261页。

⑦ 吕思勉:《经子解题》,华东师范大学出版社1995年版,第45页。

⑧ 庄福林:《礼的起源及其本质》,硕士学位论文,东北师范大学,1981年。

⑨ 商国君:《略论礼的起源与形成》,《松辽学刊》(社会科学版)1992年第4期。

⑩ 钱玄:《三礼通论》,南京师范大学出版社1996年版,第10页。

⑪ 王晓锋:《礼的起源、发展与功能》,《唐都学刊》2000年第3期。

为是货物交易也要有贾人参加，他们是"知物价者"。西周时的周公，春秋时的孔子，都因往日的礼仪而加工改造。经过周公的加工，减少了礼仪中的商业性质；经过孔子的再加工，去掉了礼仪中的商业性质。[1]此说可以说是风俗说的具体化。

杨向奎说："礼仪起源于原始社会的风俗习惯，在当时，人们有一系列的传统习惯，作为全体氏族成员，在生产、生活的各种领域内遵守的规范。等到阶级和国家产生后，贵族们利用其中某些习惯加以改造和发展，逐渐形成各种礼仪，作为稳定阶级秩序和加强统治的一种制度和手段。"[2]

"在我国古典著作中的'三礼'及后来所谓'五礼'中都是包罗万象，婚丧、嫁娶、朝聘交往、礼仪乐舞、军队征伐、典章制度，无一非礼。而许多都是来自原始社会的风俗习惯，来自原始社会的（potlatch）。"[3]

11. 饮食说

孙希旦、刘泽华、杨英杰等主此观点。

清人孙希旦说："礼经纬万端，无乎不在，而饮食所以养生，人既生则有所以养之，故礼制始此焉。"[4]

姚伟钧[5]、杨英杰[6]、刘泽华[7]等也持此说。

12. 舞蹈说

"舞蹈说"可以说是"交往说"的延伸和具体化。刘宗迪主此观点。

刘宗迪说：礼"源于人类最原始的社会交往方式——原始舞蹈"。[8]

---

① 杨向奎：《宗周社会与礼乐文明》，人民出版社1997年版，第235页。
② 杨向奎：《宗周社会与礼乐文明》，人民出版社1997年版，第229页。
③ 杨向奎：《宗周社会与礼乐文明》，人民出版社1997年版，第244页。
④ 孙希旦：《礼记集解》，中华书局1989年版，第586页。
⑤ 姚伟钧：《中国传统饮食礼俗研究》，华中师范大学出版社1999年版，第4—8页。
⑥ 杨英杰：《关于"礼"起源的再探讨》，《辽宁师范大学学报》2000年第6期。
⑦ 刘泽华：《礼学与等级人学》，《河北学刊》2001年第4期。
⑧ 刘宗迪：《礼仪制度与原始舞蹈》，《民族艺术》1998年第4期。

13. 婚姻说（或男女有别说）

顾实、金景芳先生、胡戟等主此观点。

顾实说："《易·序卦》曰：'有天地，然后有万物；有万物，然后有男女；有男女，然后有夫妇；有夫妇，然后有父子；有父子，然后有君臣；有君臣，然后有上下；有上下，然后礼义有所错。'豊、礼古今字。豊者，蠡也。《尔雅·释鱼》《释文》'鱧或作蠡'，朱骏声曰'当为鱧之或体'，皆豊、蠡可通之证。盖蠡者蛤蜊也，豊从豆上正象蠡形也。蠡者，桮也。《说文》'蠡，蠡也'，《广雅·释器》'蠡，瓢也'。案一瓢劙为二，谓之蠡也。夫妇之所以合桮也。桮，蠡字通。故礼始于夫妇也。"①

金景芳先生说："礼是时代的产物，并不是人生来就知礼……礼的产生始于男女有别，实际也是说礼造端于男女有别。"②

胡戟说："在我看来，火的使用，特别是取火与火种保存技术的掌握，是为人类从动物界分离出来的恰当标志，而繁衍人类的婚姻关系开始摆脱原始的杂交状态，进入群婚制早期的血缘家庭，即乱婚时代的结束，又是作为伦理的人，社会化的人诞生和伦理社会萌芽的标志。最早出现的禁止父母和子女间性交关系的那种习俗，便是不折不扣地属于礼的范畴了。"③

14. 手势动作说

常金仓先生主此观点。

常金仓在《手势语言与原始礼仪》一文中将礼仪的形成分作两个阶段："第一阶段可以称之为原始礼仪，它完全是史前的初民处理生活中各种关系的一些习惯性行为，通常也叫风俗习惯，不过它不是风俗习惯的全部，而只是风俗习惯中固有仪式的部分。第二阶段就是文明时代的礼，它源于原始礼仪，而原始礼仪则源于原始民族中习见的手势动作。随着等级制度的形成，它较之于原始礼仪已经灌注了浓厚的等级意识，

---

① 顾实：《汉书艺文志讲疏》，上海古籍出版社 2009 年版，第 50 页。
② 金景芳：《谈礼》，《历史研究》1996 年第 6 期。
③ 胡戟：《中国古代礼仪》，陕西人民出版社 1994 年版，第 3—4 页。

它是国家产生后借助原始文化、改造原始文化而形成的国家制度，二者有本质的不同。"①

15. 劳动说

罗倬汉、杜国庠、郝文勉主此观点。

罗倬汉说：礼乐"起于共同劳作之际。"②

杜国庠说："礼节和音乐几乎是与人类以俱来的。人类的生活，自始就是社会的生活。在社会中，人们共同生活，共同劳动，也共同娱乐。经过了相当的时期，某些生活方式渐渐定型化了，一到大家认为非这样做不可的时候，它们便成为种种礼节，即是'礼'。"③"所谓礼乐的起源很古远，它们是从人类劳动生活中自然地产生出来的。"④

此外，罗通秀⑤、郝文勉⑥也持此说。

16. 生活说

陈登原认为："古人祀典有渊源于生活者"，"古人相见之仪有渊源于生活者"，"古人祭祖祀先有渊源于生活者"。⑦

17. 本能说

王梦鸥说："我们在此所要说的'礼'不从天降，不自地出，而是原始的人类受到自然的威胁而引起心理的紧张而表现出许多近乎本能的活动，其后此种活动积久寖成习惯遂显为'仪式'而存在。包括此整个'仪式的'行为，是我们所谓原始的'礼'。"⑧

---

① 常金仓：《手势语言与原始礼仪》，《陕西师范大学学报》（哲学社会科学版）1996 年第 1 期。

② 罗倬汉：《论礼乐之起源》，《学原》1947 年 11 月第一卷第 7 期。

③ 杜国庠：《杜国庠文集》，人民出版社 1962 年版，第 270 页。

④ 杜国庠：《杜国庠文集》，人民出版社 1962 年版，第 276 页。

⑤ 罗通秀：《论礼的意义及缘起》，《江汉论坛》1994 年第 9 期。

⑥ 郝文勉：《礼仪溯源》，《史学月刊》1997 年第 2 期。

⑦ 陈登原：《国史旧闻》，中华书局 2000 年版，第 89 页。

⑧ 王梦鸥：《原礼》，《文化先锋》1942 年 11 月第一卷第 12 期。

18. 分别说

张辛认为："人类社会乃由浑然一气为始，一步一步分别，一步一步开通。分化浑沌，告别蒙昧，战胜野蛮，步入文明。而礼由是脱胎诞生，礼制随之卓然确立。分化浑沌，则男女性有别，是礼理（道）出；告别蒙昧，则排除血婚，是礼事现；战胜野蛮，则夫妇定位，是礼形生、礼器成。而随着君臣有正，上下贵贱等级有分，则礼制完成。于是中国历史由浑沌，而三皇，而五帝，终于实现三代文明。因此我们说礼生于分别，成之文明。礼是野蛮与文明的分野，礼是中国文明的基点，是中国文明形成的重要标志。"①

19. 多元说

《管子》、陈戍国、钱世明、张璐主此观点。

《管子·心术上》曰："义者，谓各处其宜也。礼者，因人之情，缘义之理，而为之节文者也。"

陈戍国认为："各种各样的礼，不是同时产生的。任何礼制都不是一产生就有了完备的形式。所以，说礼的起源，光是说社会存在、经济基础是不够的。鄙意：不妨作礼的多元论者。和古史一样，礼制也是层叠地造成的，但礼制绝不是虚构的。"②

钱世明说："礼之起源固与敬神有关，也与人伦的确立有关。礼是伦理的形式保证，见礼则见伦理，无礼则乱伦理。礼的出现，又是人类从愚昧走向文明的必然产物。……礼不是统治者为维护统治地位而制造出来的。把随人伦的确立而产生的礼，规范起来，加工整理，用于社会生活各层面之中，便成了一朝之礼。"③ "《礼记·曲礼》所说：'夫礼者，所以定亲疏，决嫌疑、别同异、明是非也'。虽是讲礼的作用，却道出了礼起于亲情的实况。" "董仲舒《春秋繁露·服制》所说的'其可威者

---

① 张辛：《由大一、混沌说礼——兼论中国文明的起源问题》，《北京大学学报》（哲学社会科学版）2002 年第 4 期。

② 陈戍国：《中国礼制史》（先秦卷），湖南教育出版社 1991 年版，第 10 页。

③ 钱世明：《说礼乐》，京华出版社 1999 年版，第 42 页。

以为容服，礼之所为兴也'。注意服饰，借服饰显示地位的尊严，也是礼的兴起源头，这反映了上古之人已出现首领。"①

张璐认为礼"有两个起源：处于维持秩序需要的'等级礼'和出于和平共处需要的'善意礼'"。②

二 诸说的分类

从礼起源的领域分，包括：起源于生产劳动领域，如交往说、劳动说；起源于社会生活领域，如婚姻说、生活说、舞蹈说；起源于宗教生活领域，如祭祀说、巫祝说。

礼是涉及主体、客体和交互过程三方面的一种关系，此主体、客体是指施行礼者与礼所指向的对象。由此角度来看，以上观点，包括：有从主体方面来展开研究的如"天道说"；有从客体方面展开研究的如人情说、性善说、性恶说、缘义说、本能说、风俗说等；有从主客体互动的过程展开研究的如：祭祀说（或宗教说）、饮食说、交往说、劳动说、手势动作说、巫祝说、生活说、舞蹈说等。

本质上讲，礼是一种处理人与神关系、人与人关系以及人与自身关系的媒介和过程。由此角度来看，以上观点，包括：论及人与神关系的有祭祀（宗教）说、巫祝禁忌说；论及人与人关系的有交往说、舞蹈说、婚姻说、手势动作说、劳动说、生活说等；论及人与自身关系的有性恶说、饮食说等。

三 一些观点的不足

（一）一些研究对相关传统文献的解读有误

第一，学者引《慎子·佚文》："礼从俗，政从上，使从君。"③《礼

① 钱世明：《说礼乐》，京华出版社 1999 年版，第 43 页。
② 张璐：《论"礼"的起源和发展》，《四川经济管理学院学报》2007 年第 2 期。
③ 《慎子》，载国学整理社《诸子集成》第 5 册，中华书局 1954 年版，第 7 页。

记·曲礼上》："礼从宜，使从俗。"以证礼起源于俗。依王文锦先生的译解，这句话的意思为："行礼要依从特定时宜，出使要依从他国风俗。"① 从而，此段资料也就不能成为"礼起源于风俗"的立论根据。

第二，学者引《大戴礼记·曾子天圆》："阳之精气曰神，阴之精气曰灵。神灵者，品物之本也，而礼乐仁义之祖也，而善否治乱所兴作也"，以说明"礼源于天神"，毋宁说礼起源于天道。

第三，学者多称引《礼记·礼运》："夫礼之初，始诸饮食，其燔黍捭豚，汙尊抔饮，蒉桴而土鼓，犹若可以致其敬于鬼神"来证成礼源于饮食说。

其实，"礼始于"的句式在《礼记》中还有两处。如《礼记·内则》："礼始于谨夫妇。为宫室，辨内外，男子居外，女子居内。"《礼记·昏义》："夫礼始于冠，本于婚，重于丧、祭，尊于朝、聘，和于射、乡，此礼之大体也。"另外《礼记·冠义》："冠者礼之始也。"应该是对第二条《礼记·昏义》的阐释。至少戴庞海在《先秦冠礼研究》中并没有用来证成礼起源于冠礼。对于第一条正可以《周易·序卦》来说明："有天地然后有万物，有万物然后有男女，有男女然后有夫妇，有夫妇然后有父子，有父子然后有君臣，有君臣然后有上下，有上下然后礼义有所错。"其中要阐释的是礼具有"分"或者说"分别"的作用。若没有分别，"礼义"也就无所错了，那么人也就不成为人了，即《礼记·冠义》所说："凡人之所以为人者，礼义也。"也即《礼记·曲礼上》所说："鹦鹉能言，不离飞鸟；猩猩能言，不离禽兽。今人而无礼，虽能言，不亦禽兽之心乎？夫唯禽兽无礼，故父子聚麀。是故圣人作，为礼以教人，使人以有礼，知自别于禽兽。"亦即《荀子·王制》中"水火有气而无生，草木有生而无知，禽兽有知而无义，人有气、有生、有知，亦且有义，故最为天下贵也。力不若牛，走不若马，而牛马为用，何也？曰：人能群，彼不能群也。人何以能群？曰：分。分何以能行？曰：义。故义以分则和，和则一，一则多力，多力则强，强则胜物；故宫室可得而居也。故序四时，裁万物，兼利天下，无它故焉，得之分义

---

① 王文锦：《礼记译解》，中华书局 2001 年版，第 2 页。

也。"此乃儒家的"人禽之辨"的重要命题。其最终目的是求"和"而能"群"。因为人的本质是社会关系的总和，离开社会关系便无所谓人，也就更无所谓礼了。

那么对于此段材料的理解，应该以《礼记正义》孔颖达疏为最善。即关照《礼运》篇前后文来展开，否则，仅以"礼之初，始诸饮食"来解读，就不免断章取义之嫌。孔疏："言偃"至"大祥"，言偃既见孔子之极言礼，故问其礼之终始可得闻不。"孔子曰：我欲观夏道"以下至"礼之大成"，答以所成之事。但语意既广，非一言可了，所答之辞，凡有数节，今略言之。前云"大道之行，三代之英，丘未之逮也，而有志焉"，此"我欲观夏道"至"以是观之"，论披检二记之书，乃知上代之礼运转之事。自"夫礼之初"至"皆从其初"，论中古祭祀之事及死丧之礼，今时所法于前，取以行者。自"昔者先王"至"皆从其朔"，论昔者未有宫室、火化，后圣有作，始制宫室、炮、燔、醴酪之事，今世取而行之，故云"皆从其朔"。但今世一祭之中凡有两节：上节是荐上古、中古，下节是荐今世之食。自"玄酒在室"至"承天之祜"，总论今世祭祀馔具所因于古及其事义，总论两节祭祀获福之义。自"作其祝号"至"是谓合莫"，别论祭之上节荐上古、中古之食并所用之物。自"然后退而合亨"至"是谓大祥"，论祭之下节荐今世之食。"此礼之大成"一句，总结上所陈之言也。①

退一步地讲，若照通常理解，此段材料在逻辑上也是有问题的，即"礼之初，始诸饮食"，难道还有"礼之中，始诸……""礼之终，始诸……"的问题？似乎应尊孔疏所讲为是，② 此材料无非强调了祭礼"初""始"的情况，而不是说明"礼"起源于饮食。

（二）一些研究方法的不足

第一，字源学的方法，是王国维先生证成祭祀说的关键。但是

---

① （汉）郑玄注，（唐）孔颖达正义：《礼记正义》，上海古籍出版社 2008 年标点本，第 889—890 页。

② 孔颖达疏：经云"礼之初，始诸饮食"，谓祭祀之礼，故始诸饮食。其人情之礼，起则远矣。故昭二十六《左传》云"礼之可以为国也久矣，与天地并"是也。参见（汉）郑玄注，（唐）孔颖达正义《礼记正义》，上海古籍出版社 2008 年标点本，第 892 页。

"礼"的起源与"礼"字的起源或"礼现象"的起源终究不是一回事。首先，我们"虽然可以从'礼'的字源发现礼的起源的一些'秘密'，却不能将'礼'字的起源简单地等同于礼的起源。这两者既有联系，又有区别。礼的现象（即礼之'实'）的出现与'礼'字的出现一定不是同时的，礼的现象（礼之'实'）的出现一定早于'礼'字的出现，并且其间必然'经历了很长的时间'"。① 其次，甲骨文和大篆中还没有如今通用从示旁的禮，直到小篆才有此禮字。在甲骨文和金文中禮、豊原是一字，后人因豊与豐两字易混，所以加示旁以便区别。② 古文"禮"作""，现在的经典作"禮"。"礼"从"乙"，章炳麟《文始》以为，"乙"，当为"履"之初文。汤自称予小子"履"。《世本》言汤名天乙。"乙""履"，一也。故古文"禮"作""。"禮""履"也。从"乙"声。即从"履"声。③ 可见，若做字源分析，其必不可少应包含对""的分析探讨。最后，以"豊"为"禮"之声，非谓"豊"，即古"禮"字也。章炳麟《文始》云：或说："豊"，当从"豆"、从"凵""丰"声，并"二丰"者，盖籀文繁重。今寻"醴"，训爵之次第。则豊、亦爵类。《说文》，瓢、薆，皆训"蠡"。《方言》作"蠡"盖本"蠃"之转语。"蠃"可受水，因以为栖器之称。转脂，借"蠡"为之。因袭"豊"字。"丰"声。虽未密合，其"豆"、从"凵"，则可知孳乳为"禮"。④ 可见，至少对"豊"的理解，学者并非形成一致共识。

第二，徐复观从思想史研究的角度指出其局限性。"这种以语源为治思想史的方法，其实，完全是由缺乏文化演进观念而来的错觉。从阮元到现在，凡由此种错觉以治思想史的，其结论几无不乖谬。现在我引二十世纪语言学权威耶斯柏孙（Otto Jespersen）在'Mankind, Nation and Individual form a Linguistic Point of View'（日译为《人类与语言》）大著

---

① 杨志刚：《中国礼仪制度研究》，华东师范大学出版社 2001 年版，第 10 页。
② 田倩君：《释礼》，《台湾大学中国文字》1965 年第 17 辑。且侯外庐等也认为：金文中没有发现"礼"字。参见侯外庐等主编《中国思想通史》（第一卷），人民出版社 1957 年版，第 79 页。
③ 邱衍文：《中国上古礼制考辨》，文津出版社 1992 年版，第 19 页。
④ 邱衍文：《中国上古礼制考辨》，文津出版社 1992 年版，第 23—24 页。

中的几句话来破除这种错觉。他说：'在下宗教、文明、教育等某些概念的定义时，多数人总爱先问"它的语源是什么"？以为由此而对于它本来的性质可投给以光明。这实在是最无意义的事。这是迷信名号之力的学者，他们与相信名号有魔术能力的（按：如念真言咒语之类）原始迷信有其关联。我们即便知道"悲剧"（tragedy）曾经指的是"山羊之歌"，这对于悲剧本质的理解，不曾前进一步。又知道"喜剧"（comedy）的希腊语 Komos 的语源是"祭之歌""宴飨之歌"的意味，对于喜剧本质的理解，更无所进步。'因中国文字的特性，从语源上找某一思想演变的线索，并不是没有一点益处；但不应因此而忽略了每一思想家所用的观念名词，主要是由他自己的思想系统来加以规定。即使不是思想家，也会受他所处的时代流行用法的规定。"①

第三，民族学或文化人类学的相关研究成果对解释中国古史中的一些文化现象的可行性受到质疑。如杨华对杨向奎提出的"交往说"提出怀疑："建立在血缘宗法基础上的等级礼制是与商品交易的价格尺度势不两立的，不可能进行公平的'礼尚往来'……世界其它民族的很多地方都盛行 potlatch 的原始交换风俗，且远远较中国更为典型，为什么唯独只有中国古代形成了等级严格的礼乐制度……在中国古代史上，从原始社会到周代再到孔子，商品交易的色彩并不是越来越少，反而是越来越盛……而事实上，礼制最为盛行的时段是西周中后期至春秋前中期，为什么与商品交易的时间序列并不呈现一致性？"②

（三）"礼起源"涉及"礼"和"起源"两个方面

其中对涉及的"礼"又有不同的理解和解释，可分为作为文化现象的整体性的"礼"，学者或称为"一种最为原始、根本的礼仪形态"③ 或"一个共相的原初形态"④，和作为礼的构成的不同层面的礼制、礼仪、礼物、礼辞等。根据不同的角度又有"五礼""八礼"之分，更细致者

---

① 徐复观：《徐复观文集》（第二卷），湖北人民出版社 2009 年版，第 5 页。
② 杨华：《先秦礼乐文化》，湖北教育出版社 1997 年版，第 40 页。
③ 李宏锋：《礼崩乐盛》，文化艺术出版社 2009 年版，第 16 页。
④ 杨华：《先秦礼乐文化》，湖北教育出版社 1997 年版，第 41 页。

如邹昌林在《中国礼文化》一书中列出八九十项礼。对具体礼制的起源考证，孟子已启其端（《孟子·滕文公上》："盖上世尝有不葬其亲者，其亲死，则举而委之于壑。他日过之，狐狸食之，蝇蚋姑嘬之。其颡有泚，睨而不视。夫泚也，非为人泚，中心达于面目。盖归反蔂梩而掩之。掩之诚是也，则孝子仁人之掩其亲，亦必有道矣。"据孟子推想，上古时并没有埋葬死者的行为，但是，当看到亲人的尸体被蝇蚋咀吮，由此内心感到不忍、悔恨，于是，就把亲人加以埋葬。这就是孟子对具体礼制——葬礼起源的推论），杨宽《古史新探》业已做出示范。"礼起源"与"某某礼的起源"显然不是一个问题，"礼的起源"问题所指之"礼"显然应该指前者，而非具体某项或某类礼仪形态。

传统文献中对礼起源问题的解释，或许更有启发意义。孔颖达《礼记正义》引皇氏云："礼有三起，礼理起于大一，礼事起于遂皇，礼名起于黄帝。"[①] 把礼的起源分别从"礼理""礼事""礼名"三个方面来展开论述或许更有利于人们对此问题的深入展开。就实质来说，根据《说文》展开的讨论即对应为"礼名"的起源一类。清人徐灏《说文解字注笺》曰："'礼'之言履，履而行之也。'礼'之名起于事神，引申为凡礼仪之称。"[②] 即注意到"礼名"的起源。杨向奎也对礼名起源给予注意，"原始的礼是一种实物的交换行为，也是通过交换的礼仪来表现自己身份的行为；一直到西周初年，'礼'还没有从这种原始的交易行为中抽象出'礼'的概念：一种脱离实物的交换，而纳入道德范畴的'礼'。"[③] "礼事"的起源，即多数学者所致力之处。所谓"礼理"，"即礼中所体现出的上下、尊卑、贵贱原则。"[④] 亦即《礼记》中"不可得变革者"，《大传》曰："圣人南面而治天下，必自人道始矣。立权度量，考文章，改正朔，易服色，殊徽号，易器械，别衣服，此其所得与民变

---

① 皇氏之说可能来自《纬书集成·礼编·礼含文嘉》，曰："礼有三起，礼理起于太一，礼事起于遂皇，礼名起于黄帝。"[日] 安居香山、中村璋八辑：《纬书集成》，河北人民出版社1994年版，第504页。

② 徐灏：《说文解字注笺》（上），《续修四库全书》，上海古籍出版社2002年影印本，经部，第225册，第132页。

③ 杨向奎：《关于周公"制礼作乐"》，《文史知识》1986年第6期。

④ 章权才：《礼的起源和本质》，《学术月刊》1963年第8期。

革者也。其不可得变革者则有矣，亲亲也，尊尊也，长长也，男女有别，此其不可得与民变革者也。"就此来说，礼可分为阶级之礼与非阶级之礼，或等级之礼与非等级之礼。有学者已经从"礼理"和"礼事"两个方面结合来论证礼起源的问题。①

再者，张自慧从词源学的角度入手，指出"起源"一词有两个含义："开始发生"和"事物发生的根源"，将学术界关于礼起源的研究分为两类。一类是从"开始发生"的含义得出的礼起源观，此类起源说的结论常常是多元的，看起来似乎都言之成理、持之有故，但又都意犹未尽，往往蔽于一隅；另一类则是从"事物发生的根源"这一含义得出的礼起源观，此类起源说的结论较集中、深刻、更具学术价值。② 引申开来，还应该涉及"起源"的"时间""方式（或途径）""领域""条件"等方面。

"礼的起源"是礼学研究中的一个难题，③ 常金仓先生说："礼仪是个主观见之于客观的现象，考察原始礼仪的起源，一方面要考虑这些礼仪得以举行的物质条件是否具备，另一方面要考虑人们借助外物要达到的主观目的是什么？我以为根据今天所掌握的、极其有限的关于史前社会的材料，确定一个民族的原始礼仪起源于何时何地，几乎是不可能的了。"④

总之，想要在"礼起源"问题上得出相对可靠的结论，首先就应该在充分批判吸收现有研究成果的基础上，以传统文献为核心，明了中国传统文化有其异于西方文化的特点，即独特性。其次，明确对象"礼""起源"所指的内涵；再次，明确"起源"所应包含的"时间""方式（或途径）""领域""条件"等方面；然后，综合文化人类学、民俗学、考古学、社会学等相关学科的研究思路、方法和手段；最后，借鉴、吸收"俗的起源""乐的起源""法的起源"等相关问题的成果，寻求有益的线索和启发。

---

① 钱杭：《中国文化三百题》，上海古籍出版社1987年版，第352—353页。

② 张自慧：《礼文化的价值与反思》，学林出版社2008年版，第37页。

③ 黄以周说："书缺有间，五礼之起，难言之矣。"黄以周：《礼书通故》，中华书局2007年版，第21页。

④ 常金仓：《周代礼俗研究》，黑龙江人民出版社2004年版，第16页。

参考文献

一　图书文献

（战国）吕不韦：《吕氏春秋新校释》，陈奇猷校注，上海古籍出版社
　2002 年版。

（战国）荀况：《荀子校释》，王天海校释，上海古籍出版社 2005 年版。

（西汉）司马迁：《史记》，中华书局 1982 年版。

（东汉）应劭：《风俗通义校释》，吴树平校释，天津人民出版社 1980
　年版。

（汉）伏胜：《尚书大传》，聚文书局 2008 年版。

（汉）许慎撰，（清）段玉裁注：《说文解字注》，上海古籍出版社 1988
　年版。

（汉）郑玄注，（唐）贾公彦疏：《仪礼注疏》，王辉整理，上海古籍出
　版社 2008 年版。

（汉）郑玄注，（唐）贾公彦疏：《周礼注疏》，彭林整理，上海古籍出
　版社 2010 年版。

（汉）郑玄注，（唐）孔颖达正义：《礼记正义》，吕友仁整理，上海古
　籍出版社 2008 年版。

（晋）郭璞注，（宋）邢昺疏：《尔雅注疏》，王世伟整理，上海古籍出
　版社 2010 年版。

（唐）李隆基注，（宋）邢昺疏：《孝经注疏》，金良年整理，上海古籍
　出版社 2009 年版。

（唐）杨倞注：《荀子》，东方朔导读，王鹏整理，上海古籍出版社 2010
　年版。

（宋）范晔：《后汉书》，中华书局 1965 年版。

（宋）黎靖德编：《朱子语类》，王星贤点校，中华书局 1986 年版。

（宋）朱熹：《四书章句集注》，中华书局 1983 年版。

（元）陈澔：《礼记集说》，万久富整理，凤凰出版社 2010 年版。

（清）陈立：《白虎通疏证》，中华书局 1994 年版。

（清）桂馥：《说文解字义证》，齐鲁书社 1987 年版。

（清）黄以周：《礼书通故》，王文锦点校，中华书局 2007 年版。

（清）刘宝楠：《论语正义》，中华书局 1990 年版。

（清）阮元校刻：《十三经注疏》，中华书局 1980 年版。

（清）孙希旦：《礼记集解》，沈啸寰，王星贤点校，中华书局 1989 年版。

（清）孙诒让：《大戴礼记斠补》（外四种），雪克点校，中华书局 2010 年版。

（清）孙诒让：《周礼正义》，王文锦，陈玉霞点校，中华书局 1987 年版。

（清）王聘珍：《大戴礼记解诂》，王文锦点校，中华书局 1983 年版。

（清）王先谦：《诗三家义集说》，中华书局 1987 年版。

（清）王先谦：《荀子集解》，沈啸寰、王星贤点校，中华书局 1988 年版。

（清）王先慎：《韩非子集解》，钟哲点校，中华书局 1998 年版。

（清）张尔田：《史微》，黄曙辉点校，上海书店出版社 2006 年版。

（清）朱彬：《礼记训纂》，浙江大学出版社 2010 年版。

（清）朱彬：《礼记训纂》，中华书局 2007 年版。

（清）黄生、黄承吉合按：《字诂义府合按》，中华书局 1984 年版。

（清）皮锡瑞：《经学通论》，中华书局 1954 年版。

《文史知识》编辑部：《经书浅谈》，中华书局 2007 年版。

《文史知识》编辑部：《儒佛道与传统文化》，中华书局 1990 年版。

《中国哲学》编辑部编：《经学今诠初编》，辽宁教育出版社 2000 年版。

《中国哲学》编辑部编：《经学今诠续编》，辽宁教育出版社 2001 年版。

《中国哲学》编委会编：《郭店楚简研究》，辽宁教育出版社 1999 年版。

《中国哲学》编委会编：《郭店简与儒学研究》，辽宁教育出版社 2000 年版。

安居香山、中村璋八辑：《纬书集成》，河北人民出版社 1994 年版。

巴新生：《西周伦理形态研究》，天津古籍出版社 1997 年版。

北京大学《荀子》注释组：《荀子新注》，中华书局 1979 年版。

蔡尚思：《中国礼教思想史》，上海古籍出版社 2006 年版。

蔡元培：《中国伦理学史》，商务印书馆 1987 年版。

曹建墩：《先秦礼制探赜》，天津人民出版社 2010 年版。

曹元弼：《礼经学》，载《读修四库全书》编委会编《续修四库全书》，
　　上海古籍出版社 2002 年版。

常华、张振华编著：《中国婚丧礼俗》，改革出版社 1995 年版。

常金仓：《穷变通久：文化史学的理论与实践》，人民出版社 2014 年版。

常金仓：《周代礼俗研究》，黑龙江人民出版社 2004 年版。

常金仓：《周代社会生活述论》，吉林文史出版社 2007 年版。

晁岳佩选编：《三礼研究》，国家图书馆出版社 2009 年版。

陈大齐：《孔子学说论集》，正中书局 1976 年版。

陈飞龙：《孔孟荀礼学研究》，文史哲出版社 1982 年版。

陈国庆：《汉书艺文志注释汇编》，中华书局 2006 年版。

陈来：《古代思想文化的世界》，生活·读书·新知三联书店 2009 年版。

陈来：《古代宗教与伦理》，生活·读书·新知三联书店 2009 年版。

陈澧：《东塾读书记》，台湾商务印书馆 1997 年版。

陈鹏生、杨鹤皋：《春秋战国法律思想与传统文化》，慧丰行有限公司
　　2001 年版。

陈其泰、郭伟川、周少川编：《二十世纪中国礼学研究论集》，学苑出版
　　社 1998 年版。

陈戍国：《礼记校注》，岳麓书社 2004 年版。

陈戍国：《中国礼制史》（先秦卷），湖南教育出版社 2002 年版。

陈戍国：《周礼仪礼礼记》，岳麓书社 2006 年版。

陈筱芳：《春秋婚姻礼俗与社会伦理》，巴蜀书社 2000 年版。

程发轫等：《儒家思想研究论集》（一），黎明文化事业公司 1983 年版。

程树德：《论语集释》，程俊英、蒋见元点校，中华书局 1990 年版。

戴庞海：《先秦冠礼研究》，中州古籍出版社 2006 年版。

邓国光：《圣王之道——先秦诸子的经世智慧》，中华书局 2010 年版。

丁鼎：《〈仪礼·丧服〉考论》，社会科学文献出版社 2003 年版。

丁进：《周礼考论——周礼与中国文学》，上海人民出版社 2008 年版。

丁四新：《郭店楚墓竹简思想研究》，东方出版社 2000 年版。

董立章：《国语译注辨析》，暨南大学出版社 1993 年版。

杜任之、高树帜：《孔子学说精华体系》，山西人民出版社 1985 年版。

杜维明主编：《思想·文献·历史——思孟学派新探》，北京大学出版社
    2008 年版。

方朝晖：《为"三纲"说正名》，华东师范大学出版社 2014 年版。

方光华：《中国思想学术史论稿》，陕西人民出版社 2002 年版。

方光华：《俎豆馨香——中国祭祀礼俗探索》，陕西人民教育出版社 2000
    年版。

方俊吉：《礼记之天地鬼神观探究》，文史哲出版社 2008 年版。

方向东：《大戴礼记汇校集解》，中华书局 2008 年版。

方颖娴：《先秦之仁义礼说》，文津出版社 1996 年版。

冯绍霆：《周礼：远古的理想》，上海古籍出版社 2008 年版。

冯友兰：《人生哲学》，广西师范大学出版社 2005 年版。

冯友兰：《中国哲学史》，华东师范大学出版社 2000 年版。

冯友兰：《中国哲学史史料学初稿》，上海人民出版社 1962 年版。

傅杰编校：《王国维论学集》，中国社会科学出版社 1997 年版。

傅亚庶：《中国上古祭祀文化》（第二版），高等教育出版社 2005 年版。

甘怀真：《皇权、礼仪与经典诠释：中国古代政治史研究》，华东师范大
    学出版社 2008 年版。

高春花：《荀子礼学思想及其现代价值》，人民出版社 2004 年版。

高明：《礼学新探》，台湾学生书局 1977 年版。

高明等：《孔子思想研究论集》（一），黎明文化事业公司 1983 年版。

高专诚：《孔子·孔子弟子》，山西人民出版社 1989 年版。

葛晨虹：《中国礼仪文化》，经济科学出版社 2001 年版。

葛志毅，张惟明：《先秦两汉的制度与文化》，黑龙江教育出版社 1998
    年版。

葛志毅：《谭史斋论稿》，黑龙江人民出版社 2001 年版。

葛志毅：《谭史斋论稿六编》，黑龙江人民出版社 2016 年版。

葛志毅：《谭史斋论稿三编》，黑龙江人民出版社 2006 年版。

葛志毅：《谭史斋论稿四编》，黑龙江人民出版社 2008 年版。

葛志毅：《谭史斋论稿五编》，黑龙江人民出版社 2011 年版。

葛志毅：《谭史斋论稿续编》，黑龙江人民出版社 2004 年版。

葛志毅：《周代分封制度研究》，黑龙江人民出版社 2004 年版。

龚建平：《意义的生成与实现——〈礼记〉哲学思想》，商务印书馆 2005 年版。

勾承益：《先秦礼学》，巴蜀书社 2002 年版。

顾颉刚主编：《古籍考辨丛刊》（第二集），王煦华整理，社会科学文献出版社 2009 年版。

顾颉刚主编：《古籍考辨丛刊》（第一集），社会科学文献出版社 2010 年版。

顾实：《汉书艺文志讲疏》，上海古籍出版社 2009 年版。

顾希佳：《礼仪与中国文化》，人民出版社 2001 年版。

广陵书社编：《中国历代礼仪典》，广陵书社 2003 年版。

郭成伟主编：《社会控制：以礼为主导的综合治理》，中国政法大学出版社 2008 年版。

郭沫若：《十批判书》，东方出版社 1996 年版。

郭齐勇主编：《儒家文化研究》（第三辑），生活·读书·新知三联书店 2010 年版。

郭齐勇主编：《儒家文化研究》（第一辑），生活·读书·新知三联书店 2007 年版。

郭嵩焘：《礼记质疑》，岳麓书社 1992 年版。

郭伟川：《儒家礼治与中国学术——史学与儒、道、释三教论集》（修订本），北京图书馆出版社 2002 年版。

郭振华：《中国古代人生礼俗文化》，陕西人民教育出版社 1998 年版。

韩高年：《礼俗仪式与先秦诗歌演变》，中华书局 2006 年版。

韩星：《先秦儒法源流述论》，中国社会科学出版社 2004 年版。

韩钟文：《先秦儒家教育哲学思想研究》，齐鲁书社 2003 年版。

何聊奎：《中国礼俗研究》，台湾中华书局 1983 年版。

何兹全：《中国文化六讲》，河南人民出版社 2004 年版。

侯外庐、赵纪彬、杜国庠：《中国思想通史》（先秦卷），人民出版社 1957 年版。

侯外庐主编：《中国思想史纲》，上海书店出版社 2004 年版。

胡戟：《中国古代礼仪》，陕西人民出版社 1994 年版。

胡戟：《中华文化通志·礼仪志》，上海人民出版社 2010 年版。

胡适：《中国哲学史大纲》，东方出版社 1996 年版。

胡适：《中国哲学史大纲》，上海古籍出版社 1997 年版。

华仲等：《儒家思想研究论集》（二），黎明文化事业公司 1983 年版。

黄怀信：《逸周书校补注译》（修订本），三秦出版社 2006 年版。

黄俊杰：《孟子》，生活·读书·新知三联书店 2013 年版。

黄开国、唐赤蓉：《诸子百家兴起的前奏——春秋时期的思想文化》，巴蜀书社 2004 年版。

黄宛峰：《礼乐渊薮——〈礼记〉与中国文化》，河南大学出版社 1997 年版。

贾海生：《周代礼乐文明实证》，中华书局 2010 年版。

贾庆超主编：《曾子校释》，山东大学出版社 1993 年版。

江林：《〈诗经〉与宗周礼乐文明》，上海古籍出版社 2010 年版。

江林昌等：《中国古代文明研究与学术史》，河北大学出版社 2006 年版。

江文也：《孔子的乐论》，杨儒宾译，华东师范大学出版社 2008 年版。

江侠庵编译：《先秦经籍考》，上海文艺出版社 1990 年版。

姜广辉主编：《经学今诠三编》，辽宁教育出版社 2002 年版。

姜广辉主编：《经学今诠四编》，辽宁教育出版社 2004 年版。

姜广辉主编：《中国经学思想史》（第一卷），中国社会科学出版社 2003 年版。

蒋伯潜：《诸子学纂要》，首都经济贸易大学出版社 2017 年版。

蒋伯潜、蒋祖怡：《经与经学》，世界书局 1948 年版。

蒋璟萍：《礼仪的伦理学视角》，中国社会科学出版社 2007 年版。

焦宏昌主编：《中外禁忌与礼俗》，中国人民大学出版社 1990 年版。

金春峰：《〈周易〉经传梳理与郭店楚简思想新释》，台湾古籍出版有限
　　公司 2003 年版。

金景芳：《古史论集》，齐鲁书社 1981 年版。

金景芳：《金景芳古史论集》，吉林大学出版社 1991 年版。

金景芳：《金景芳晚年自选集》，吉林大学出版社 2000 年版。

金景芳：《金景芳先秦思想史讲义》，天津古籍出版社 2007 年版。

金景芳：《知止老人论学》，东北师范大学出版社 1998 年版。

金景芳：《中国奴隶社会史》，上海人民出版社 1983 年版。

金景芳、吕绍纲：《〈尚书·虞夏书〉新解》，辽宁古籍出版社 1996 年版。

金景芳、吕绍纲、吕文郁师：《孔子新传》，长春出版社 2006 年版。

金景芳讲述，吕绍纲整理：《周易讲座》，广西师范大学出版社 2005
　　年版。

金景芳著，吕文郁师整理：《金景芳学述》，浙江人民出版社 1999 年版。

金尚理：《礼宜乐和的文化理想》，巴蜀书社 2002 年版。

荆云波：《文化记忆与仪式叙事——〈仪礼〉的文化阐释》，南方日报出
　　版社 2010 年版。

瞿同祖：《中国法律与中国社会》，中华书局 2003 年版。

瞿同祖：《中国封建社会》，上海人民出版社 2005 年版。

康学伟：《先秦孝道研究》，吉林人民出版社 2000 年版。

康有为：《万木草堂口说》（外三种），姜义华、张荣华编校，中国人民
　　大学出版社 2010 年版。

孔德立：《早期儒家人道思想的形成与演变——以子思为中心》，巴蜀书
　　社 2010 年版。

孔繁：《荀子评传》，南京大学出版社 1997 年版。

匡亚明：《孔子评传》，南京大学出版社 1990 年版。

赖换初：《儒家礼育思想研究》，中南大学出版社 2004 年版。

李安宅：《〈仪礼〉与〈礼记〉之社会学的研究》，上海世纪出版集团
　　2005 年版。

李调元：《礼记补注》，《丛书集成初编》，第 1024 册，中华书局 1985 年
　　排印本。

李衡眉：《先秦史论集》（续），齐鲁书社 2003 年版。

李衡眉：《先秦史论集》，齐鲁书社 1999 年版。

李衡眉：《昭穆制度研究》，齐鲁社会 1996 年版。

李宏锋：《礼崩乐盛——以春秋战国为中心的礼乐关系研究》，文化艺术出版社 2009 年版。

李景林：《教化的哲学——儒学思想的一种新诠释》，黑龙江人民出版社 2006 年版。

李景林：《教养的本质——哲学突破期的儒家心性论》，辽宁人民出版社 1998 年版。

李零：《上博楚简三篇校读记》，万卷楼图书有限公司 2002 年版。

李万鹏、姜文华：《中华礼俗纵横谈》，山东教育出版社 1989 年版。

李维武编：《徐复观文集》（第二卷），湖北人民出版社 2002 年版。

李无未：《周代朝聘制度研究》，吉林人民出版社 2005 年版。

李宪堂：《先秦儒家的专制主义精神——对话新儒家》，中国人民大学出版社 2003 年版。

李学勤：《失落的文明》，上海文艺出版社 1997 年版。

李学勤：《走出疑古时代》，辽宁大学出版社 1997 年版。

李学颖：《仪礼·礼记：人生的法度》，上海古籍出版社 2008 年版。

李耀仙：《先秦儒学新论》，巴蜀书社 1991 年版。

李源澄：《经学通论》，黄曙辉编校，华东师范大学出版社 2010 年版。

李曰刚等：《三礼研究论集》，黎明文化事业公司 1981 年版。

李云光：《礼学论集》，黄河文化服务社 1997 年版。

李泽厚：《论语今读》，生活·读书·新知三联书店 2005 年版。

李泽厚：《中国古代思想史论》，天津社会科学院出版社 2004 年版。

梁家荣：《仁礼之辨——孔子之道的再释与重估》，北京大学出版社 2010 年版。

梁启超：《论中国学术思想变迁之大势》，上海古籍出版社 2001 年版。

梁启超：《儒家哲学》，上海世纪出版集团 2009 年版。

梁启超：《先秦政治思想史》，天津古籍出版社 2003 年版。

梁启超：《要籍解题及其读法》，北京书局 1925 年版。

梁启雄：《荀子简释》，中华书局 1983 年版。

梁漱溟：《梁漱溟先生讲孔孟》，李渊庭、阎秉华整理，上海三联书店 2008 年版。

梁漱溟：《中国文化要义》，上海世纪出版集团 2005 年版。

梁韦弦：《孟子研究》，文津出版社 1993 年版。

梁韦弦：《中国传统伦理思想研究》，黑龙江人民出版社 2007 年版。

梁锡锋：《郑玄以礼笺〈诗〉研究》，学苑出版社 2005 年版。

梁治平：《寻求自然秩序中的和谐——中国传统法律文化研究》，中国政法大学出版社 1997 年版。

廖名春：《中国学术史新证》，四川大学出版社 2005 年版。

林安弘：《儒家礼乐之道德思想》，文津出版社 1988 年版。

林素英：《"礼学"思想与应用》，万卷楼图书有限公司 2003 年版。

林语堂：《圣哲的智慧》，陕西师范大学出版社 2002 年版。

林中坚：《中国传统礼治》，广东人民出版社 2007 年版。

凌廷堪：《校礼堂文集》，中华书局 2006 年版。

刘方元、刘松来、唐满先：《礼记直解》，江西人民出版社 1996 年版。

刘丰：《先秦礼学思想与社会的整合》，中国人民大学出版社 2003 年版。

刘清河、李锐：《先秦礼乐》，北京师范大学出版社 2009 年版。

刘松来、唐永芬：《礼记开讲》，华东师范大学出版社 2013 年版。

刘巍：《〈孔子家语〉公案探源》，社会科学文献出版社 2014 年版。

刘文典：《淮南鸿烈集解》，冯逸、乔华点校，中华书局 1989 年版。

刘源：《商周祭祖礼研究》，商务印书馆 2004 年版。

刘泽华：《中国传统政治思想反思》，生活·读书·新知三联书店 1987 年版。

刘泽华、葛荃主编：《中国古代政治思想史》（修订版），南开大学出版社 2001 年版。

刘周堂：《前期儒家文化研究》，广西师范大学出版社 1998 年版。

刘宗迪：《古典的草根》，生活·读书·新知三联书店 2010 年版。

刘宗贤：《鲁文化研究》，齐鲁书社 2007 年版。

柳肃：《礼的精神——礼乐文化与中国政治》，吉林教育出版社 1990

年版。

柳诒徵：《国史要义》，华东师范大学出版社 2000 年版。

柳诒徵：《柳诒徵说文化》，上海古籍出版社 1999 年版。

柳诒徵：《中国文化史》，上海古籍出版社 2001 年版。

鲁士春：《先秦容礼研究》，天工书局 1998 年版。

陆建华：《先秦诸子礼学研究》，人民出版社 2008 年版。

陆建华：《荀子礼学研究》，安徽大学出版社 2004 年版。

陆玉林：《中国学术通史》（先秦卷），人民出版社 2004 年版。

吕绍纲：《庚辰存稿》，上海古籍出版社 2000 年版。

吕思勉：《吕思勉读史札记》（增订本），上海古籍出版社 2005 年版。

吕思勉：《吕思勉中国文化史 中国政治思想史讲义》，天津古籍出版社
　2007 年版。

吕思勉：《先秦史》，上海古籍出版社 2005 年版。

吕思勉：《先秦学术概论》，中国大百科全书出版社 1985 年版。

吕思勉：《中国制度史》，上海世纪出版集团 2005 年版。

吕文郁师：《春秋战国文化史》，东方出版中心 2007 年版。

吕文郁师：《周代的采邑制度》（增订版），社会科学文献出版社 2006
　年版。

吕友仁：《〈礼记〉研究四题》，中华书局 2014 年版。

吕友仁、吕咏梅：《礼记全译·孝经全译》（修订版），贵州人民出版社
　2008 年版。

罗家湘：《先秦文学制度研究》，上海古籍出版社 2011 年版。

罗焌：《诸子学述》，罗书慎点校，华东师范大学出版社 2008 年版。

马小红：《礼与法：法的历史连接》，北京大学出版社 2004 年版。

马小红、柴荣、刘婷婷编著：《中国法律思想史十讲》，中国人民大学出
　版社 2008 年版。

马一浮：《复性书院讲录》，江苏教育出版社 2005 年版。

马一浮：《马一浮集》（第二册），虞万里校点，浙江古籍出版社、浙江
　教育出版社 1996 年版。

梅珍生：《晚周礼的文质论》，湖北人民出版社 2004 年版。

蒙培元：《蒙培元讲孔子》，北京大学出版社 2005 年版。

蒙培元：《蒙培元讲孟子》，北京大学出版社 2005 年版。

缪文远：《战国策新校注》（修订本），巴蜀书社 1998 年版。

牟宗三：《政道与治道》，广西师范大学出版社 2006 年版。

彭林：《〈周礼〉主体思想与成书年代研究》（增订版），中国人民大学出版社 2009 年版。

彭林：《礼乐人生——成就你的君子风范》，中华书局 2006 年版。

彭林：《儒家礼乐文明讲演录》，广西师范大学出版社 2008 年版。

彭林：《中国古代礼仪文明》，中华书局 2004 年版。

彭林：《中华传统礼仪概要》，高等教育出版社 2009 年版。

齐思和：《中国史新探》，河北教育出版社 2000 年版。

祁海文：《礼乐教化——先秦美育思想研究》，齐鲁书社 2001 年版。

钱穆：《灵魂与心》，广西师范大学出版社 2004 年版。

钱穆：《论语新解》，生活·读书·新知三联书店 2002 年版。

钱穆：《人生十论》，广西师范大学出版社 2004 年版。

钱穆：《四书释义》，九州出版社 2010 年版。

钱穆：《晚学盲言》，广西师范大学出版社 2004 年版。

钱穆：《中国学术思想史论丛》（卷一），安徽教育出版社 2004 年版。

钱世明：《说礼乐》，京华出版社 1997 年版。

钱玄：《三礼通论》，南京师范大学出版社 1996 年版。

钱玄、钱兴奇编著：《三礼辞典》，江苏古籍出版社 1998 年版。

秦彦士：《诸子与先秦社会》，河北人民出版社 2003 年版。

邱衍文：《中国上古礼制考辨》，文津出版社 1992 年版。

裘锡圭：《文史丛稿——上古思想、民俗与古文字学史》，上海远东出版社 1996 年版。

曲阜师范大学孔子研究所编：《孔子思想研究论集》，齐鲁书社 1987 年版。

任继愈主编：《中国哲学发展史》（秦汉），人民出版社 1985 年版。

任继愈主编：《中国哲学发展史》（先秦），人民出版社 1983 年版。

任继愈主编：《中国哲学史》，人民出版社 2010 年版。

任剑涛：《伦理政治研究——从早期儒学视角的理论透视》，吉林出版集团有限责任公司 2009 年版。

任铭善：《礼记目录后案》，齐鲁书社 1982 年版。

任强：《知识、信仰与超越——儒家礼法思想解读》（增订版），北京大学出版社 2009 年版。

山东孔子学会编：《鲁文化与儒学》，山东友谊出版社 1996 年版。

上海师范大学古籍整理研究所校点：《国语》，上海古籍出版社 1998 年版。

沈善洪、王凤贤：《中国伦理思想史》，人民出版社 2005 年版。

沈文倬：《菿闇文存》，商务印书馆 2006 年版。

沈文倬：《宗周礼乐文明考论》（增补本），浙江大学出版社 2006 年版。

舒大刚主编：《中国历代大儒》，吉林教育出版社 1997 年版。

苏志宏：《秦汉礼乐教化论》，四川人民出版社 1991 年版。

孙德华：《子思学派考论》，吉林大学出版社 2013 年版。

孙景琛：《中国舞蹈史》（先秦部分），文化艺术出版社 1983 年版。

孙钦善：《论语本解》，生活·读书·新知三联书店 2009 年版。

孙伟：《重塑儒家之道——荀子思想再考察》，人民出版社 2010 年版。

唐启翠：《礼仪文明与神话编码——〈礼记〉的文化阐释》，南方日报出版社 2010 年版。

陶磊：《思孟之间儒学与早期易学史新探》，天津古籍出版社 2009 年版。

田昌五：《华夏文明》，北京大学出版社 1987 年版。

童书业：《先秦七子思想研究》（增订本），中华书局 2006 年版。

涂宗流：《郭店楚简平议》，国际炎黄文化出版社 2002 年版。

汪宁生：《古俗新研》，敦煌文艺出版社 2001 年版。

王处辉：《中国社会思想史》，南开大学出版社 1989 年版。

王锷：《〈礼记〉成书考》，中华书局 2007 年版。

王锷：《三礼研究论著提要》，甘肃人民出版社 2001 年版。

王斐弘：《儒学正源》，厦门大学出版社 2011 年版。

王贵民：《礼俗史话》，中国大百科全书出版社 2000 年版。

王国维：《观堂集林》，中华书局 1959 年版。

王晖：《商周文化比较研究》，人民出版社 2000 年版。

王军：《荀子思想研究：礼乐重构的视角》，中国社会科学出版社 2010 年版。

王钧林：《中国儒学史》（先秦卷），广东教育出版社 1998 年版。

王力等：《中国古代文化史讲座》，广西师范大学出版社 2003 年版。

王力主编：《中国古代文化常识图典》，中国言实出版社 2002 年版。

王梦鸥：《礼记今注今译》，新世界出版社 2011 年版。

王梦鸥：《礼记选注》，正中书局 1976 年版。

王琦珍：《礼与传统文化》，江西高校出版社 1994 年版。

王启发：《礼学思想体系探源》，中州古籍出版社 2005 年版。

王群瑛：《中国古代的法律》，希望出版社 1999 年版。

王炜民：《中国古代礼俗》，商务印书馆 1997 年版。

王文锦：《礼记译解》，中华书局 2005 年版。

王兴业编：《孟子研究论文集》，山东大学出版社 1984 年版。

王秀臣：《三礼用诗考论》，中国社会科学出版社 2007 年版。

王志民主编：《齐鲁文化研究》（第八辑），泰山出版社 2009 年版。

韦政通：《先秦七大哲学家》，江苏教育出版社 2006 年版。

韦政通：《中国的智慧》，岳麓书社 2003 年版。

韦政通：《中国思想史》，上海书店出版社 2003 年版。

魏向东、严安平：《中国的礼制》，中国国际广播出版社 2010 年版。

魏永康：《古代礼制文化》，吉林文史出版社 2010 年版。

温林编：《曾国藩全集》，京华出版社 2001 年版。

吴龙辉：《原始儒家考述》，中国社会科学出版社 1996 年版。

吴乃恭：《儒家思想研究》，东北师范大学出版社 1992 年版。

吴云、李春台校注：《贾谊集校注》（增订版），天津古籍出版社 2010 年版。

武汉大学中国文化研究院编：《郭店楚简国际学术研讨会论文集》，湖北人民出版社 2000 年版。

夏静：《礼乐文化与中国文论早期形态研究》，中华书局 2007 年版。

谢芳琳：《三礼之谜》，四川教育出版社 2001 年版。

谢谦：《中国古代宗教与礼乐文化》，四川人民出版社 1996 年版。

谢淑熙：《道贯古今——孔子礼乐观所蕴含之教育思想》，秀威资讯科技股份有限公司 2005 年版。

谢维扬：《周代家庭研究》，黑龙江人民出版社 2004 年版。

谢维扬、朱渊清主编：《新出土文献与古代文明研究》，上海大学出版社 2004 年版。

熊公哲：《荀子今注今译》，重庆出版社 2009 年版。

熊十力：《读经示要》，上海书店出版社 2009 年版。

熊十力：《原儒》，上海书店出版社 2009 年版。

熊十力：《中国历史讲话·中国哲学与西洋科学》，上海书店出版社 2008 年版。

修海林：《古乐的沉浮》，山东文艺出版社 1989 年版。

徐复观：《两汉思想史》（第一卷），华东师范大学出版社 2001 年版。

徐复观：《徐复观论经学史二种》，上海书店出版社 2005 年版。

徐复观：《中国人性论史》（先秦篇），上海三联书店 2001 年版。

徐鸿修：《先秦史研究》，山东大学出版社 2002 年版。

徐吉军、贺云翱：《中国丧葬礼俗》，浙江人民出版社 1991 年版。

徐杰令：《春秋邦交研究》，中国社会科学出版社 2004 年版。

徐元诰：《国语集解》，王树民、沈长云点校，中华书局 2002 年版。

徐中舒：《徐中舒先秦史讲义》，天津古籍出版社 2008 年版。

许道勋、徐洪兴：《中国经学史》，上海人民出版社 2006 年版。

许兆昌：《先秦乐文化考论》，黑龙江人民出版社 2010 年版。

阎步克：《乐师与史官——传统政治文化与政治制度论集》，生活·读书·新知三联书店 2001 年版。

阎步克：《士大夫政治演生史稿》，北京大学出版社 1996 年版。

阎步克：《阎步克自选集》，广西师范大学出版社 1997 年版。

杨伯峻：《春秋左传注》（修订本），中华书局 2000 年版。

杨伯峻：《论语译注》，中华书局 1980 年版。

杨伯峻：《孟子译注》，中华书局 2005 年版。

杨朝明、宋立林主编：《孔子家语通解》，齐鲁书社 2009 年版。

杨朝明：《鲁文化史》，齐鲁书社 2001 年版。

杨朝明、修建军主编：《孔子与孔门弟子研究》，齐鲁书社 2004 年版。

杨朝明主编：《孔子学刊》（第一辑），上海古籍出版社 2010 年版。

杨东莼：《中国学术史讲话》，江苏教育出版社 2005 年版。

杨国荣：《哲学的视域》，生活·读书·新知三联书店 2014 年版。

杨华：《先秦礼乐文化》，湖北教育出版社 1997 年版。

杨宽：《战国史》，上海人民出版社 2003 年版。

杨柳桥：《荀子诂译》，齐鲁书社 2009 年版。

杨汝福：《中国礼仪史话》，广西民族出版社 1991 年版。

杨树达：《论语疏证》，上海古籍出版社 2007 年版。

杨天宇：《经学探研录》，上海古籍出版社 2004 年版。

杨天宇：《礼记译注》，上海古籍出版社 1997 年版。

杨天宇：《仪礼译注》，上海古籍出版社 2004 年版。

杨秀宫：《孔孟荀礼法思想的演变与发展》，文史哲出版社 2000 年版。

杨学军：《中国古代礼俗》，首都师范大学出版社 1994 年版。

杨雅丽：《〈礼记〉语言学与文化学阐释》，人民出版社 2011 年版。

杨雅丽：《礼记研究》，三秦出版社 2002 年版。

杨志刚：《废墟上的家园》，上海人民出版社 1999 年版。

杨志刚：《中国礼仪制度研究》，华东师范大学出版社 2001 年版。

幺峻洲：《孟子说解》，齐鲁书社 2006 年版。

姚伟钧：《中国传统饮食礼俗研究》，华中师范大学出版社 1999 年版。

姚晓鸥：《诗经三颂与先秦礼乐文化》，北京广播学院出版社 2000 年版。

阴法鲁、许树安主编：《中国古代文化史》，北京大学出版社 1989 年版。

余家菊：《孔子教育学说》，首都师范大学出版社 2010 年版。

余家菊：《孟子教育学说》，首都师范大学出版社 2010 年版。

余家菊：《荀子教育学说》，首都师范大学出版社 2011 年版。

余嘉锡：《余嘉锡文史论集》，岳麓书社 1997 年版。

云南孔子学术研究会编：《孔学研究》（第六辑），云南人民出版社 2000
    年版。

曾军：《义理与考据——清中期〈礼记〉诠释的两种策略》，岳麓书社

2009 年版。

张春生主编:《中国传统礼俗》,百花文艺出版社 2002 年版。

张岱年:《文化论》,河北教育出版社 1996 年版。

张岱年:《中国哲学大纲》,中国社会科学出版社 1982 年版。

张德胜:《儒家伦理与社会秩序》,上海人民出版社 2008 年版。

张德苏:《从"礼崩乐坏"到"克己复礼"——周室衰乱与孔子救世的人性思索》,齐鲁书社 2008 年版。

张国光:《〈学记〉新讲——汇注、辩证并译解》,武汉出版社 1992 年版。

张鹤泉:《周代祭祀研究》,文津出版社 1993 年版。

张焕君、刁小龙:《武威汉简〈仪礼〉整理与研究》,武汉大学出版社 2009 年版。

张焕君:《制礼作乐——先秦儒家礼学的形成与特征》,中国社会科学出版社 2010 年版。

张岂之主编:《中国儒学思想史》,陕西人民出版社 1990 年版。

张岂之主编:《中国思想史》,西北大学出版社 1993 年版。

张岂之主编:《中国思想史论集》(第一辑),广西师范大学出版社 2000 年版。

张秋升、王洪军主编:《中国儒学史研究》,齐鲁书社 2004 年版。

张岩:《从部落文明到礼乐制度》,上海三联书店 2004 年版。

张造群:《礼治之道——汉代名教研究》,人民出版社 2011 年版。

张自慧:《礼文化的价值与反思》,学林出版社 2008 年版。

章太炎:《国学概论》,上海古籍出版社 1997 年版。

赵明:《先秦儒家政治哲学引论》,北京大学出版社 2004 年版。

赵丕杰:《中国古代礼俗》,语文出版社 1996 年版。

浙江大学古籍研究所编:《礼学与中国传统文化——庆祝沈文倬先生九十华诞国际学术研讨会论文集》,中华书局 2006 年版。

郑开:《德礼之间——前诸子时期的思想史》,生活·读书·新知三联书店 2009 年版。

郑樵:《礼经奥旨》,《丛书集成初编》,第 243 册,中华书局 1936 年版。

［法］卢梭：《论人类不平等的起源和基础》，李常山译，商务印书馆 1962 年版。

［美］本杰明·史华兹：《古代中国的思想世界》，程钢译，江苏人民出版社 2004 年版。

［美］郝大维、安乐哲：《通过孔子而思》，何金俐译，北京大学出版社 2005 年版。

二　硕博论文

何剑：《论礼治的内在逻辑及历史发展轨迹》，硕士学位论文，中国政法大学，2007 年。

李琳：《论传统"礼治"与现代法治》，硕士学位论文，陕西师范大学，2003 年。

马国华：《孔子的礼治思想研究》，硕士学位论文，天津师范大学，2005 年。

马菊霞：《论春秋时代的礼治思潮》，硕士学位论文，西北大学，2004 年。

王雅：《周代礼乐文化研究》，博士学位论文，吉林大学，1998 年。

于语和：《中国礼治与西方法治之比较研究》，博士学位论文，天津师范大学，2001 年。

三　学术期刊论文

安乐哲：《礼与古典儒家的无神论宗教思想》，《中国学术》2000 年第二辑。

白奚：《儒家礼治思想的合理因素与现代价值》，《哲学研究》2000 年第 2 期。

白奚：《儒家礼治思想与社会和谐》，《哲学动态》2006 年第 5 期。

蔡锋：《先秦时期礼俗的发展历程及其界说》，《山西大学学报》1991 年第 3 期。

曹丽兰：《从费孝通教授的"礼治秩序"看苗族寨老制度：以贵州千户苗寨"寨老"制度为例》，《呼伦贝尔学院学报》2008 年第 1 期。

陈洪宜：《对礼治与德政的历史反思》，《河南公安高等专科学校学报》2002 年第 6 期。

陈来：《郭店楚简〈性自命出〉与上博藏简〈性情论〉》，《孔子研究》2002 年第 2 期。

陈智勇：《商代宗教的世俗化特征及其礼治作用》，《许昌师专学报》2000 年第 1 期。

丁鼎：《〈仪礼·丧服〉所体现的周代宗法制度与伦理观念》，《民俗研究》2002 年第 3 期。

丁进：《礼学文献的重现与两汉礼学的演变》，《学术月刊》2012 年第 6 期。

付小平：《藏礼于器》，《西南民族大学学报》2009 年第 9 期。

高树帜：《中华礼文化的由来及其精华》，《山西师范大学学报》1993 年第 1 期。

顾颉刚：《"周公制礼"的传说和〈周官〉一书的出现》，《文史》1979 年第 6 期。

郭胜团、葛志毅：《〈论语·学而〉"信近于义"章辨析》，《中华文化论坛》2013 年第 4 期。

郭胜团、葛志毅：《〈论语·颜渊〉"克己复礼"章辨析》，《管子学刊》2013 年第 1 期。

韩东育：《从周代社会结构看"礼"的社会功能》，《东北师范大学学报》1986 年第 3 期。

郝铁川：《论周朝的礼制》，《江海学刊》1987 年第 4 期。

何炳棣：《"克己复礼"真诠》，《二十一世纪》1991 年第 8 期。

惠吉兴：《近年礼学研究综述》，《河北学刊》2000 年第 2 期。

姜义华：《论〈礼记〉及其文化内涵》，《中国文化》1996 年第 14 期。

李凝：《中国传统政治文化对公民法制观念的影响——"礼治对法制的影响"》，《江西行政学院学报》2007 年第 3 期。

李叔华：《试论孔子对传统礼乐文化的贡献》，《中国哲学史》1994 年第 4 期。

李唐：《古代的礼制》，《唐都学刊》1990 年第 1 期。

李战奎：《礼治思想及现代转化》，《陕西理工学院学报》（社会科学版）2008 年第 4 期。

刘港：《礼治 德治 人治——试论先秦儒家法律思想》，《湖南经济管理干
　部学院学报》2006 年第 6 期。

刘冠生：《荀子的礼治思想》，《管子学刊》2002 年第 2 期。

刘家和：《先秦儒家仁礼学说新探》，《孔子研究》1990 年第 1 期。

刘延寿：《论中国古代法律思想中"礼治"与"法治"的互相渗透——
　兼评〈中国法律思想史纲〉（上卷）》，《上海社会科学院学术季刊》
　1986 年第 1 期。

刘宗迪：《鼓之舞之以尽神》，《民间文学论坛》1996 年第 4 期。

卢昌德：《中国古代行为礼仪试探》，《社会科学战线》1997 年第 5 期。

马健鹰：《"礼之初始诸饮食"质疑》，《江汉大学学报》1998 年第 1 期。

马育良：《礼：古典形态演变史及其政治功能的衰减（上）》，《六安师专
　学报》1998 年第 2 期。

马育良：《礼：古典形态演变史及其政治功能的衰减（下）》，《六安师专
　学报》1998 年第 3 期。

牛晨曦、柴宝勇：《中国传统法治思想反思——兼谈法治与人治、礼治、
　德治》，《南京工业大学学报》（社会科学版）2004 年第 4 期。

彭林：《礼与中国人文精神》，《孔子研究》2001 年第 6 期。

齐万良：《传统儒家"礼"的社会整合功能与个体道德的悖礼行为》，
　《陕西师大学报》1995 年第 4 期。

邵方：《儒家思想与礼制》，《中国法学》2004 年第 6 期。

申宪：《食与礼》，《华夏考古》2001 年第 1 期。

沈晓艳：《小康社会的政治学诠释——儒家礼治传统及其现代转换》，
　《绍兴文理学院学报》2005 年第 1 期。

陶红、张诗亚：《蚕桑文化的符号构成及礼治内涵解析》，《西南大学学
　报》（社会科学版）2007 年第 6 期。

王福文：《论儒家礼治思想及其对当代法制的影响》，《思茅师范高等专
　科学校学报》2008 年第 4 期。

王光松：《论礼治的现代转化问题》，《华南理工大学学报》（社会科学
　版）2002 年第 3 期。

王晖：《周代大礼返本归朴说》，《齐鲁学刊》1997 年第 5 期。

王启发：《礼的属性与意义》，《中国社会科学院研究生院学报》1999 年第 6 期。

王胜国、徐伟勇：《貌离而神合：中国传统"礼治"与西方近代"法治"在法学价值上的契合》，《河北青年管理干部学院学报》2007 年第 1 期。

王岳川：《孔子思想：从"礼"中心到"仁"中心》，《益阳师专学报》2000 年第 4 期。

吴十洲：《礼器的古典哲学话题研究》，《中国社会科学院研究生院学报》2001 年第 6 期。

夏先培：《中国上古礼制人文精神发覆》，《船山学刊》2004 年第 2 期。

徐惠茹：《"以德治国"与传统的礼治》，《行政论坛》2002 年第 1 期。

徐文新：《〈礼记正义〉标点商榷》，《石河子大学学报》2003 年第 4 期。

许嘉璐：《礼、俗与语言》，《北京师范大学学报》1991 年第 3 期。

颜炳罡：《论孔子的仁礼合一说》，《山东大学学报》2001 年第 2 期。

杨向奎：《关于周公"制礼作乐"》，《文史知识》1986 年第 6 期。

殷永千：《谈谈孔子的伦理思想》，《重庆师院学报》1987 年第 4 期。

豫柏杞：《试谈孔子的"人治"与"礼治"思想》，《孔子研究》1989 年第 4 期。

詹子庆：《对礼学的历史考察》，《东北师范大学学报》（哲学社会科学版）1996 年第 5 期。

张利明：《从楚简〈缁衣〉看儒家的礼治思想》，《社会科学战线》2008 年第 11 期。

张晓虎：《关于中国古代礼文化的若干思考》，《学术月刊》2002 年第 6 期。

张应凯：《论礼治、人治与法治》，《江汉论坛》1999 年第 7 期。

朱仁显：《人治、王权、礼治、清官期盼——论中国传统政治文化的基本特点》，《福建学刊》1996 年第 4 期。

后　　记

　　本书是在我的同题博士学位论文的基础上稍作修改而成，之所以没有做较大的修改，一方面，有繁重的教学任务；另一方面，自己的学术兴趣已经转移至与本书密切相关的"德""性""中庸"等内容，而这些内容的深入学习研究必将会促进对"礼"的认识的深化。

　　在我学习成长的过程中，我特别感恩我的两位导师，葛志毅先生（我的硕导）和吕文郁先生（我的博导），是他们对我的培养和教育，是他们给我的鼓励和希冀，激发了我的学术热情，扩展了我的学术视野，坚定了我在学术道路走下去的信心和决心。弟子唯有奋发以求、沛然不倦，以报答两位先生。本书出版前，我曾请两位老师赐序，他们都欣然答应。看到葛师的序让我想起了跟随他读硕士的那段美好的日子。但是，吕师却食言了，我没能等到他给本书写的序。2022 年 11 月 9 日，他永远地离开了他所热爱的这个世界和亲人、学生，在去世前的这一年多时间里，吕师身患重疾，仍惦念这些学生的工作和科研情况，写到此，不禁让我泪目，我多么希望还能有机会给吕师汇报学习心得和工作进展，聆听他的教诲，可惜都已经不能了，在此祝愿他在天堂没有疾病和痛苦，健康快乐的生活！也祝愿全天下的好人一生健康平安！

　　在此，我要特别感谢我的博士学位论文的各位匿名评审专家；感谢博士学位论文答辩委员会主席赵轶峰教授，以及答辩委员会的王彦辉教授、许兆昌教授、朱红林教授，感谢各位专家、学者的认可鼓励和意见建议。

　　同时，我要特别感谢哈尔滨师范大学文学院院长侯敏教授，能够把本书纳入"双一流"学科出版经费资助项目。也感谢原科研院长王洪军教授，以及其他领导和同人对我的支持和提携。

　　责任编辑吴丽平、胡安然老师认真负责的作风也让本书增色不少，在此表达衷心的感谢。

　　今此书匆匆公布，敬期博学宏达之士，匡我不逮，是所幸也。

郭胜团

2022 年 12 月 7 日于大连寓所